田村善之论知识产权

[日] 田村善之 著

李 扬 等 译

中国人民大学出版社
·北京·

作者简介

　　田村善之，1963 年生，东京大学法学部毕业，北海道大学大学院法学研究科教授，文部科学省 GCOE 计划项目"多元分散型統御を目指す新世代法政策学"负责人，学说被日本知识产权界誉为"田村学说"，参与 2002 年 7 月正式出台的日本政府首次制定的《知识产权战略大纲》撰写工作。曾任著作权审议会专门委员、工业所有权制度审议会临时委员、内阁官房知的财产战略推进事务局专门调查会委员、文部科学省 21 世纪 COE 计划项目负责人、数字化进程及放送政策研究委员会临时委员、日本学术委员会成员等职。现任文部科学省 GCOE 计划项目负责人、日本工业所有权法学会常务理事、日本著作权法学会理事、产业构造审议会知的财产政策部会委员、日本专利代理人协会委员会委员、情报通信综合研究所株式会社委员会成员。

主要译者简介

　　李扬，中南政法学院毕业，北京大学法学硕士、博士，武汉大学法学院博士后，曾任教于中南财经政法大学、华中科技大学、日本北海道大学，现为深圳大学法学院教授、博士生导师。兼任中国科技法学会常务理事，中国知识产权法研究会理事。参与刘春田教授主持的《中国著作权法第三次修订专家意见稿》撰写。

序 *

从事知识产权法的研究转眼间已过了 25 个年头，这段期间，我发表了许多论著，其中有一部分文章也已经翻译成中文。此次，承蒙尊敬的中国人民大学知识产权学院院长刘春田教授的提议，将我所发表过的有关知识产权法的代表性论文翻译并汇编成一本论文精选集，出版社的选定亦是受惠于刘教授的居中协调，由具有优良学术传统的中国人民大学出版社负责发行本书，笔者倍感荣幸。

诚然，我所执笔的论文除了少部分，主要都是针对日本的知识产权法来进行解说与探讨的。然而考量此次所刊行的论文精选集将以中文译本问世，故我遴选出几篇与国界无关，无论在哪一个国家都会面临到的，以知识产权法制度面问题为主要探讨核心的论文。因此，所精选出的论文，皆是以知识产权法学的方法论，特别是针对专利、商标、著作权制度的研究方法来进行探讨的文章，其内容可以广泛被应用。我在日本所出版的论文集中，尚未有仅精选以此视角切入，就宏观主题进行论述的论文集，于此意义之下，本论文精选集的出版令我有相当深之感发，期待将来可以参考本书的架构，在日本亦出版一本以同一视角编辑的日文论文精选集。

以下，我针对本书所收录的论文个别地做摘要说明。

《知识产权法政策学初探》，是 2003 年到 2007 年我所带领的 21 世纪 COE 精英项目"建立新世代知识产权法政策学国际据点"的成果总结，以此对外所发表的论文（日文原文首次刊载于：田村善之《知的财产法政策学の试み》，知的财产法政策学研究 20 号 1～36 页（2008 年））。此篇论文提倡以市场与法律的作用分担（市场指向型知识产权法的视角）、法律判断主体间的作

---

* 刘晓倩译。

用分担与规制手段的选择（机能性知识产权法的视角），以及自由领域的确保（自由治理型知识产权法的视角）的三阶段来设计知识产权法制度，同时强调在此三阶段中，个别地对政策形成过程重新加以留意与探究的方法论（亦即程序正统化之初探）。

《"知识创作物未保护领域"之思维模式的陷阱》一文，是笔者从 2008 年开始带领、目前尚在进行中的 GCOE 环球精英项目"朝向多元分散型治理之新世代法政策学"的中期报告，以此对外所发表的成果（日文原文首次刊载于：《未保护の知的创作物という発想の陷穽について》，著作权研究 36 号 2～28 页（2010 年））。本文明确指出，"作品"或"发明"等"知识创作物"的概念，只不过是一个虚构，知识产权法实际上是规范人的行为的法律，却同时具有覆盖此一实态的效果。不仅如此，"知识创作物"的虚构现象，受到国际知识产权政策形成过程中的利益偏颇的影响，有被逐渐强化的趋势，本文对此问题试图提出警示。

《专利法中发明的"本质部分"的意义》一文，探讨了与等同理论、间接侵害、权利用尽、发明人的认定相关的判例实务中所援用之"专利发明本质部分"的概念。一方面明确此概念之意义及功过，另一方面指出在等同理论及发明人的认定上此概念虽有助益，唯若将此概念之运用扩及间接侵害以及权利用尽的判断时，则不免令人质疑。（日文原文首次刊载于：田村善之《特许法における発明の『本质的部分』という発想の意义》，日本工业所有权法学会年报 32 号 45～90 页（2009 年））。

《创新与专利政策的结构关系——以生物技术发明为例》一文，俯瞰了与创新和专利制度相关联之法与经济学的发展动向，并以生物技术之市场分业体制为例，探讨该如何有效地建构专利制度。（日文原文首次刊载于：Yoshiyuki Tamura, "The Structure of Innovation and Patent Policy A Case of Biotechnological Inventions"，知识产权年刊 2010 年号 26～40 页（2011 年））。

《著作权间接侵害》一文，针对承认无须等待立法，而可藉法院来规制有可能助长侵害著作权的制品或服务的所谓卡拉 OK 法理等判例理论进行探讨。本文从因应新技术与社会环境变迁，法院是否仍应发挥扩张权利的作用功能此一观点出发，对此判例法理进行重新定位。（日文原文首次刊载于：田村善之《著作权の间接侵害》，知的财产法政策学研究 26 号 35～73 页（2010 年））。

《数字化时代下著作权制度的再探讨》一文，强调在面对印刷技术普及、复制技术已渗透日常生活之中，以及互联网利用的不断增大这样一个大环境变迁之际，著作权法正面临着极大的转机（亦即笔者所称之著作权法的"第三波"理论）。本文一方面对于著作权法受政策形成过程中的利益偏颇影响日益扩大的现象提出警示，另一方面亦积极提示著作权法制度改革的方向性。（日文原文首次刊载于：Yoshiyuki Tamura, "Rethinking Copyright Institution for the Digital Age", vol. 1-Issue. 1 W. I. P. O. J. 63-74 (2009)）。

《商标法保护的法益》一文指出，商标法所保护的法益本身乃在商标的来源标识功能，应避免过于重视品质保证功能与宣传广告功能，对于过度保护商标权的财产权性要素必须更加谨慎。文末并针对平行进口等其他情况下应做何种法解释予以小结。（日文原义首次刊载于：田村善之《商标法の保护法益》第二东京弁护士会知的财产权法研究会编《新商标法の论点》（2007 年，商事法务）53～96 页）。

《商品形态酷似性模仿的规制动向——从制度宗旨来看法律的修改及对判例的评价》论文，一方面释明由笔者所积极参与的 1993 年日本反不正当竞争法修正后新增的酷似性模仿规制之目的，乃在于以法律人为地支援市场上原已存在的抢先市场的利益＝成果开发的诱因；另一方面，基于此观点进而展开具体的法解释论。（日文原文首次刊载于：田村善之《商品形态のデッド？コピー规制の动向－制度趣旨からみた法改正と裁判例の评价－》，知的财产法政策学研究 25 号 33～65 页（2009 年））。

如前所述，若无中国人民大学知识产权学院院长刘春田教授的推荐，本书就难以问世。笔者在学术交流方面向来就受惠于刘教授许多。这次不仅于学术交流层面，刘教授更赐予我出版论文精选集的机会，由衷之谢忱，实溢于言表。当然，还要感谢我的挚友，深圳大学法学院李扬教授，他不仅在我所任教的北海道大学留学期间介绍刘春田教授与我认识，亦在论文的遴选方面给予我许多宝贵的意见，并召集翻译人才，为本书的付梓扮演了主导性的角色。对于李扬教授的友谊与付出，我心中满是感恩。

此外，本论文精选集之翻译，除了李扬教授，尚得到北海道大学法学研究科 GCOE 研究员刘晓倩小姐、台湾普华商务法律事务所律师（前 GCOE 研究员）洪振豪先生、北海道大学法学研究科博士课程顾昕同学、丁文杰同学、许清同学，以及上海金杜法律事务所冉敏小姐的大力帮助。从中日知识产权法专业用语的背景知识而论，加之能将笔者艰深的法学日文精准译成中文者，他们实属第一流的翻译团队。

一直以来，我受到北海道大学法学研究科 21 世纪 COE 精英项目，以及 GCOE 环球精英项目的相关人员（包含已离职的同人）的长期支持与协助，今天可以落实与李扬教授乃至与刘春田教授的交流和他们的努力是分不开的，在此深表谢意。

田村善之

于夏天稍纵即逝的札幌

2012 年 8 月

目　录

知识产权法政策学初探

李扬　许清　译

一、知识产权正当化的根据

（一）自然权论与激励论

关于知识产权正当化的根据，有自然权论和激励论两种相互对立的观点。[①] 前者认为，人们对于自己创作的物品当然地享有权利；后者认为，如果过度地容许免费使用，对于后来的模仿者一方将太有利，从而可能导致意欲对知识产权创作进行投资的先行者的数量减少，为了防止这种现象，应该考虑在一定程度上禁止免费使用。

（二）两种自然权论

1. 洛克的劳动所有论

洛克的劳动所有论认为，人们应该拥有通过自己劳动所生产出来的物品。该理论作为知识产权的自然权论之一，经常被引用。

但是，第一点，洛克的论述有这样的前提命题，即上帝为了使人类利用"自然"，而将"自然"这种共有物给予人类，因此，在其腐烂之前，人们通过劳动，在自然物的基础上生产出与之相区别的物品，为了利用该物品而得

---

① 参见 Wendy J. Gordon：《INTELLECTUAL PROPERTY》，田辺英幸译，载《知的财产法政策学研究》11 号，第 10 页。有关知识产权的法哲学考察，对其要领的正确把握，参见 Robert P. Merges et al，Intellectual Property in the New Technological Age, 2-24 (4th ed. , 2006)；更具体的内容参见 Peter Drahos, A Philosophy of Intellectual Property (1996)，李扬：《知识产权的观念：法定主义及其适用》，金熏译，载《知的财产法政策学研究》12 号，第 44~65 页。

以对其主张所有权,这并不需要共有物其他相关者的同意。② 但知识产权的情况与此不同,它不像有体物那样可以只由一人占有,知识产权这种形式即使不对他人的利用主张排他权,自己也能够加以利用,而且不会发生腐烂。由此可见,在知识产权的情况下,洛克劳动所有论的这种前提命题不成立。

第二点,洛克的劳动所有权理论是以这样的推理作为前提展开的,即人们既然对于自身享有所有权,也就应当对自己身体的劳动和自己的双手所从事的工作享有所有权。这里所说的自身所有的原理,也就是说,除自己以外的人对于这个"自身"不得主张权利。③ 而知识产权是一种直接或间接制约他人身体活动自由的权利,承认这一点的话,就和劳动所有论的理论基础——自身所有的原理相矛盾了。因此,从这个意义上也可以认为,通过劳动所有论为知识产权寻找理论根据是很困难的。④

2. 黑格尔的精神所有权论

自然权论中的另一种类型是以人格利益或人格权为基础的理论,即认为知识产权是创作者人格的表现物,因而当然地应受到保护。

黑格尔主张的这种精神所有权论⑤,在承认作者的自由意志表现由作者

---

② John Locke, Two Treatises of Government, 286, 288-289 (Peter Laslett ed. , 1988) (1698), Drahos, supra note 1, at 43.

③ Locke, supra note 2, at 287-288, Drahos, supra note 1, at 43-44.

④ 森村进:《洛克所有权论的再生》,有斐阁 1997 年版,第 121、241～261 页。此外,并没有提供全面推翻基于劳动所有论的知识产权正当化的论据,但通过活用洛克条件,(至少)在为了表现自己的世界而不得不利用他人著作的时候,阐述了版权受到限制的趣旨,参见 Wendy J. Gordon:《INTELLECTUAL PROPERTY》,田辺英幸译,载《知的财产法政策学研究》11 号,第 11～12 页;Wendy J. Gordon, A Property Right in Self-Expression: Equality and Individualism in the Natural Law of Intellectual Property, 102 Yale. L. J. 1533, 1538-39, 1556-72 (1993)。参见田村善之:《效率性·多样性·自由》,载《市场·自由·知的财产》,有斐阁 2003 年版,第 226 页。

⑤ 关于精神所有权论的展开,参见木村和成:《德国人格权概念的形成(1)》,载《立命馆法学》295 号,第 697～708 页;半田正夫:《著作权的一元构成》,载《著作权法的研究》,一粒社 1971 年版,第 9～25 页;H. 弗尔普曼:《著作权法的理论——为了艺术的法和哲学》,久々凑伸一译,中央大学出版会 1967 年版,第 124～128 页。一般而言,精神所有权论是作为与人格权有别的、对立存在的论说(饭塚半卫:《无体财产法论》,严松堂书店 1940 年版,第 83～90 页;丰崎光卫:《工业所有权法》,有斐阁 1980 年版,第 100～102 页;半田·上述 25 页。)明确地表示了与黑格尔的论点所包含的人格权的区别,见木村·上述第 707～708、711 页。另外,有关与黑格尔形成对比的伊曼努尔·康德的著作权的理解,参见河中一学:《作者人格权——以康德的论述为中心》,载《国际化时代的行政与法》,良书普及会 1993 年版,第 903～918 页;木村·上述第 700～702 页。对比康德和黑格尔关于作者的权利的讨论,见 Drahos, supra note 1, at 80。但是,作为最终法技术的构成,不从是否所有权化这样的观点考察,而从在哪探求保护的渊源这样的观点进行考察的话,黑格尔的论证,将人的自由意志作为出发点,就可能与探求创作活动渊源的劳动所有论形成对峙。

所有的同时，对于有体物转让后所剩下的与作者精神相关的无体物形式的作品，也应保留其权利。黑格尔还利用该理论能促进学术、艺术发展的观点，进一步充实了这一理论；而且还考虑到了著作物利用者的利益，容许了并非完全复制他人的著作物而只是借用其内容的行为。⑥

一般来说，黑格尔在自由意志的表现上是承认财产权的。其中的理由是，在精神世界中，拥有自由意志的人们生活在外部物质世界中的时候，必然会对外界作出决定，而将外界作为自己的东西这种自由意志的决定，其最初具体化的形象可以理解为财产权。⑦ 人作为自由意志的主体，既然在社会关系中生活，财产权就不可欠缺，否定财产权，自由意志也就不可能存在。⑧

但是，既然存在外界，自由意志就不能以在精神世界中那样的形式得到贯彻。这是因为存在着作为他人自由意志表现的财产权。在自己的财产与他人的财产相联系的情况下，不得不考虑到他人，从而对自己财产的利用行为进行一定限制。进行这种调整，是社会政策的一项任务。⑨

对于知识产权来说，这有着决定性的意义。具有自由意志的人格为了在物质性社会的外界中生活，拥有能够使用物质的财产权就足够了，除此以外的制约他人自由的知识产权并非不可缺少。相反，由于知识产权与他人自由意志表现的财产权的行使会产生冲突，因而仅以自由意志的表现为根据，而将知识产权作为绝对化的权利的观点，不得不认为其有待商榷。黑格尔为了使著作权正当化，除了自由意志的表现这一论据外，也吸收了促进学术和艺术进步的激励论的成果，并因此而考虑到了公共领域，这可以说是其精神所有权论的必然结果。⑩

---

⑥ G. W. F. 黑格尔：《法哲学讲义》，长谷川宏译，作品社 2000 年版，第 104、127～129、145～152、154 页；黑格尔：《法的哲学》，上妻精他译，岩波书店 2000 年版，第 92～93、126～130 页。

⑦ 黑格尔（长谷川译）前注释⑥，第 102、104～105 页；Drahos, supra note 1, at 76-77.

⑧ 黑格尔（长谷川译）前注释⑥，第 106～107、108～109 页；Drahos, supra note 1, at 77.

⑨ 黑格尔（长谷川译）前注释⑥，第 464～465 页。

⑩ 此外，关于认可权利行使的特许权，即使是独立发明者，虽然是自己的发明，但要考虑与其他发明者（或者继任者）的申请相比，申请是否在先（特许法 39 条 1 项的先申请原则），只要在工作的准备上没有在先（特许法 79 条 1 项参照），就构成侵害他人的特许权，甚至连使用自己的发明也不行，自然权的基础性内容更是难以实现。（田村善之：《特许权的行使和独占禁止法》，载《市场·自由·知的财产》，有斐阁 2003 年版，第 143～144 页）。因此，为了说明特许权属于自然权利，就不得不努力朝着以下方向去进行修正，即否定独立创作者的权利之行使的方向。（参见罗伯特·诺齐克：《无政府、国家与乌托邦》，嶋津格译，木铎社 1992 年版，第 305 页）。但是，存在着基于洛克条件而使之得以正当化的空间，也暗示了对其进行可能性的实证性验证的必要，见 Gordon·前注释①，第 11 页。

（三）知识产权的特征和福利

有种说法认为知识产权是对于无体物的权利，不管是否认同，至少作为知识产权对象的"知识产权"与有体物是不同的。在这个意义上，对于信息的权利这种说法并没有错，只是这里的"信息"的含义是个问题。以知识产权为对象的"信息"，是人们行为的模式。知识产权是规制人们行为模式的一种权利，认可这种权利，人们的行为自由就会因此而受到制约。但是，从对信息拥有权利这样一个角度进行考察，而将知识产权视为某种"物"的话，就会理所当然地认为知识产权只不过是对于这种"物"产生的权利，但是不要忘记了，知识产权影响的是人们行为的模式。所谓知识产权，只不过是通过法律对自由人的行为模式从物理上进行人为制约的一种特权罢了。⑪

这样一来，将知识产权作为制约他人自由的权利的话，只要某人创作出了某个东西，就会广泛制约自己以外的其他人的自由。使这一推论正当化是困难的，这在之前关于洛克、黑格尔的讨论中已经说明。

知识产权的正当化根据，并不只是权利者自身的利益，还应加入有益于更广泛的多数人利益的考虑。也就是说，对某种程度上的搭便车行为不加以防止的话，致力于创造知识产权的人将大量减少，一般公众就会蒙受利益损失，我们难道不要持有这种福利或者说是效率性的观点吗？⑫⑬这种情况下，某人进行了某种创作，基于福利或者说是效率性的理由而创设知识产权的意义，只不过在于使以积极形态表现出的制约他人行为自由的知识产权获得了

---

⑪　Wendy J. Gordon：《INTELLECTUAL PROPERTY》，田边英幸译，载《知的财产法政策学研究》11号，第1、3～4、7～8页；所谓property的标签，指出了像所有权那样的财产权意义上的知识产权并不是人与物之间的关系，而是被忽略了的人与人之间的关系，强调了应该把握好与知识产权类似模式的权利。Drahos, supra note 1, at 17-21, 32-33，介绍了无形的东西存在的哲学上根本性疑问，并说明了知识产权不是财产（property），只是对人们利用行为进行规范的特权（privilege）。

⑫　森村进：《财产权的理论》，弘文堂1995年版，第168～171页。

⑬　关于将这样的立场置于宪法的地位，参见田村善之：《竞争秩序和民法学》，载《竞争法的思考形式》，有斐阁1999年版，第50～52页；角松生史：《经济自由权》，载安藤高行编《宪法Ⅱ》，法律文化社2001年版，第234～235页。本来，将基本权保护、支援义务（参见山本敬三：《现代社会中的自由主义和私的自治——私法关系中宪法原理的冲突（1）～（2）》，载《法学论议》133卷4号·6号）作为媒介同样说明，把以传统的间接适用说为前提的宪法学作为了批判的对象。

正当化的消极根据。⑭

（四）效率性验证的困难性和民主决定的正统化

在此必须注意的是，虽然在效率性或福利的改善上追求正当化根据，但并不是必须坚持立即实现最佳资源配置这一命题。存在信息不对称和交易费用的现实市场与完全竞争市场相距甚远，使两者接近也并非易事，期待通过某种制度实现最佳资源配置，其本身也许就是一种幻想。因此，暂且不考虑最大或最佳的资源分配，通过设置特定的知识产权制度来改善效率性或福利，以此来寻求正当化的根据可以说更为现实。⑮

但是，如果从效率性的观点来寻求知识产权制度的积极根据，会产生这样一个问题，即效率性测定的困难问题。采用某种有关知识产权的特定制度，该制度对于社会的效率性究竟是改善了还是恶化了，对此进行判断会遇到不小的困难。不只是对于效率性的定义有争论，私人间的效用比较也是一个难题。因而，当这个问题出现在知识产权中时，便牺牲了在现时点上的短期的静态的效率性，而致力于将来长期的动态的效率性的改善。⑯

效率性的测定困难是指，如果采取了某个特定的制度，其正当性仅通过效率性的改善程度寻求正当化是困难的。这样一来，知识产权制度设置的积极正当化根据，不只是效率性的实现度，还应该寻求采用这一制度的程序上的正统性。比如，立法机关的民主决定就是一种典型例，这时候，知识产权的正当性，其中有一部分就依靠立法机关的政治责任。

---

⑭ 田村善之：《知的财产法》，有斐阁 2006 年版，第 20 页。即使是进入从未有人涉足的地方发现了有用的药草，仅仅这样的发现也不是"发明"或创作，与是否有给予这种探索奖励的必要无关，对此是不给予特许权保护的（特许法 2 条 1 号）。这是可以列举的自然权思想消极作用的例子。（参见田村善之：《自由领域的确保》，载《市场·自由·知的财产》，有斐阁 2003 年版，第 128～129 页）。规定自然法则的发现，不足以作为特许发明的《特许法》第 2 条第 1 项对最初现象予以修正的情况，可以追溯到立足于自然权利的约瑟夫·柯勒的见解（柯勒：《特许法原论》，小西真雄译，严松堂书店 1913 年版，第 24～32 页）。又参见田村善之：《特许发明的定义》，载《市场·自由·知的财产》，有斐阁 2003 年版，第 128～129 页。另外，有关柯勒对著作权的见解，参见木村·前注释⑤，第 130～134 页。

⑮ 学者中有将激励论解读为以追求"富最大化原理"为根据。（小泉直树：《著作权制度的规范理论》，载《美国著作权制度》，弘文堂 1996 年版，第 25 页）。并不否定激励论的主张者中有人把这种议论呈现出来，但应该注意这并不是论理必然的结果。

⑯ 关于以上内容，参见 Nari Lee：《有效特许制度的多元化理论初探（1）～（2）》，田村善之译，载《知的财产法政策学研究》14～15 号。

（五）民主决定正统化的危险性和程序的正统化

但是，并不是所有民主决定的东西都是正当化的。这是从知识产权制约他人自由这一特点而不可避免地产生的，并不单单是由于效率性和自由的矛盾引起的。致力于实现效率性的改善这一观点，在民主决定过程中也就有了来自其内部的限制。这样做是因为，在政治过程中，集中在少数人手中、容易被组织化的突出的利益，相对于分散在多数人手中、不易被组织化的普遍的利益来说，更容易被反映出来。

即便如此，如果有所有权的话，就会有与特定有体物的物理接触相伴随的使用，并以此焦点为中心构建权利。虽说是对于有体物的所有权，但规制的并不是人和物之间的关系，而是人和人之间的关系，因为有这样一个焦点，权利的范围就不会无限制地扩大。

但是，制约着他人行为模式（与特定有体物的物理接触无关）的知识产权的情况就不同了，由于没有这样的焦点，对于权利的扩大，物理上的障碍没有作用。而且，也没有场所上的限制，对于人们行为的制约，有可能扩大到国际层面。⑰随着社会经济的扩大，能够制约他人行动自由的特权的价值不只会影响国内，还会扩大到国外。考虑到这些，（多国籍）企业将以国内外知识产权的强化为目标，进行合理的选择。这样一来，知识产权就超越了社会原本需要的界限，而得到了强化。实际上，知识产权也正是通过 TRIPs 协议等国际条约以及大多数以美国为一方当事人的两国间条约的推动，向国际扩张、强化的趋势发展。⑱

---

⑰ 检讨知识产权的正当化原理，第一，应该理解为知识产权不是 property，而是对他人消极自由进行约束的 privilege，类推有体物所有权，无体物权利的装饰掩盖了对他人行为制约的性质。第二，和有体物的利用不同，知识产权具有无约束的无限扩展的危险性，与资本主义社会的知识产权重要性相结合，不止在国内，在国际上都有日趋严重的倾向。第三，应该设想一下，有关知识产权构建时的框架，对于信息这种共有物，由于每个人都不所有，即使有所谓最先联系的话，也不能承认个人所有的 negative community，作为众人共有的东西，不能仅仅因为 first connection 而被个人所有，这样的 positive community 是不允许的，作为提倡这种设想的产物，参见 Drahos, supra note 1（关于 first connection，见 Lee Nari：《特许对象的重构和财产权主义——商业方法的特许适格性》，田村善之、津幡笑译，载《知的财产法政策学研究》9 号，第 60～62 页）。

⑱ 由于 TRIPs 协议的制订和两国间协定的缔结，知识产权的强化给多国籍企业带来了巨大的收益。Peter Drahos & John Braithwaite, Information Feudalism：Who Owns Knowledge Economy? (2004)；Peter Drahos：《知的财产关联产业和知的财产的国际化》，立花市子译，载《知的财产法政策学研究》3 号；Peter K. Yu：《国际性圈地运动的动向 (1) ～ (4)》，青柳由香译，载《知的财产法政策学研究》16～19 号。但是要指出，介绍了知识产权相关的近期多元化动向，将来也许有强化的一边倒形式，见 Peter K. Yu《抵抗国际性知的财产权一致化的五方面的动向》，田村善之、村井麻衣子译，载《知的财产法政策学研究》15 号，第 32～33 页。

即使将讨论限定在国内，在立法过程中，与容易组织化的少数大企业的利益得以反映不同，不容易组织化的多数中小企业、个体经营者的利益缺乏足够的保障，因此从福利的观点来看的话，由此所形成的民主决定容易产生不均衡。[19] 如前所述，由于除了福利外还有确保自由的必要，因而仅仅在立法上寻求程序的正统化是不行的。从这样的观点出发，我认为围绕知识产权的利用行为在市场、立法、行政、司法各方面的作用分担所进行的讨论，是知识产权制度论的关键。[20][21]

---

[19] Dan L. Burk 、Mark A. Lemley：《特许法上的政策杠杆（2）》，山崎升译，载《知的财产法政策学研究》15 号，第 63～64 页；Drahos, supra note 1, at 135-140，根据美利坚合众国著作权法，Jessica Litman, Digital Copyriht, 35-69，144-145，192-194（2000）指出，1999 年修改以来，基于关联企业利害关系者的议会以外的妥协，而进行修正的状况反复进行着，为了妥协成立，对于任何人来说，修改后的结果不能比现状更差，而一定要得到一点东西。因此在广泛规定权利的反面，为了满足得到一些适当让步的特定利害关系者们的要求，就产生了必要限度的严格限定倾向。要指出的是，无论如何，不能很好地代表各种利益的公众，以及由于妥协，给予的现在没有得到的新利害关系者的利益，这些就是在法律修正上难以反映结构性偏差。此外，由于近来日本著作权法在音乐作品方面的修改，加上产业界的游说活动的影响，因而指出了审议会和文化厅的职责，参见京俊介：《著作权政策形成过程的分析（1）～（2）》，载《阪大法学》57 卷 2～3 号。

[20] 田村善之：《围绕特许制度的法和政策》，载《ジュリスト》1339 号。这样的构想，旨在说明为了回避政策形成过程中由于利益团体而产生政策歪曲的现象，每个产业领域特许制度的指导，不应是立法，而应该通过强化游说活动体制来委托给司法。（参见 Dan L. Burk 、Mark A. Lemley：《特许法上的政策杠杆（2）》，山崎升译，载《知的财产法政策学研究》15 号，第 63～64 页；Drahos, supra note 1, at 135-140，见后文的三（四）1 部分）。但是，由于效率性的检验困难，为了创设知识产权，本文认为有民主决定介入的必要，这一点也是与该论文趣旨所不同之处。

[21] Drahos, supra note 1, at 173-193 中，每个人在不知道自己社会地位的最初状态，会选择怎样的制度？这种 John Rawls 的关于正义的论述适用于知识产权制度，探寻着与正义的信息相适应的制度存在方式（参见长谷川升：《〈竞争性繁荣〉和知的财产法原理——关于田村善之教授的知的财产法理论基础的法哲学探讨》，载《知的财产法政策学研究》3 号，第 24～27 页）。如果仅仅着眼于程序，与本文并不是没有共通点，但其持有的程序是在纯观念的世界里被理论性地构造出来的，由此引导出归结主义的正义论这个观点是与本文分歧之处。但是，知识产权制度捕捉所谓的必要恶，并不是为了自己的目的而将其作为自然权利 property 进行保护，而是极力暗示了在工具主义上，并且承认具有真实、激励的效果的情况下，在这个限度上采用认可权利的这种怀疑主义方式的工具主义（Drahos, supra note 1, at 199-223），本文也担负了很大的此项任务。同样，在运用了罗尔斯的正义论的基础上，反对通过司法进行创设知识产权或扩张知识产权等法律创造，主张遵循公益目的的法定主义理念才是与知识产权相适应的要旨的，见李·前注释①第 59～64 页，其基本立场也与本文有很多相同的地方。但是田村善之：《知的财产权和不法行为——面向程序的知的财产法政策学的一种情形》，载《知的财产法政策学的创成》，有斐阁 2008 年版，汲取了日本个别知识产权方向的竞争性繁荣观（参见长谷川·前注释第 18～24 页中所指出的内容），并且采用了在激励政策的改善很明显的情况下，容许在司法上对知识产权扩张的这一观点。对此（虽然有需要讨论的地方，如彼此司法制度不同的影响等）也许李·前注释①一文站在反对的立场上。

二、市场、立法、行政、司法在决定程序上的作用分担

（一）市场的活用

市场的决定具有如下优点：通过竞争的程序，一方面更好地激励财物、服务供给，另一方面有关财物、服务需求供给状况的信息主要通过价格机制向市场上的人们传播，其结果是（暂且不管是否是最佳）能够导致更有效率的资源配置。[22] 市场所具有的这种革新的诱因功能以及私人信息的发现、扩散功能，想通过立法、行政、司法的权威决定[23]进行替代并不是件容易的事。[24]

于是，市场决定凭借其优于权威决定的长处，可以弘扬伴随市场规律所必然产生的自由思想。[25] 市场选择发挥作用的情况下，某个特定个人并不能决定分配，这也许就意味着个人不能支配其他人，每个人都享受自由。[26]

因此，有关效率性的问题，如果市场发挥着作用的话，交给市场就足够了。

（二）法律介入（权威决定）的方法

1. 技术性判断的适格性问题

在市场没有发挥作用的情况下，虽然应该探寻权威决定介入的方法和途径，但重要的是，从效率性的观点来看，通过权威决定来设计一套最佳制度是件极为困难的工作。作为定义上的问题，比如说私人间的效用难以比较，效率性的测定尺度不确定等自不必说，即使是尺度确定，某一特定的决定所带来的效率性的改善程度的测定也是很困难的。[27] 因此，拥有上述优点的市

---

[22] F. A. 哈耶克：《社会中知识的利用》，载田中真晴、田中秀夫编译：《市场·知识·自由》，密涅瓦书房 1986 年版；F. A. 哈耶克：《竞争的含义》，载田中真晴、田中秀夫编译：《市场·知识·自由》，密涅瓦书房 1986 年版；石原敬子：《竞争政策的原理和现实》，晃洋书房 1997 年版，第 22～24 页；保罗·米尔古洛姆、乔治·罗伯斯：《组织的经济学》，奥野正宽他译，NTT1997 年版，第 29～31 页。

[23] 市场的决定与权威的决定的区别，见平井宜雄：《法政策学》，有斐阁 1995 年版，第 62～68 页。

[24] 平井·前注释[23]，第 121～125、130 页；哈耶克·前注释[22]社会中知识的利用；石原·前注释[22]，第 6～7 页。

[25] 平井·前注释[23]，第 123 页；石原·前注释[22]，第 3～5 页；平野仁彦：《1994 年度日本法哲学会学术大会统一主题》，载《法哲学年报》，第 4 页。

[26] 在本来应该由市场支出财产（ex. 知识产权）的决定以及市场规则受到权威决定干预的情况下，虽然因自由十分高兴，但这并不是市场的决定，而是由权威决定带来的制约。

[27] 列举特许制度的例子，Lee·前注释[16]。

场如果发挥着其功能的话，就应该运用市场。

对市场是否没发挥功能、在没充分发挥功能时所采取的权威决定是否很好地改善了其状态进行判断，以及构建尽可能有效率的制度设计，适合这样做（作出判断及构建制度设计）的机关在哪？在讨论市场没有发挥功能而权威决定介入的时候需要有这样的视点。作为紧跟市场的发展动向并能迅速应对的机关，相比立法、司法机关，专门性机关会更优秀。比如，在知识产权领域，承担着一部分任务的特许厅等。

2. 政治责任的问题

但是即便如此，既然测定效率性的实现程度有困难，在权威决定介入的情况下，仅凭借其订立的规范对效率性的改善结果，也并不能使其正当化。

因此，规范的正当化不只是效率性的实现程度，还必须追求其订立程序的正统性。某项决定真的是有效率的吗？在对此不明确的时候，至少可以寄希望于该决定是经过正统程序作出的。担负这种政治责任的主体不是司法机关，立法机关会表现得更优秀。

3. 权威决定歪曲的问题

话虽如此，也不是说依靠立法，一切就得到了解决这么简单。

在政策的形成过程中存在着以下问题：如前所述有两类利益，一类是虽然总体上比例很大但很难组织化的利益，比如站在知识产权使用者立场的许多中小企业、消费者的利益；另一类是总体上比消费者的利益小但容易组织化的利益，比如站在知识产权权利者立场的许多大企业的利益。前者和后者相比，在政策形成过程中前者的利益难以被反映出来。在这样的政治过程中，最适合维护难以被顾及的利益的机关，还应该是司法机关。[28]

三、知识产权法政策学的构想

（一）序

在这种面向程序的构想下，知识产权法律制度应当如何设计，下面将给出一个方向。

笔者以前就提倡，知识产权法律制度应该从以下三个方面着手，进行解

---

[28] 田村善之：《应对技术环境变化的著作权的受限制可能性》，载《ジュリスト》1255号。

释论、立法论的展开。㉙

第一个方面，应具有市场和法律责任分担的视点，即什么范围内交给市场处理就够了，从哪里开始应该由法律介入，对该分歧点进行探索（市场指向型知识产权法的视点）。

第二个方面，在需要法律决定的情况下，该法律决定应由哪个机关作出判断，比如说是仅由裁判所作出就行了，还是有专门机关（特许厅等）的判断介入更好，对于这种法律判断主体的责任分担的问题，需进行设定。进一步而言，这个时候是仅仅赋予其报酬请求权（包括损害赔偿请求权），还是既赋予报酬请求权同时又赋予差止请求权（日本知识产权法上的差止请求权，包括停止侵害请求权、停止危险侵害请求权、销毁侵权工具和侵权结果物请求权——译者注），或者是通过登记制度的介入使权利转让变得便利，并给予保护？通过对这些规制方法的选择，努力使法律制度具体化（功能性知识产权法的视点）。

第三个方面，以上工作所构筑的法律规制，是否对私人思考的自由、行动的自由进行了过度制约，需要对此进行反思（自由统御型知识产权法的视点）。

本文还主张在从以上三方面设计知识产权法制度的时候，也应加入面向程序的视点。其实，市场指向型—功能性—自由统御型知识产权法的思考方法，在通过分担市场、立法、行政、司法的作用，以实现有效率的制度的同时，也有着确保自由的追求，面向程序的构想本身就包含在内。㉚可以说这两者作为阐述知识产权制度设计方法的知识产权法政策学的纵坐标和横坐标，共同发挥着作用。

以下将进一步明确在进行知识产权法制度设计时，本文所提倡的面向程序的构想提供了哪些视点。

（二）市场和法律的作用分担

知识产权法这种制度是这样的结构：一方面物理上自然出现的人类行为的特定模式通过法律被制约，另一方面产生这种行为的权源（使某一行为正当化的法律上的原因）的交易成为可能，以此形式创造出了市场。这意味着，知识产权虽

㉙　田村善之：《知的财产法总论——市场指向性·功能性·自由统御型知的财产法的初探》，载《知的财产法》，有斐阁2006年版，第7～21页。

㉚　知识产权积极方面的根据，无非是追求通过知识产权制度而带来创作激励的这种民主决议，确定即使是另外的民主决议也绝对不容许侵犯的、有关自然权利、正义的领域，这是十分必要的。这些构想体现在田村善之：《著作权法概说》，有斐阁2001年版，第7～8页。

然是利用市场决定的法律技术，但在法律没有设立权利的情况下，为了完成因觉得没必要而没有进行的交易，应该认识到法律介入的作用，并不能完全依靠市场。

1. 保护的必要性探究

此时，正如本文没有采用自然权论而立足于激励论，在此情况下，如果即使没有知识产权市场也能发挥好其功能的话，就完全没有设置知识产权的必要。[31]

在出现个别知识产权法没有明文规定的对象时，就直接认为这是在法律保护上的欠缺，因此有必要进行能保护该对象的知识产权法立法，这样的短浅观点散见在学术界，如果能将知识产权的根据从自然权论转向激励论，这些理论一定会有大的飞跃。比如，市场先行利益、评判等方面，如果以相应的激励为目标的话，即使没有通过法律介入设置知识产权，仍会有适度的成果得到开发。这种情况下，通过人为创设的权利来规制物理上能够自由的人类行为就丧失了根据。因此，这种情况下就没有理由创设知识产权。

2. 市场指向型的构想与市场万能主义的区别

这里需要注意的是，虽说在这样的状态下形成了指向市场的构想，但它与"只要承认知识产权的排他权并创设市场的话，之后的事市场能帮我们解决"这种市场万能主义并不一样。[32] 这种想法过分相信有效率的交易能够简

---

[31] 参见田村·前注释⑭知的财产法，第8～14页；中山信弘：《多媒体与著作权》，岩波书店1996年版，第4～5页。

[32] 在知识产权领域，在科斯的定理中设想的没有交易费用的市场上设立排他权的话，之后试图由市场实现最优化就可以了。法律的作用是设定排他权，然后应该尽可能使市场接近科斯世界，使权利范围明确化，该宗旨，见 Frank H. Easterbrook，The Cyberspace and the Law of the Horse，1996 U. Chi. Legal. F. 207（1996）（作为批判性的研讨，见芹泽英明：《ProCD v. Zeidenberg 的分析》，载《法学》61卷2号，第231～243页；田村·前注释⑭自由领域的确保，第112页）。一些论点上应用这一构想的具体例子，阐述了早期特许的设定，在防止因寻租而造成的重复投资的同时，应该试对发明的利用进行协调的趣旨，见 prospect theory（Edmund W. Kitch, The Nature and Function of the Patent System, 20 J. Law & Econ. 265（1977））；以及阐述了在服务商的费用利益分析下，承认服务商的严格责任，更能有效抑制网上著作权侵害行为的严格责任论（I. Trotter Hardy, The Proper Regime for Cyberspace, 55 U. Pitt. L. Rev. 993（1994））；当承认含有著作权法权利界限和限制（ex. 个人让渡和私人复制）的收缩许可契约的有效性的时候，权利者的价格差别就变得有可能，在只能廉价购入的需求者中也得到了普及，阐述了这一趣旨的价格差别论（ProCD, Inc. v. Zeidenberg, 86 F. 3d 1447（7th Cir. 1996）中 Easterbrook 法官的说明）；还有关于在营利企业的研究所中研究者复制学术杂志的行为，以集中处理机关进行整理，能够得到许可证为理由，否定了 fair use 成立，见 American Geophysical Union v. Texaco Inc.，60 F. 3d 913, 930-932（2d Cir. 1994）。对这些见解批判的讨论，对于第一个观点，见田村善之：《抽象化的生物工程与特许制度的理想状态（2）》，载《知的财产法政策学研究》11号，第66～68、73～78页；关于后三个观点，参见《效率性·多样性·自由——网络时代著作权制度的理想状态》，载《市场·自由·知的财产》，有斐阁2003年版；关于最后一个，参见村井麻衣子：《著作权市场的生成于免费使用（1）～（2）》，载《知的财产法政策学研究》6号～7号。

单实现，而过于轻视了赋予知识产权人排他权情况下的成本。[33] 毫无疑问，当事人掌握完全信息、具有完全的理性、不存在交易费用（也没有资产效果）的科斯世界（科斯定理中完美的世界），在现实中是不存在的。[34] 越早赋予排他权，由于排他权的存在，所产生的成本也就越大。[35] 像信息（没有被隐藏的话）这种谁都可以利用的具有公共产品性质的财产，如果对它的利用设定排他权的话，此时如果市场失灵，将制约无排他权时本可进行的利用行为，由此产生的成本必须予以注意。

3. 权利归属的决定方法

只不过，在进行是否创设知识产权的选择时，如果立足于激励论的话，应当授予创造者权利的不证自明的公理就不存在了。[36]

当然，从激励创作活动的观点来看，有必要给予创作者利益还流的情况也不少。比如，创作者将权利让与交易者，创作者基于与该交易者的交易行为，可以获得一部分利益。另外，考虑到也应给予创作者以外的关系人以激励，在这种情况下，整备出一套也能给这些人带来利益还流的制度框架就会更好。比如，赋予向关系人分配利益的组织权利的策略，或许应

---

[33] Robert P. Merges & Richard R. Nelson, On the Complex Economics of Patent Scope, 90 Column. L. Rev. 839, 877（1990）；Mark A. Lemley, The Economics of Improvement in Intellectual Property Law, 75 Tex. L. Rev. 989, 1048-51（1997）；Mark A. Lemley, Ex Ante versus Ex Post Justification for Intellectual Property, 71 U. Chi. L. Rev. 129, 148（2004）；Dan L. Burk ＝ Mark A. Lemley：《特许法上的政策杠杆（1）》，山崎升译，载《知的财产法政策学研究》14 号，第 78 页。

[34] 罗纳德·H·科斯：《企业·市场·法》，宫泽建一译，东洋经济新报社 1992 年版，第 131 页；Lemley, supra note 33, at 1048。

[35] 有关排他权保护范围的扩张，阐述了同样理由的，见 Merges & Nelson, supra note 33, at 877. 这些成本变得巨大，是非共有物的悲剧。（麦克鲁·A·海勒、丽贝卡·S·阿伊珍巴古：《特许妨碍了革新吗》，和久井理子译，载《知财管理》51 卷 10 号，田村善之·立花市子译，载《知的财产法政策学研究》11 号，第 85～122 页；山本显治：《现代不法行为法学中的"福利"对"权利"》，载《民商法杂志》133 卷 6 号，第 903～904、912～921 页）。

[36] 现行法律上，职务作品（著作权法 15 条 1 项），并没有贯彻赋予创作者权利的原则（田村·前注释⑩，第 388～390 页）；甚至如职务发明一样，使用者能够轻易地将权利作为自己的东西，这种制度（关于这个趣旨，参见田村善之·柳川范之：《有关职务发明对价的基础理论研究》，载《民商法杂志》128 卷 4、5 号，第 448～451 页；田村善之：《职务发明制度的理想状态》，载田村善之·山本敬三编：《职务发明》，有斐阁 2005 年版，第 9～13 页）有着各种各样的形态演变（田村善之：《作者的保护与知的财产活用间的冲突》，载《日本工业所有权法学会年报》29 号，第 97～98 页）。

该得到推荐。㊲ 再进一步，从促进知识产权活用的观点出发，整备一个外部利用者容易获得知识产权利用许可的环境将更加有利。如果重视这种观点的话，很容易就会有如下的思考：创作活动的相关者关于其各种典型权利，并不由创作者个人享有，而应由组织享有一体化权利更好。关于在多大程度上重视知识产权活用这一视点比较好，我想也应考虑到利用者的数量。

知识产权的配置，应该在考虑了上述诸要素的基础上，在政策上作出决定。㊳㊴

（三）法律判断主体之间的作用分担

认为设立知识产权比完全依靠市场更好，也就是说在市场和法律的作用分担上希望有法律的介入，在这种认识下，知识产权登场了。于是就出现了这样的问题：关于可否设定权利以及权利设定的范围应该由立法、司法、行政哪个机关决定？规制方法是利用排他权还是报酬请求权或者是完全不同的其他规则？

1. 从技术适格性的观点来看市场、立法、行政、司法的作用分担

从如何实现专业、稳定的判断这一技术性观点出发，来讨论立法、行政、司法机关的责任分担的话，在酷似性模仿规制㊵、特许发明的定义㊶、均等论㊷、

㊲　参见田村善之：《关于青色发光二极管案件控诉审和解劝告》，载《知的财产法政策学研究》8 号，第 5～6 页。

㊳　关于以上的详情，参见田村·前注释㊱学会年报。另外，既存的知识产权法制度是为了以创造者个人从零到全部完成的罗曼主义式的创作者观为前提，从而轻视了创作的源泉和公共领域，知识大地的掠夺（the intellectual land grab）在国际上盛行，富裕国同非富裕国之间的差距在扩大，是跨国企业的垄断化加强的结果，反而妨碍了创作活动，这种从激励论来看无立足点之现象，正在敲响警钟。（James Boyle，Shamans，Software，and Spleens：Law and The Construction of The Information Society，42，56-59，121-143，155，168-173，177-179，183-184（1996））.

㊴　详细来说，关于权利的归属确定后所进行的知识产权的交易，掺入了契约外的第三方利用行为所带来的影响的话（例如，著作权概括让渡后，由立法上新的权利认可了著作权的情况），也许最好是使让渡人的权利保留这种临时的权利分属的解释论予以回避。有反对立场，参见藤野忠：《判批》，载《知的财产法政策学研究》19 号。

㊵　田村善之：《不正竞争法概说》，有斐阁 2003 年版，第 282～287 页。

㊶　田村·前注释⑭特许发明的定义。关于产业特许，参见田村善之：《抽象化的生物工程与特许制度的理想状态（1）～（3）》，载《知的财产法政策学研究》10～12 号；关于商务模式特许，参见 Lee·前注释⑰。

㊷　田村·前注释㉙，第 104～106 页。

当然无效的抗辩[43]、禁止反悔原则[44]、审决取消诉讼的审理范围[45]、拘束力[46]、一事不再理的范围[47]、应用美术的保护[48]、知识产权的行使和独占禁止法的关系[49]等研究课题方面，可以从立法论、解释论上予以展开。

2. 正统性契机的确保和不均衡的纠正——主要是关于立法和司法作用分担的新提议

本文中，加上笔者一直以来所持有的以技术适格性为基础的作用分担这一设想，笔者认为有必要反映出两个不同的视点：一方面，知识产权制度的设立对他人的自由进行了一定程度的制约，知识产权制度本来就难以检验其所寻求的作为其正当性积极根据的效率性的改善，所以不得不通过民主决定的方式来寻求制度在程序上的正统性。但是另一方面，在政策形成的过程中，构造上易于组织化的主体（大企业）的利益得以反映，而不易组织化的主体（中小企业、私人）的利益难以得到反映，对这种不均衡现象法律不得不努力纠正。

立足于这样的视点，下面将对有关知识产权法立法和司法的作用分担进

---

[43]　田村善之：《特许侵害诉讼中的公知技术的抗辩和当然无效的抗辩》，载《功能性知的财产法的理论》，信山社 1996 年版。关于这个问题，也参见高部真规子：《对特许法 104 条之 3 的思考》，载《知的财产法政策学研究》11 号。

[44]　田村善之：《作为判断机关分化的调整原理的包袋禁反言法理》，载《知的财产法政策学研究》创刊号。关于这个问题，也参见吉田广志：《最近的裁判例中的禁反言的研究·新版》，载《知的财产法政策学研究》创刊号；爱知靖之：《审查经过禁反言的理论根据和判断结构 (1) ～ (5)》，载《法学论丛》155卷 6 号、156 卷 1 号·2 号、157 卷 1 号·2 号。

[45]　田村善之：《特许无效、特许无效审判和审决取消诉讼之间的关系》，载《功能性知的财产法的理论》，信山社 1996 年版。关于这个问题，也参见大渊哲也：《特许审决取消诉讼基本构造论》，有斐阁 2003年版；大渊哲也：《特许法等的解释论·立法论上的转机》，载《知的财产法的理论与现代课题》，弘文堂2005 年版；高林龙：《无效判断上的审决取消诉讼与侵害诉讼的应有作用》，载《知财年报》I. P. Annual Report 2006。

[46]　增井和夫、田村善之：《特许判例指导》2005 年版，第 281～287 页；村上裕章：《取消诉讼的审理范围与判决的拘束力》，载《知的财产法政策学研究》10 号。

[47]　田村·前注释[46]，第 289～294 页；饭岛步：《特许无效审判中的一事不再理》，载《知的财产法政策学研究》16 号。

[48]　参见田村·前注释[30]，第 31～36 页。关于这个问题，也参见刘晓倩：《实用品具有的设计作为美术著作物的该当性 (1) ～ (2)》，载《知的财产法政策学研究》5～6 号。

[49]　田村·前注释[10]。关于这个问题，也参见白石忠志：《技术与竞争的法律构造》，有斐阁 1994年版；白石忠志：《知的财产权的许可拒绝与独禁法》，载《21 世纪知的财产的展望》，雄松堂 2000 年版；稗贯俊文：《知的财产权与独占禁止法》，载《市场·知的财产·竞争法》，有斐阁 2007 年版；和久井理子：《单独经营者的直接交易·许可拒绝规制的讨论 (1) ～ (2)》，载《民商法杂志》121 卷 6 号、122 卷 1 号。

行讨论。

第一，对于知识产权进行创设或进行强化的解释，认为应该采用这样的手法：司法尊重立法的政治责任，从法条构造中领会出法律的趣旨，并依其进行解释。虽然裁判所在一定程度上不负有政治责任，但应该注意生成专业、综合的判断是有限制的这一技术适格性问题。另外，当知识产权人的利益在政策形成过程中容易被反映的情况下，既应该期待通过立法的路线予以纠正，裁判所的判断也应该以克制的态度进行参与。

例如，最近有这样的判例，利用有关著作权侵害主体论的所谓的卡拉OK法理⑩，认为提供诱发大量私人复制行为和非营利性使用著作物行为的手段、服务的提供者属于著作权直接侵害人，并主张对这样的服务者提出差止请求。⑪然而，卡拉OK法理早已超越了知识产权对利用行为者进行人的支配这一主要领域。按照这一法理，在涉及提供物理手段的行为的情况下，对著作物进行物理上利用的主体，即使因为适用了著作权的限制规定而认为不构成著作权侵害，也能仅仅通过司法的判断来创设侵害。是否规制这种行为（大量诱发非营利性使用、私人复制的系统的提供行为），进行规制的话是仅仅赋予权利人金钱性请求权还是也承认其差止请求权，这些可以说是应该交给立法判断的课题。⑫

当然，并不是完全不允许通过司法进行创设、强化知识产权的解释。但是，在进行这种解释时，应该遵循着法条的构造、揣摩法制度的趣旨来进行

---

⑩ 最判昭和 63.3.15 民集 42 卷 3 号第 199 页 [俱乐部·猫眼石上告审]，（参见田村·前注释⑳，第 149～153 页）。该最判理解为，将歌唱者（客）物理性地歌唱著作物的歌唱行为，认为是其他歌者的歌唱，要求成立以下两个要件，即后者管理前者的行为（＝管理性）和由此获得利益（＝利益性）。作为对判旨范围及其意义的批判性探讨，参见上野达弘：《所谓"卡拉 OK 法理"的再探讨》，载《知的财产权法与竞争法的现代展开》，发明协会 2006 年版。

⑪ 东京地决平成 14.4.9 判时 1780 号第 25 页 [文件提供型著作邻接权假处分]，东京地决平成 14.4.11 判时 1780 号第 25 页 [文件提供型著作权假处分]，东京地判平成 15.1.29 平成 14（ワ）4249 [同中间判决]，东京地判平成 15.1.29 判时 1810 号第 29 页 [同中间判决] 提出。关于裁判例，参见田村善之：《与检索栏有关的著作权法的诸问题（3）——寄与侵害、间接侵害、免费使用、引用等》，载《知的财产法政策学研究》18 号。

⑫ 因此，有关物的手段提供行为，不是卡拉 OK 法理，而希望是共同不法行为的结构，即当物理上的利用行为者不构成侵害的时候，手段提供者的侵害行为也不成立。（参考最判平成 13.3.2 民集 55 卷 2 号 185 页 [夜店 G7 上告审]，作为对原判决的评析，见田村善之：《判批》，载《NBL》694 号），差止应该只有在特许法的间接侵害成立的范围上（参见田村善之：《多功能型间接侵害制度中本质部分保护的适当性——与等同原则的整合》，载《知的财产法政策学研究》15 号）才予以认可，该趣旨的阐述，见田村·前注释⑪。关于这个问题，也参见吉田克己：《著作权的"间接侵害"与差止请求》，载《知的财产法政策学的创成》，有斐阁 2008 年版。

解释。比如，既然设置了专利权利要求制度，就确立了这样的原则，即在特许权侵害诉讼中，被疑侵害物在专利权利要求范围之外的情况下，则不受特许权的控制（《特许法》第 70 条第 1 项）。但是，如果专利权利要求的趣旨在于确保当事人的预测可能性的话，则即使被疑侵害物不在专利权利要求范围之内，在容易置换专利权利要求中的特定要件的情况下，也应去探求肯定特许权侵害的解释（均等论）⑬，这正是立法设置的法的趣旨的具体表现方法，其作为司法的作用当然地被允许。

详细言之，现在的法律阻碍了效率性是很明显的，而且不存在与其他相邻部门在操作上的不同，同时，技术适格性的问题逐渐在消除，因此应该考虑允许司法的积极介入。比如，提到一般论的话，一些没有在单行的知识产权法中明确被规制的成果利用行为，通过《民法》第 709 条的一般不法行为进行规制，这些既然是创设知识产权的解释，确实应该慎重，但没必要到完全不允许有例外的地步。在明确了面向单行的知识产权法的集合体使效率性得到改善的前提下，能够领会法律的态度——应该在非过度介入的限度下规制一定的免费使用行为，这样的话可以认为是既有民主决定，又有合理思考的情形。⑭ 例如有这样一些例子：在《不正当防止法》第 2 条第 1 项 3 号新设立之前，认为酷似性模仿是不法行为的判决（东京高判平成 3.12.17 知裁集 23 卷 3 号 808 页［木目化妆纸］）⑮；因不具有创造性而不作为著作物保护的网罗形数据库，承认以不法行为进行保护的判决（东京地判平成 13.5.25 判时 1774 号 132 页［スーパーフロントマン］）等。本来这就应该是不必等待立法就能明白的。在以单行立法来判断而欠缺保护要件的情况下，更加要求裁判所具备创设知识产权的能力。最近的一部裁判例中，就有这样的判决：

---

⑬　与其他的要件一起，见最判平成 10.2.24 民集 52 卷 1 号第 113 页［滚轴轴承］。田村·前注释⑭ 知的财产法，第 224～237 页。

⑭　田村·前注释㉑。也参见窪田充见：《从不法行为法学的角度看待信息公开——关于产生过程中的权利的保护上的不法行为法作用的备忘录》，载《民商法杂志》133 卷 4、5 号，第 741 页；中山信弘：《著作权法》，有斐阁 2007 年版，第 209 页。此时，为了认定不法行为，把成为社会性承认的事实——认为该利益值得受到法律保护的事实——作为要件的见解也是存在的。（窪田·前注释⑭，第 741、743 页）。本文领会的是这样一种法的价值判断：至少对于日本法，个别的知识产权法的集合体的发展趋势，是一种当必要的成果开发的激励不足时，为了保护这个激励但也不放弃对免费使用行为予以规制的法律（长谷川·前注释㉑，第 18～24 页指出的竞争繁荣论）。司法必须谦抑的理由是，并不是因为社会性不承认，而是技术上判断的困难，离不开政治上的责任。因此，认为不需要对像窪田·前注释所提倡的前提那么充足。

⑮　田村善之：《判批》，载《特许研究》14 号。

纵使以不在著作权保护范围内的理由否定了著作权侵害，但它也并非特别表明了其为不被著作权法吸纳的特殊情况，因而作出了肯定免费使用行为的不法行为责任的判决（知财高判平成 18.3.15 平成 17（ネ）10095 ［通勤大学法律课程]）㊻，但以上体现的思考方法中也存在疑问。法律上存在的问题，则是希望创设知识产权的人的利益在立法过程中得到反映，这点应得到纠正，但对这样的利益是否要保护所进行的判断，原则上委托给民主决定更好。㊼

第二，关于对知识产权进行限制的解释，则应该围绕着政策形成过程中被扭曲了的问题，依靠司法的判断打开一道考虑到利用者利益的、而与法律的趣旨无关的通风口。知识产权的使用者的利益难以在立法上被反映的情况下，不是期待立法进行更止，而是应该依靠裁判所来确保自由。特别是，解释的根据不在于改善效率性，而是在追求确保自由的情况下，因为没有技术适格性的问题，同时也不涉及政治责任的问题，这些事是非常需要司法的积极介入的。

例如，在日本是没有著作权限制一般条款的合理使用的。㊽ 在这种情况下，裁判例中存在着采用各种手法进行限制著作权的解释的现象。㊾ 即使是这种已有的法理和限制规定无法利用的情况，在难以确保利用者的自由时，应该允许裁判所生成一般性限制著作权的方法。㊿㉛

㊻ 山根崇邦：《判批》，载《知的财产法政策学研究》18 号。

㊼ 关于以上内容，见田村·前注释㉑。

㊽ 《与检索栏有关的著作权法的诸问题（1）——寄与侵害、间接侵害、免费使用、引用等》，载《知的财产法政策学研究》16 号，第 96～99 页。

㊾ 例如，用于宣传的照明用品的商品目录内，以挂轴展现的书映入了和室摄影照片内之案例，判示指出，照片中的书，每个字有 3 厘米到 9 厘米大小，墨的浓淡、污点的痕迹、笔锋的力度之类的创作的表现都不能说得到了再现，由此作出了否定著作权侵害的判决（东京地判平成 11.10.27 判时 1701 号 157 页［雪月花］、东京高判平成 14.2.18 判时 1786 号 136 页［同 2 审]）。关于市营公车的照片在画本中被表现出来之时，是否侵害了该公车的车体上所描绘图画的著作权的争论案件，通过对著作权法第 46 条的活用，以原作品处于向一般公众开放的屋外和建筑物的场所，对这种被恒久设置的物进行利用不侵害著作权之趣旨，作出了否定侵害的判决（东京地判平成 13.7.25 判时 1758 号第 137 页［公共汽车]）（村井麻衣子：《判批》，载《知的财产法政策学研究》10 号）；参见饭村敏明：《著作权侵害诉讼的实务》，载《著作权制度概况及音乐著作权》，明治大学法科大学院 2006 年版，第 211～212 页。

㊿ 田村·前注释㊽。

㉛ 为了应对政策形成过程的偏见，并不只是期待通过司法修正，还希望对最初的知识产权形成过程自身进行管理，从而让使用者和发展中国家的利益能够得以反映。虽然很困难，但还是期待着例如发展中国家的特许厅联合（Peter Drahos, Trust me: Patent offices in developing countries, Am. J. L. and Med., forthcoming 2008（2008 年 1 月 18 日、从 http：cgkd. anu. edu. au·menus·workingpapers. php 可能得到））、独创共有地（《创造性·共有地——数字时代的知的财产权》，NTT2005 年版）这样的 NGO 活动的策略。

3. 传统法治主义模型的重新认识——主要是导入关于行政和司法作用分担的新视点

日本的特许法，在特许要件上存在着"权利主义"，在有关特许的要件方面，特许厅的裁量发挥不了作用，这种理解很有说服力。[62]

"权利主义"曾经作为国王的恩惠，与通过裁量所给予的东西不同，有着不容许恣意运用的含义，现行特许法中也予以采用。但是，从知识产权整体来看，就像前文所叙述的那样，特别是像特许方面有关物质特许的授予方式变化很明显地显示的那样[63]，特许权在产业政策上是以技术创作和其利用的普及为目的而授予的权利，并非自然权利。对于怎样的技术应该授予特许进行判断，作为专门机关的特许厅比裁判所要更擅长，这点是毋庸置疑的。当然，在国民主权下，特许厅的裁量受到法律的束缚是正常的，但是，在法律的语句上存在解释的空间时，基于与裁判所的关系而禁止一切裁量（行政法学上的羁束裁量），这种想法却过头了些。这个道理（至少在一时期内）在计算机程序、生物工程等尚未在国际上形成交换市场的新技术领域应该特别适合。

比如，有关程序相关发明的特许厅的处理，经过了好几次审查基准改订的变更，每次都并不经过裁判所的考量。[64] 在此期间，最新的《计算机软件相关发明的改订审查基准》于平成 12 年 12 月 28 日敲定，这一基准将从平成 13 年 1 月 10 日起使以前的申请不再适用。这种特许厅的处理方式，与个别的裁判所在每个案件上都进行完全的考量相比，不会引起混乱担忧。恣意的、不透明的运用变更不仅有违反平等主义的可能，还可能剥夺国民实施行政统制的机会，因此不应该被允许。但以改订审查基准这种形式，用统一且透明的手续来变更运用的情况下，裁判所难道不应该尊重特许厅的裁量吗？[65]

传统的法治主义是这样一种模型：对于特定时点的法律，在承认立法的

---

[62] 否定通过国家的裁量赋予特许的"恩惠主义"，意味着可以用到"权利主义"这个概念，对于是否存在完全否定特许厅的裁量的趣旨，这还尚未成定论，见丰崎·前注释④，第 79 页；中山信弘：《工业所有权法（上）》，弘文堂 2000 年版，第 60~61 页。

[63] 曾经为了保护国内产业，虽说是新发现的化学物质，但并没有认可其以物质本身为对象的特许权，而是作为方法的发明，从而不得不进行权利要求。但是当可以断定日本的化学技术水平已经达到了国际水平之时，基于此，通过 1975 年修正，物质特许得到认可。

[64] 关于审查标准的变化，从竹田和彦：《特许的知识》钻石社 2006 年版，第 31~41 页的概括中很容易明白。

[65] 关于以上内容，见田村·前注释⑭特许发明的定义，第 131~132 页。

判断具有拘束力的同时，还必须服从司法的全面审查，行政可以说仅仅是执行法律来进行管理的手段。但是，像产业政策这样的领域，作为其规制对象的经济状况不断变动、相应的知识也时时刻刻在汇集；还有像技术政策这样的领域，作为其规制对象的计算机程序、生物工程与对其的理解也时时刻刻发生着变化。这些领域需要行政去干预，而这时仅仅贯彻执行的模型可以说是不合适的。这时候，通过设立时间这一指标，在使规制对象反馈规制内容的同时，也应承认行政和法律（司法）之间并非司法的单方处于优位，行政的见解也会对司法产生影响。在这种相互作用的模型下，来分析立法、行政、司法及其他机关的作用分担是有必要的。⑯

（四）归结主义研究方法下的程序统领

完全地解析、检验效率性是困难的，最终不得不委托给政治责任。但是，政策形成过程中产生不均衡的话，只有通过强调政治责任以及期待司法所打开的空隙，才能构筑合适的知识产权法制度。怎样的制度是改善效率性的制度，怎样的制度没有这一效果，希望尽可能将其明确，从而划定不予实施的非效率性政策决定的范围。另外，对立法或司法应该维护的自由的具体范围，尽可能去释明并呈现的工作有必要进行。下面将通过这类归结主义研究方法的具体例子，来介绍特许制度上政策的杠杆理论，以及与笔者的提倡相关的著作权法上的第三次浪潮的论述。

1. 特许政策的杠杆理论⑰

我们都知道特许制度有三个功能：第一是促进发明及其公开；第二是通过早期给予特许的保护防止发明的重复投资；第三是通过早期授予特许权来促进该特许的产品化。

无论哪个都与效率性相关，但是特许权的问题最终是运用裁判规则还原当事人之间的权利义务关系。因此设立了这样的基准：在个别事例上是否真正实现了效率性并不特别清楚，但以特定的规则进行裁判，整体上可以实现

---

⑯ 将环境政策作为例子举出，构想风险行政这种模式，也参见山本隆司：《风险行政的程序法构造》，载城山英明、山本隆司《环境与生命》，东京大学出版会 2005 年版，第 9～15 页。

⑰ Burk ＝ Lemley　前注释㉝、⑲。原文是 Dan L. Burk & Mark A. Lemley, Policy Levers in Patent Law, 89 Va. L. Rev. 1575 (2003). 参见田村善之：《围绕特许制度得法和政策》，载《ジュリスト》1339号。

相应的效率性。

关于这种粗略的制度设计的方法，是几个不同的理论所主张的。[68] 比如，认为在抑止相同发明的寻租行为的同时，更应该对相关发明的投资给予激励，从而主张早期特许保护的期望理论（Prospect Theory）[69]；认为与其使其安稳处于独占地位，不如将其置于竞争中推进竞争创新的竞争创新理论（Competitive Innovation Theory）[70]；认为有必要给予基础发明和改进发明双方激励，从而授予双方特许权，同时规定在利用默认规则两者相互阻止的情况下，双方当事者一定要订立契约促进交涉的累积创新理论（Cumulative Innovation Theory）[71]；存在太多像遗传因子片段那样异质的片段性特许，反而不利于推进竞争创新，指出这一弊端的非共有物理论（Anticommons Theory）[72]；对因权利的保护范围过宽而导致混乱的弊端进行说明的特许丛林理论（Patent Thickets Problem）[73] 等。

粗看的话会认为这五个理论相互间没有相容的内容，但近来这些理论适用于各种不同的产业领域，阐明了各个领域有必要进行特许政策调整的宗旨，很值得注目。这就是丹·伯克（Dan L. Burk）和马克·莱姆利（Mark A. Lemley）主张的特许政策杠杆（Policy Levers）理论。[74]

伯克和莱姆利认为第一个理论，即期望理论适用于制药产业。在这个领

---

[68] 遵循了 Burk = Lemley 前注释[33]中所显示的分类。更具体的，参见田村善之：《抽象化的生物工程与特许制度的理想状态（2）》，载《知的财产法政策学研究》11 号。另外，关于前景理论、竞争创新理论、积累竞争创新理论之间的相互关系，参见川浜升：《技术革新与独占禁止法》，载《日本经济法学会年报》42 号，第 51～57 页。

[69] Kitch, supra note 32. 作为批判的讨论，见 Lee 前注释[35]，第 101～105 页。

[70] Kenneth J. Arrow, Economic Welfare and the Allocation of Resources for Innovation, in The Rate and Direction of The Rate and Direction of Inventive Activity (Richard R. Nelson eds., 1962). 这里比较重视与其他理论的对比，遵循了 Burk = Lemley 前注释[33]，第 79 页的变化。更准确的介绍，参见川浜·前注释[68]，第 51～53 页。

[71] Merges & Nelson, supra note 33.

[72] 海勒、阿伊珍巴古·前注释[35]。此外，参见前注释[35]所揭示的文献。

[73] Carl Shapiro, Navigating the Patent Thicket: Cross Licenses, Patent Pools and Standard Setting, in 1 Innovation Policy and The Economy, 119 (Adam Jaffee, Josh Lerner, and Scott Stern eds., 2001). 姑且不论 Shapiro 如何严密地进行了叙述，为了使其与非共有物理论相区别而具有独自的意义，按照 Burk = Lemley 前注释[33]，第 91～92 页的内容，权利的数量不是问题，问题在于将以下说法——由于权利的保护范围过宽且错综复杂所造成弊害的这一说法——置于理念的高度。为了解决非共有物的问题，有必要减少权利自身的数量，但为了解决理念型的特许的复杂问题，只要将权利的保护范围缩小就可以了。

[74] Burk = Lemley 前注释[19]，第 92～111 页。如果根据原语是"（齿轮用的）杠杆"，但作为日语的意思来理解的话，可以翻译成"掌舵"。

域中特许取得所带来的利益很大，因此发生寻租的可能性非常大。有关特许取得后的产品化，在临床试验等方面需要相当的投资，药品方面，也是一个特许覆盖一个产品的情况较多，即使在早期授予特许也很少有弊害。因此，在这一领域采用尽早授予特许的前景理论值得期待。

第二个理论，即竞争创新理论适用于商业模式。在美国道富银行及信托有限公司案[75]之前，美国也不认为商业模式能取得特许，即由于在没有特许的状态下各式各样的商业模式得以开发，授予特许的必要性很小。

第三个理论，即累积创新理论，伯克和莱姆利认为其适用于软件产业比较合适。至少在日本也许会比较适合电机业。在电机业界虽然授予很多特许，但由于日本国内的竞争企业具有同质性，不会产生因害怕报复而滥用特许的现象。其结果促进了许可谈判，使交叉许可等合同得以缔结。[76]

第四个理论即非共有物理论和第五个理论即特许丛林理论，被各种生物工程和半导体产业所而被主张，实际上也确实分别适合这两个领域。

伯克和莱姆利的理论是适应各个领域特许制度的理论，换言之，其主张各个领域所希望的特许制度形态是不同的这一点，有着巨大的功绩。确实，既然各个产业情况不同，就没有丝毫必要去描述符合全产业领域的统一的特许制度形态。本文所呈示的五个理论各自的着眼点不同，并非完全相互排斥，也并非涉及所有领域。不同领域根据诸如非显而易见性[77]或者保护范围的不同，探求其希望的特许政策，这种方法应该大力推荐。

伯克和莱姆利的理论暗示了这样一点：作为实行与各领域相适应的特许政策杠杆的主体，到底立法、司法哪一机关比较可取，不必设立网罗型（涉及一切）规则，顺应各个具体事例是可能的。由于具有游说活动的耐性，因而应该首推司法。这种构想在有关政治过程的讨论和法制度结构的连接方面，极具启发性。

---

[75] 平嶋龟太：《美国特许法中保护对象的变化——有关"Business Method Exception"的动向》，载《知财研论坛》41号。

[76] 田村善之：《整体性交叉许可与职务发明补偿金的计算》，载《知的财产法政策学研究》2号。

[77] 特许法第29条第2项的必要条件，一般来说，多被称为进步性的，但在用语上却不认为是非常恰当的，见竹田・前注释[64]，第134～136页。

立法上存在着这样的问题，即在政策形成过程中很容易产生不均衡的问题。[78] 另外，伯克和莱姆利推荐的司法，游说活动起到的作用似乎更强。但是，为政策的形成收集信息的能力并非没有界限，代替其的民主正统性起到的作用相对较弱。由此看来，至少日本的制度要选择第三个选项，即对行政（特许厅）进行政策指导予以一定的期待。现在的事实是，特许厅在各个领域设立的专门化审查官之下，运用与各个技术领域相适应的特许制度，而且将特定领域的处理方法以审查基准的形式进行明示。[79] 期待特许厅发挥这样的作用的同时，难道不应该修正传统法治主义模型，即基于司法的审查基准的全面审查这种思考方法吗？这在本文的（三（三）3）中已做过叙述。

2. 著作权法的第三次浪潮[80]

关于著作权制度，有时会有认为复制禁止权是能与不朽的大法典相媲美的主张，但著作权不只是从历史看来随着技术、社会环境的变化而产生的权利，还应该会随着时代的变更不断发展下去。[81]

与现在各国的著作权法相联系的著作权制度的起源，要追溯到18世纪初的英国。历史上，随着活字印刷术的普及，出版业也逐渐兴盛，同时，由于内容相同的书籍的竞争，导致投资的回收很困难。出版者感受到了防止这种困难出现的必要性，于是与保护著作人利益的思想相结合，制定了著作权制度。[82]

就这样，随着印刷术的普及而登场的著作权法，直到现在仍以复制禁止权为中心，同时设置了对公众使用行为的规制，构成了著作权法的体系。[83] 这种复制中心主义在复制技术还没有普及到个人层面的私人领域的时代，主

---

[78] 实际上，可以称为公共游说产物的 TRIPS 协议 27 条 1 项，有关特许权，对于技术领域各项特许发明的差别使用是予以禁止的，（关于起草过程和意旨，参见 Resource Book on Trips and Development, 368-374 (2005)；尾岛明：《逐条解说 TRIPS 协定》，日本机械输出组合 1999 年版，第 124～127 页），至少可以预想，国内法律明文规定的根据不同领域制定相应的特许的必要条件和保护范围，会对此产生相当的抵抗。

[79] 比如，特许·实用新型审查标准"第Ⅶ部 特定技术领域的审查标准"的"第1章 计算机·软件关联发明"、"第2章 生物关联发明"、"第3章 医药发明"等。

[80] 田村·前注释④。

[81] 也参见中山·前注释54，第241、272 页。

[82] 参见白田秀彰：《著作权的历史展开》，信山社 1998 年版。这样的事情，在德国也是被认可的。木村·前注释⑤，第 697～698、704～705 页。

[83] 田村·前注释30，第 108～111 页。

要是规制（与私领域相区别意义上的）公共领域，对私人自由的介入程度很小。[84] 到了 20 世纪后半期，随着录音、录像、复制和复制技术逐渐渗透到私人领域，著作权法的原则对私人自由造成了过度制约，与此相反，著作权法的实效性自身也遭到了质疑。

从对著作权制度产生的意义上来看，将印刷技术的普及称作第一次浪潮的话，复制技术向私人领域的普及应该是著作权制度遭遇的第二次浪潮。作为对策，在坚持复制禁止权中心主义的同时，增设了出租权、私人录音录像补偿金请求权等弥补不足的应急措施。将复制权中心主义当做金科玉律去信奉，有时容易陷入"复制是否就等于恶"这样的议论。能够很容易地复制，其材料也与原创作品几乎没差别，这样的时代的到来，意味着人类生活被丰富的可能性将大大扩展。而仍未改变的法律制度成为了脚镣，在这种技术恩惠的享受中注定是要失败的。在长期讨论立法论的时候，不受制于复制权中心主义的、更加自由的构想是必要的。[85]

但是，随着因特网时代的到来，对于著作权法的前提，带来了与（依然未解决的）第二次浪潮实质不同的第三次浪潮的变化。也就是说，通过复制技术和送、受信技术的普及，以及信息通信网的整合，谁都能够向公有领域送信，于是私领域与公领域浑然一体化，变得难以区分。在这里，不只是复制禁止权中心主义，甚至连"公的"使用行为这种制约，也渐渐失去其作为防止对私人自由过度介入的机制的作用。今后，对模仿保护或送、受信的技术管理，以及以点击方式构筑的著作权防卫体制，要予以推进。它应该作为容易实现给著作权人带来充分的利益返还的中间手段而予以采用，同时有必要对破解技术的普及和课金体制的构筑进行并行设置。不然的话，各种保护机制就会化作保护一直以来作为普及著作物的技术型媒介的既得权益的手段，复制技术和送、受信技术的普及应该带来的便利，社会或者说是私人全体可

---

[84] See also Jessica Litman, Revising Copyright Law for the Information Age, 75 Or. L. Rev. 19, 36-37, 48 (1996)（著作权法并没有规制 non-commercial user（非盈利利用者）、non-institutional user（非组织利用者））；Jessica Litman, supra note 19, at 18-19, 177-178.

[85] 比如，提倡导入作为对数码利用的著作权保护要件的登记制度，见田村善之：《数字化时代的知的财产法制度》，载《功能性知的财产法的理论》，信山社 1996 年版。无论是否营利性利用，只要妨害了著作权人机会的大规模利用行为都应该是侵害行为。提倡将这个标准的具体化委托给普通法，即司法的，见 Jessica Litman, supra note 19, at 180-182（也提到通过陪审导入社会规范的可能性。对于不能参与著作权法政策形成过程的公众，不应该要求其遵守只有著作权法专家才能理解的法律 id. at 194-195）。

能就无法很好地享受到。⑥ 在此之中，著作权法所追求的可能是从复制禁止权中心主义、公的使用行为规制的并用主义所开始的理论体系转换。

本来，有关著作权的根据就和其他的知识产权一样，有着自然权论和激励论相对立的观点，于是可能会有这样的批判：前面的理论体系转换和本文一样，只不过是立足于激励论的学者才得出来的结论。但是，与本文不同，即使采用自然权论的立场，人们创作出了某个东西，但社会却朝着新技术到来前的状态倒退，这能够作为起作用的强势命题得以主张吗？我想对此还有必要进行根本性的讨论。

四、结　语

将本文提倡的知识产权法政策学的主张进行略述的话，就是（1）既然知识产权是制约人自由的规则，那么劳动所有权、人格权等自然权论存在的意义的正当化就很困难，所以不得不依靠以激励来改善效率性的理论。（2）但是与此同时，在效率性的尺度上存在争议，除效率和自由的矛盾之外，效率性改善的检验也很困难，最终依赖于民主决定的具有政治责任的程序正统化。（3）但是，在政策形成过程中，易于组织化的大企业的利益容易被反映，不易组织化的私人的利益难以被反映，由于这种结构性不均衡的作用，知识产权往往被过度强化。（4）因此，为了尽可能消除不均衡，一边探索统领政策形成过程的构造⑧，同时为了确保自由，通过运用司法的作用，保障程序的正统性。（5）从效率性的观点来看，尽可能释明所希望的制度（或者不希望的制度），同时将应该确保自由的领域明确化，在呈示这种归结主义理论的基

---

⑥　在网络空间里，技术调控和复制控制的结果是，出现了传统上给予著作者的保护和公众的利用之间的平衡被破坏的警告，暗示了人为设置存在于网络以外的空间的某种不完全性的法规是有必要的趣旨，见劳伦斯·雷西古：《CODE VESION 2.0》，山形浩生译，翔泳社 2007 年版，第 235～278 页。在防御保护盛行的情况下，具体提出了关于担保免费使用的技术性、制度性结构，见 Dan L. Burk & Julie E. Cohen：《以权利管理制度为目的的免费使用·基础设施》，会沢恒译，载《知的财产法政策学研究》3 号。关于以点击方式成立的契约的有效性，见曾野裕夫：《信息契约中的自由与公序》，载《美国法》，第 192 页（暗示了在大众市场购买的场合和经过个别交涉购买场合的使用方法的不同）；《因契约和技术导致的著作权扩张的相关日本法的状况》，载《知的财产法政策学研究》3 号；Lucie Guibault：《著作权的限制与点击式许可：著作权交易将怎样发展?》，会沢恒译，载《知的财产法政策学研究》3 号。笔者关于两个论点的立场，参见田村·前注释⑭知的财产法，第 427～428、433～434 页。

⑧　参见前注释㉑。

础上，应该减少灰色的领域，缩小由程序决定的裁量的范围。

最后想就本文的构想所适合的领域再说几句。

目前所介绍的本文的理论是以知识产权法规制的积极根据和所希望的推进成果创造及其普及这种纲领的妥当性为前提的。⑧ 就像多次提到的那样，至少在国内法中，能够领会到单个知识产权法的集合体的背后，是以这样的纲领为标准来实现民主决定的。

但是，知识产权能够对他人的利用自由进行无限定的规制，而且没有场所上的限定，多国籍企业等的活动有着在国际上进行权利扩张的倾向。用一个适用于国内法的理论去评价知识产权法是不允许的。于是，激励论在吸取了"竞争性繁荣"论的基础上得到了进一步发展，但这是在以达到临界值的社会为前提的，在国际上成熟度具有差别的社会中并不直接通用。⑨ 但是，我认为本文所提倡的面向程序的构想，即使在利害关系激烈对立的国际社会，也能够很好地适用。在对有关知识产权的国际性政策形成过程中出现的偏差进行认识的基础上，有必要探求正统程序，并呈现出归结主义的控制理论。

比如，作为激励论无法简单处理的典型例子，可以举出与传统知识和遗传资源的使用相关的国际性争论这一事例。关于其论点，就像大家所知道的，正是发达国家和拥有丰富传统知识、遗传资源的发展中国家激烈对立之处。⑩

---

⑧　参见长谷川·前注释㉑，第 17～25 页的探讨。

⑨　长谷川·前注释㉑，第 24、30 页。

⑩　Vandana Shiva：《是对生物多样性的保护还是对生命的掠夺——全球主义与知的财产权》，奥田晓子译，明石书店 2005 年版。有关国际上的动向，见常本照树：《先住民的文化与知的财产的国际保障》，载《知的财产法政策学研究》8 号；大泽麻衣子：《传统知识的保护与有关知的财产的考察——从遗传资源及传统知识的保全向运用的时代转变》，知的财产研究所 2002 年版；田上麻衣子：《遗传资源及传统知识保护的讨论的基础》，载《日本工业所有权法学会年报》30 号；《遗传资源及传统知识讨论的平衡点》，载《知的财产法政策学研究》19 号；青柳由香：《传统知识·遗传资源·民间艺术作品》，载石川明编《国际经济法与地域协力》，信山社 2004 年版；《与传统知识等相关的国际机构·地域的研究探讨——法律保护的视点》，载《庆应法学》6 号；山名美加：《围绕遗传资源·传统知识的国际纷争与特许制度》，载《Law & Technology》28 号。作为理论上的研讨，见田村善之：《传统知识与遗传资源的保护根据和知的财产法制度·再论》，载《知的财产法政策学研究》19 号；《传统知识与遗传资源的保护根据和知的财产法制度》，载《知的财产法政策学研究》13 号；黄居正：《时间、劳动与生态——先住民的财产权的核心主题》，坂口一成译，载《知的财产法政策学研究》19 号；李扬：《放弃民间艺术作品中共同作者的概念——乌苏里船歌案》，刘晓倩译，载《知的财产法政策学研究》14 号。

有关传统知识，从多文化主义⑨的观点出发，应该抓住两者之间的本质差别，即动态的、工业化的、以个人主义文化为前提的发达国家的知识产权法制，在与渐进的、生态化的、以共同体主义的文化为前提的传统知识的保护两者之间的本质差别。⑨另外，在与生态系统相关的传统知识、遗传资源的保护问题上，是重视产业的发展还是重视生物多样性、环境保护？对这个问题如果不顾政策、价值观的不同是不应该去回答的。⑨在这种文化和价值观等都不同的认识下，无法论证归结主义中哪一种正确。结果是，只能通过国际性条约的交涉，委托给程序来解决，但是确保正统性成为一个问题。⑨这时候即使不能采用应该保护传统知识、遗传资源这一自然权的结论，也可以运用发达国家的知识产权法制的内容。而认为对这些内容的保护与知识产权法制度无关，因持有这样的先入观念而对寻求保护的声音完全不听，这样的理由是不成立的。对于这一点有必要铭记。⑨

---

⑨ 参见 Will Kymlicka：《新版 现代政治理论》，千叶真、冈崎晴辉译，日本经济评论社 2005 年版，第 475~540 页。

⑨ 参见长谷川晃：《先住民的知的财产保护上的哲学演变》，载《知的财产法政策学研究》13 号。Boyle, supra note 38, at 128-130，也阐述了为了保存可以培养生物多样性的森林，有必要归还没有陷入创作者观的原住民的利益的趣旨。与同书的作者相关，Bellagio Declaration 也同样对现有的知识产权法是以创造者观点为前提的事实进行了批判，提倡创设旨在保护传统的知识的特别"邻接权"（id. at 192-200）。这方面的介绍也参见大塚善树：《从生物多样性到知的财产权的多样性》，载《现代思想》30 卷 11 号，第 140 页。并不是直接提及相关的传统知识，而是尝试将西欧型的知识产权的根据相对化，参见远失浩规：《国际政治学与知的财产权》，载《广岛法学》26 卷 2 号。

⑨ Vandana Shiva 前注释⑨，指出了特许制度是以科学的竞争创新完全是个人的事这一假设为基础的（关于 UPOV 条约中也有同样的误解之处，同第 122 页），但实际上知识是共同体中由于交换并积累而培育出的集团的努力结果（同第 34~35、146、151~153 页），同时更进一步，主张生命科学的创造性包括生物本来就具有的创造性（同第 55 页）、原住民社会的知识体系所具有的创造性和现代科学家的创造性，对这些多样的创造性予以认可是生物多样性得以维持的关键所在（同第 34~35、64~65 页）。原住民的知识体系概括起来就是生态学性质的，而以还原主义和细分化为特征的科学知识的支配模型，由于无法考虑到大自然中相互关系的复杂性，容易使生态体系遭到破坏（同第 60~61、66、148~149 页）。参见 Vandana Shiva：《生物资源掠夺——全球化带来对生命和文化的掠夺》，松本丈二译，绿风出版社 2002 年版，第 41~86 页）。因此，Vandana Shiva・前注释⑨，结论就是，为了承认、尊重知识的多样性，对于通过 TRIPs 协议和 WTO 逐渐普遍化的西方知识产权制度中没有进行限制的知识产权体制，具体来说，是指以原住民的知识体系或行为为基础的，得以保护其生活的复合式知识产权体制，提倡对于这种体制要予以发展（Vandana Shiva・前注释⑨，第 64~65、68 页），承认集体的知识产权，不承认掠夺传统知识的特许的取得（同第 85、150~154 页）。

⑨ 参见青柳由香：《传统知识的法律整备与先住民及地域共同体的参与》，载《知的财产法政策学研究》8 号。

⑨ 田村・前注释⑨知的财产法政策学研究 19 号。

【附记】21 世纪 COE 计划《建立新世代知识产权法政策学国际据点》于 2008 年 3 月结束了长达 5 年的研究计划，与此同时，本刊《知的财产法政策学研究》也以本期作为其中的一个阶段予以总结。本文通过统领该计划的成果，对其做了个小结。借此机会，对本文写作期间以各种形式给予我帮助的各位表示感谢。

"知识创作物未保护领域"之思维模式的陷阱

李扬　许清　译

一、前　言

在说起知识产权法立法论等的时候，经常可以听到"知识创作物未保护领域"之类的说法。也许持这种说法的人没有意识到，但这种说法背后大致预设了下列三个前提：一是存在知识创作物这种"物"。虽然不是有体物，但存在所谓的无体物。二是这种知识创作物本来就是创作者创作的"物"，如果不加以保护的话，就会出现所谓未保护的知识创作物的问题。三是进行保护的话，必须采用保护知识创作物的法律形式。不管是否使用"未保护领域"这样的字眼，至少在使用"知识创作物的保护"、"对知识创作物的权利"之类用语的时候，包含上述三个前提的想法还是不少的。本文将对这三个前提提出质疑。也就是说，第一，从一开始就存在作为知识创作物这种"物"吗？第二，假设存在这样的"物"，这种"物"果真是创作者创作的"物"吗？第三，假设这种"物"属于创作者创作的"物"，是否除了通过法律保护知识创作物以外，不存在其他选择呢？

二、寻求"知识创作物保护"的新理论

（一）存在作为知识创作物这种 "物" 吗

1. 是否存在无体物。关于第一个前提，有着诸如是否存在知识创作物这样的"物"以及是否真的存在无体物等讨论。关于无体物是否真的存在还是只是人们头脑中虚构出来的东西，这在 Peter Drahos 先生的著述的第一部分

就认真进行了探讨。①

2. 能否对无体物与无体物利用行为进行严格区分。笔者一直认为并不存在无体物这样的"物"。在此，即使假设这种"物"存在，那么能否对该无体"物"与人们（对该物）的利用"行为"进行严格区分呢？知识产权法学界通常认为，存在着被人们利用着的知识创作"物"或无体"物"。在此，多数情况是以知识创作"物"或无体"物"与利用"行为"被严格区分为前提的，即在人们的利用行为之外，还存在着能够从该行为中分离的、作为行为客体的这样一种"物"。但是，这两者的区别只是相对而言的。比如，将特定程序在网络上进行传播的行为应该怎样理解呢？对于这一点，著作权法条文是明确将其视为行为的，即将特定程序著作物（无体物）向公众传播的情况作为行为进行考察。但是，在特许法中对于同样的情形应该如何把握呢？这其实是权利要求书写作方法的问题了。比如，在权利要求书的记载内容中可以写上"关于特定程序的传播方法的发明"。由于发明一般被认为是无体物，于是该传播方法，也就是传播行为自身就可以作为无体物来把握了。这个例子说明的是，究竟怎样的东西被视为无体"物"，其实是由"利用行为"的抽象化程度所决定的。如果将"行为"理解为"公众传播"这种相当具体化的行为形式，那么"无体物"就是从该行为中分离出的"程序"；相反，如果将"行为"抽象地定义为需要进一步具体化的"使用"时，其具体化的工作就回到了"无体物"上，如将"（特定的）程序的传播方法"作为无体物进行理解的情况。

虽然关于是否存在无体物仍存在争论，但至少如上述例子所揭示的那样，如果对从人们行为中分离出的知识创作物或无体物进行深刻理解的话，会发现其仅仅是虚拟出来的东西。在上述思考方法的前提下，Wendy J. Gordon 先生在统领知识产权法的论文中得出结论认为，问题的本质不在于无体"物"或知识"财产"，而在于人们各种行为中的类似模式（similitude in pattern）。②

3. "对于知识创作物的权利"这种思维模式的陷阱。笔者强调知识创作"物"不可能脱离人们的利用"行为"而存在的理由在于，"知识创作物的保护"以及"对知识创作物的权利"这种表述中，无意识地形成了一种默认前

① Peter Drahos，A Philosophy of Intellectual Property（1996）.

② Wendy J. Gordon，〈Intellectual Property，田辺英幸訳〉知的財産法政策学研究 11 号（2006 年）

提，即仅仅是对存在于人们行为之外的知识创作"物"设定权利，而这种隐喻的影响力是需要注意的。正如前文所说，无体物或知识创作物与行为是不可能严格区分的，于是在"知识创作物"这种表述下，虽然实际规制的是人们的行为，但是给人一种存在着某种与人们行为无关的能够从行为中分离的客体的印象，如果追本溯源的话就会发现，这种表述有掩盖事实真相的效果。即使将"知识创作物"的表述换成"信息"，在隐喻的问题上并没有改变。当然，在信息的定义下，认为知识产权是对信息利用行为的权利的观点并没有错，但是这种情况下也还是需要注意，现实中并没有与人们行为无关而独立存在的信息。我们有必要铭记，人们行动中特定的行为模式抽象化后就是被视为信息的东西。对此前的讨论进行小结的话可以得到这样一个结论，即虽然在知识产权法的领域经常说知识创作物的保护或者信息的保护，但最终知识产权都不过是制约人们行为模式的权利而已。

由于所有权的对象是有体物，而知识产权规制的是行为，似乎笔者将所有权与知识产权对立化了。其实不然。所有权虽然是对有体物的权利，但实际上仍然是对于人们利用行为的权利。③ 从规制特定有体物利用行为的权利这点上来看，所有权和知识产权并没有什么不同。④ 只不过正如 Peter Drahos 先生指出的那样，最大的不同在于，在所有权的情况下，人们考虑所有权的问题时，是将特定的有体物和物理性接触的利用行为作为权利的内容，由于具有这种概念上物理性存在的有体物作为中心的焦点（在用语的问题上，Drahos 先生自己并没有使用 focal point 这一单词），所有权就不会超越此限被无限扩大。当有扩大的倾向时，就会有诸如"被质疑这样会不会不再是所有权了呢"这样的概念上的限制。也就是说，此时对他人行为进行广泛制约的情形会受到来自概念上的抑制。⑤

但是，知识产权的情况下就没有上述类似于物理性刹车器的焦点，即在权利的设定方式上没有限定，能够人为地创设广泛制约他人行为的权利。其结果是，由于也能够创设提高经济价值的权利，因而知识产权就会成为利害关系人进行游说活动（lobbying）的对象。而且，由于还能在国际范围内制止他人的行为，此时也有进行游说活动的价值，结果将容易使权利越来越强

---

③ （樽井正義＝池尾恭一訳）《カント全集 11 人倫の形而上学 》（2002 年・岩波書店）

④ 森村進《ロック所有論の再生》（1997 年・有斐閣）

⑤ Peter Drahos, A Philosophy of Intellectual Property（1996）.

化。现实中，跨国企业的游说活动带来以 TRIPS 协定为代表的国际知识产权保护强化的事实，就充分反映了一点。⑥⑦⑧因此，虽然对有体物的所有权也同样是对人们行为的制约，但在知识产权的情况下，相对于有体物来说必须更加注意的原因就在这里。⑨

（二）是否存在知识创作物未保护的情形

1. 自然权论 vs. 激励理论。笔者对上述第二个前提也存在疑问，究竟是否存在知识创作物未保护领域的情形呢？关于这个问题，大致可区分为自然权论和激励理论两种相互对立的观点。作为自然权论支撑经常被援用的是洛克（John Locke）的劳动所有权理论⑩和黑格尔（G. W. F. Hegel）等的精神所有权理论。⑪但是，正如前文所述，知识产权实际上是制约他人行为自由的权利，笔者基本的想法是，这种自由对自由的相互制约应该最终产生平局的结果。⑫仅仅凭借某人创作了某个东西这一命题就去制约他人的自由是难以成立的。这点森村先生关于洛克理论的评述中已经说明了。⑬

这样一来，由于在此已经产生平局而抵消了，就需要另一个附加条件。该附加条件从哪寻求呢？仅仅是创造者的利益的话，利用者的自由将与创造者的利益相抗衡，无法当然地赋予创造者权利，因而知识产权积极的正当化的最终解决手段不只是创造者自身的利益，而是应该从有利于更广泛的多数人的利益这点来寻求。也就是说，如果不规制一些搭便车行为的话，将只有少数人会去从事创造知识财产的活动，这样的话，一般公众也将蒙受非利益。由于不仅涉及创造者的利益，还涉及许多一般公众的利益，在此情况下，笔者认为是可以配置给创造者权利的。这就是激励理论。⑭

---

⑥　Peter Drahos & John Braithwaite, Information Feudalism: Who Owns Knowledge Economy? (2004).

⑦　Peter Drahos（立花市子译）「知的財産関連産業と知的財産の国際化」知的財産法政策学研究 3 号（2004 年）

⑧　Peter K. Yu（青柳由香译）「国際的な囲い込みの動きについて（1）～（4）」知的財産法政策学研究 16～19 号（2007～2008 年）

⑨　Peter Drahos, A Philosophy of Intellectual Property (1996).

⑩　Jon ocke, Two Treatises of Government, 286 (Peter Laslett ed., (1988) (1698).

⑪　G. W. F. ヘーゲル（長谷川宏訳）『法哲学講義』（2000 年・作品社）

⑫　田村善之「知的財産法政策学の試み」知的財産法政策学研究 20 号（2008 年）

⑬　森村進『財産権の理論』（1995 年・弘文堂）

⑭　田村善之「知的財産法政策学の試み」知的財産法政策学研究 20 号（2008 年）

但是，自然权理论的表达也并非完全无用。因为激励理论将社会利益作为权利的积极根据，最终知识产权乃至著作权就成为基于社会利益而对人们的自由、利用者的自由进行规制的权利。仅仅听到这里，一般人都会认为这是相当不可思议的权利。这也正是美国法哲学家 Jeremy Waldron 先生指出的地方。[15] 也就是说，虽然激励理论足以作为规制的根据，但为了社会整体的多数利益而规制个人自由的这种目的手段式思考方法，在导出权利时的衡量过程中是比较弱的，对此不得不坦率承认。

于是，知识创作物或者说人们创造了某种物这一命题，如上所述，其单独无法成为权利的积极根据，但是，撇开积极理由不谈的话，一些权利——比如拥有激励理论等理由将会更充分的权利——可以从"其存在也是没办法的"来消极地实现正当化。于是，人们创造了某种物这一命题，通过以实现效率为目标而设置的知识产权，成为使制约他人自由获得正当化的消极根据。[16] 比如在热带雨林的深处发现了草药，如果该草药以天然的未经任何加工的状态提出专利申请，通常是不作为发明对待的。但是如果仅仅从激励理论的观点来看就会认为，由于深入热带雨林腹地会花费相当的费用，因而为了激励探索行为而设置某种回报也是可以的。但仅仅是发现自然界中既存的东西并没有任何创造性因而不应该配置给其专利权，这已成为最受认同的否认上述观点的理由。这正是知识产权欠缺正当化的消极根据。[17]

但是，对于将上述创作的形式置于核心的思考方法，正如 James Boyle 先生指出的那样，被称为浪漫主义创作者观（romantic authorship），其以创作者个人从零基础到实现成果的这种浪漫主义创作者观为前提，而忘记了作为创作源泉的公有知识的重要性，存在着可能会轻视代表传统知识[18]那样的共同体所进行的渐进式创作的问题[19]，在此笔者不站在这一立场。

以下将从另外的角度对一定要将"人们创造了某物"这一命题作为消极

---

[15] Jeremy Waldron, From Authors to Copiers: Individual rights & Social Values in IP, 68 Chi-Kent L. Rev. (1993).

[16] 田村善之「知的財産法政策学の試み」知的財産法政策学研究 20 号（2008 年）

[17] 田村善之「特許発明の定義」同『市場・自由・知的財産』（2003 年・有斐閣）

[18] 田村善之「伝統的な知識と遺伝資源の保護の根拠と知的財産法制度・再論」知的財産法政策学研究 19 号（2008 年）

[19] James Boyle, Shamans, Software, and Spleens: Law and The Construction of The Information Society (1996).

根据的原因进行说明。H. L. A. Hart 先生提倡应当分别从"外在视点"与"内在视点"去理解人们接受规范的原因。[20] 效仿 Branislav Hazuch 先生指出的观点，引用著作权的例子对此概念进行说明的话，也就是说，对于著作权这种对原本在物理上可以自由实施的行为而人为设置的规制，虽然希望仅仅依靠诉讼和其他制裁等利益得失的衡量等外在视点去执行法律，但如果人们不是主观上希望去认真地遵守法律的话，结果可能就难以充分确保规制的有效性。如果人们不是因为规范内在的正当性而接受，将有可能诱发不断探寻法律底线的行为。因此，仅仅依靠外在视点的法律执行，成本可能会相当高。[21] 于是，在目的手段式思考方法的指导下为了社会利益而规制人们的行为，当仅仅依靠这种激励理论的理由无法充分获得内在视点的情况下，以下形式的隐喻——因为某人创造的"物"就应该归此人，因而其妨碍了利用自由也是没办法的——对于确立内在视点是一个贡献。此时，从激励理论的观点来看原本是规制人们行为的著作权法，则成为了仅仅是对于他人创造的物的权利，盗取他人之物当然是不好的，通过使用这种隐喻，也许可以认可其说服力，即又被称为法的表现力（expressive power）的东西增加了。

但是，虽然获得内在视点确实很重要，但通过知识创作物这种隐喻来获得内在视点的方法，笔者认为是有问题的。并非说所有的隐喻都是不好的，就像已经指出的那样，知识创作物这种隐喻的问题在于，其是在掩盖事物本质的前提下要求遵守法律。这至少不应该作为立法和政策形成的指针，这点应该很明确。在国际知识产权的舞台中，将"盗版"分类贴图作为劝导发展中国家履行强化知识产权保护义务的花招，已经遭到了批判[22]，对于该批判笔者亦表示认同。意识到这一问题的论者可能会有以下反对观点，其可能会以其他的理由认为，如果将具有积极根据的法律按照有效执行的目的特殊化，并在该限度内运用的话，这种知识创作物的隐喻还是可以成立的。但是，即使在其限度内运用，这种隐喻也会对著作权法等知识产权法的民意的形成产生影响，因此仍然需要注意。

---

[20]　L. A. ハート（矢崎光圀監訳）『法の概念』（1976 年・みすず書房）

[21]　Branislav Hazucha（田村善之＝丹澤一成訳）「他人の著作権侵害を助ける技術に対する規律のあり方－デュアル・ユース技術の規制における社会規範の役割－」知的財産法政策学研究 24 号（2009 年）

[22]　Peter Drahos & John Braithwaite, Information Feudalism: Who Owns Knowledge Economy? (2004).

　　当然，正如川滨昇先生在竞争规制的领域所强调的那样，目的手段式思考方法的规制标准难以通过技术性手段实现守法[23][24]，比如，"在激励创造活动的必要限度内规制利用行为"这种标准，其作为立法阶段需要进一步具体化的抽象性原理倒还好，但在作为裁判规范甚至作为社会规范却过于抽象。因此，有必要设置一种标准，该标准能够在司法中适用且具有一般预测可能性，同时在宏观领域（个别案件的微观领域暂且不论）按照多数法则能够努力实现"给予创作活动适度的激励以图文化和产业发展"这种著作权法之目的，这样的最终判断还是有必要通过政治责任进行担保。此时，将任何行为人都共通的抽象性要素——如将著作权法中的复制和公众传播等要素——作为"行为"进行规制，另外，将个别行为的不同点排除后所剩的固有要素作为个别"知识创作物"——如在著作权法中就是作为著作物——进行把握，通过这种手法，将应该规制的行为以"创作性表现这种'物'在法定利用'行为'的情况下再次产生"的形式进行定义，那么应该规制的行为将明确易懂地被特定化，从这个意义上来看是法技术的优秀之处。虽然这么说，但其实那样的话将会产生一种规范性的影响力，即对于这里所说的仅仅是技术性概念的"物"，容易使人想起关于有体物的所有权的隐喻进而当然地认为应该归属于创作者，而忘记了是为了公益才规制行为的本质。不知是幸运还是不幸，至少在著作权领域中，仅仅凭借知识创作物这种隐喻似乎是难以获得充分的内在视点的。现在的网络世界中，著作权并没有按照著作权法所规定的那样得到很好的保护，想必这正是因为著作权法广泛规制的规定没有完全从内在视点使接受者接受吧。

　　倒不如将"人们创造了某物"这一命题基于以下平等原理——既然人们在创造某个东西时耗费了劳力，诸如必须对此表示尊重等，至少在获得该利益时希望支付某种对价的原理——重新进行组织，也许摸索基于这种新原理而产生的规范会更好。而一般也都认为，平等的观念是最容易获得内在视点的原理。换言之，著作权等知识产权这种通过激励理论获得积极根据的法，也许有必要转变为具备以下观念的法，这种观念即——能够获得内在视点的

---

　　[23]　川濱昇「市場秩序法としての独禁法（1）～（3）－市場をめぐる法と政策－」民商法雑誌 139巻 3 号・4 ＝ 5 号・6 号（2008～2009 年）

　　[24]　川濱昇「市場をめぐる法と政策－競争法の視点から－」新世代知的財産法政策学研究創刊号（2009 年）

规范，也就是说不是公益对私、而是私对私，即在被认可权利的私与被课以义务的私之间的比较下实现平等。这里也许有点自然权论的意思。结论是，最初关于是否有必要设定权利的积极决定因素就是主张激励理论的那些理由，与此同时，为了能够给设定权利提供消极的根据，同时又能获得使接受者认同的内在视点，于是提出了"人们创造了某物"这一命题。但要注意的是，后者始终都只是消极性的根据，仅仅凭这些不能成为积极规制的根据。

2. 对需要规制的情形的深究。上述接近自然权利的言论如果止于消极性理由的话，就不是自然权利，既然如此，就并非一定要对他人行为进行规制。而且知识创作物这种从人的行为中分离出来的东西是不存在的，知识产权的实际情况是对权利人之外的行为人自由的规制，这样的话，倒不如仅仅在有必要规制的情况下允许规制。因此，所谓存在未保护的知识创作物，其实是说没有实现权利或没有实施规制。特别是，当希望从上述解决搭便车问题的讨论中寻求规制的根据时，也会出现另一个问题。也就是说，即使搭便车问题是应该解决的，但实际上采用特定的某种知识产权制度，或者对特定知识产权制度进行变更的情况下，这些做法真的使效率性得到改善了吗？还是反而恶化了呢？对此的检验实际上是非常困难的。这是 Nari Lee 先生经常指出的地方。[25] 这样一来，尽管不知道是否真的对效率性有所改善但就这样进行了规制，现在大多数知识产权制度都是这样。即使站在激励理论的立场，但仅仅凭借假想的效率性并无法完整地作为知识产权的基础，最后的依据不得不寻求政治责任。这是后文的程序正统化的话题。

以上是关于"是否存在知识创作物未保护的情形"这一命题笔者作出的回答，即不会存在知识创作物未保护的情形，即使不保护也没关系等有关论述。假使因为某种理由——比如以激励理论存在不足等理由——需要对于知识创作物进行法律保护，这种情况是否必须以知识创作物的法律保护的形式进行规制呢？下面将对该问题进行讨论。

（三）存在除法律以外的保护知识创作物的方法吗

1. 通常并非必须对知识创作物的利用行为进行规制。正如前文所述，本来

㉕　Nari Lee（田村善之译）「効果的な特許制度に関する多元的な理論の試み（1）～（2）」知的財産法政策学研究 14～15 号（2007 年）

知识创作物只是在观念中存在的东西。这也与 Nari 先生揭示的问题相关。[26] 即使是希望对存在于观念中的东西进行直接规制，最终也只会落空，因此，规制的时候必须在与有体物质世界相联系的点上，寻找被称为连结点（connecting point）的地方，在这个地方进行法律规制。发明的利用行为、著作物的利用行为等，就是作为那种在物质世界中应该进行规制的点而被规定的行为。进行规制的行为中，在共通的行为模式上能够看到信息或看到无体物，这正如前文所述。

因此，就像此前反复强调的，规制的连结点只能是人的行为。此时，如果简单地认为规制对象必须是知识创作物的利用行为的话，甚至都没有论述的必要，实际上如后文所述，现行法也根本没有这么规定。无体物这种客体与行为的区别只是相对的，选择什么作为连结点进行规制有着相当大的自由度。反过来倒不如说正因为有自由度，因而存在着被政治性的过度扩大的危险，这点前文已经提过。这样一来，有关知识产权法领域的规制，基于以下比例原则的原理性命题应该能都成立。该原理是，即使肯定了规制的必要性也要能够尽可能地实现效率性，而且侵蚀他人自由的程度要尽可能小，应该努力去摸索具备这样条件的连结点。在这种原理下，没有必要以"知识创作物"的形式对该连结点进行把握。更何况，"知识创作物的保护"的命题也并非是制度设计中的指针性原理。

2. 规制手段非常多样化。那么如果需要规制的话，规制手段究竟是否只有法律途径一种呢？一般说到知识创作物的未保护问题时，关于其解决方式似乎都只会想到法律的保护。但是作为规制的手法，应该有市场、立法、行政、司法多种选择途径，因此应该依照各自的特质进行选择。[27] 特别是像前文强调的那样，最终规制的积极性根据的渊源必须来自效率性，但效率性的检验相当困难的话，结果就不仅仅是规制使效率性得到改善这种内容的"正当性"的问题，还存在着虽然竭尽全力思考究竟是否改善了效率性，但仍无法明确的地方。但是，虽然不明确但还是要试着去做，因为是民主作出的决定，所以是可以的，于是不得不拿出程序"正统性"的观点。

在民主决定中，公共选择论的集合行为的问题会有变化。利益广泛分散

㉖　Lee Nari（田村善之＝津幡笑訳）「特許対象の再編と財産権主義の対等—ビジネス方法の特許適格性」知的財産法政策学研究 9 号（2005 年）

㉗　Antonina Bakardjieva Engelbrekt「制度論的観点から見た著作権：アクター・利益・利害関係と参加のロジック（1）～（2）」知的財産法政策学研究 22 号（2009 年）

的话，比如著作物的私人使用者构成的相关利益集团越大的话，组织化的成本和搭便车的问题就会越明显。这里所说的搭便车问题不是私的创作的搭便车问题，而是指考虑到他人会进行政治性活动而自己什么都无须做即可的这种形式的搭便车问题，这种搭便车问题发生的结果是，只要没有特殊的人（实际上会有发起这种运动的特殊的人），一般来说不太会进行政治性的活动。由于存在这一问题，因而集团越大、利益越分散的话，集团内的个人对于参加维护集团利益的活动就不会太感兴趣。这就是 Mancur Olson 所论述的关于公共选择论中集合行为论的著名的观点。[28]

于是，如 James M. Buchanan 所说的那样，将会出现结果偏向少数派的问题。也就是说，越是多数者广泛分散的利益，在政策形成过程中体现的越少。与此相反，越是少数者集中的利益，越会出现寻租活动，由于大肆进行游说活动等，其利益将在政策形成过程中得到体现。[29]

当然，如果少数者集中的利益十分大，其总量比多数者扩散的利益总量还要大的话，即使采取民主的方式，结果可能也并不会特别坏——但将带来保护少数者的问题。但是，往往少数者集中的利益在社会整体看来并不是那么大的利益，而多数人分散的利益在社会整体利益中更大。尽管如此，少数派的利益在政策形成过程中优先的情况更多，这就出现了利益偏向的问题。其实追求组织化的集中的利益的人们并不能说是坏人，只不过是为了实现各自的利益而行动，但结果却出现了使整体利益扭曲的利益偏向。在知识产权的情况下，由于没有像所有权那样的制约权利的刹车器似的概念上的焦点，因而权利可能无限扩张的问题在少数派的利益偏向下将会更加严重。如上所述，既然效率性的检验非常困难，就不得不依靠民主决定的程序正统性，而通常所依靠的民主决定中，存在着向少数派利益倾斜的目标价值反向问题，对这点的认识是非常重要的。

三、具体法制度设计的方向

（一）市场的活用

1. 从程序正统化的观点看待市场的意义。从程序观点来看的话，实际上市场与立法、行政、司法一样，也是参与决定的方式之一。这仍是论述公共选择论的 Neil Komesar 先生所提倡的。也许有人会对通过市场决定进行参与的这种思维模式不太习惯，但实际上各个市场参与者正是通过每天的交易过程以个别决定的形式分散参与着市场活动，最终通过价格机制，使得某些财产的供给和需求实现交换，因为采用的是这种形式的决定构成，所以这同样是参与决定的方式之一。[30] 而且，正如 Friedrich August von Hayek 所强调的，市场原理必然伴随着自由思想，即当市场选择发挥作用的情况下，并不是由特定者来决定分配，其含义是人们享有不受某个特定者决定支配的自由。这是立法、行政、司法决定制度中所没有的市场特有的自由，也是被认为具有重要价值的地方。[31] 将上述强调市场自由的 Hayek 的观点与视市场为参与方式之一的 Komesar 的主张相结合的话，那么市场可以说就是一种兼具自由主义契机和民主主义契机（符合程序正统性）的决定构成。

2. 市场指向型知识产权法的意义。市场具有的自由和程序正统性的价值，这在进行知识产权法制度的设计时特别重要。如前所述，对知识创作物的权利实际上只是规制人们自由的东西，如果注重自由的话，那么创设权利就应该慎重一些。而且，由于会有向少数派利益的偏向，知识产权容易被过度强化。但如 Douglass North 先生所说，非常可悲的是，制度一旦被制定出来就会产生进路依赖性的问题，即制度制定后也会形成相关的人为组织，该人为组织会朝着维持该制度的方向努力，即使是对社会整体来说应该改变的制度，该组织仍会极力保留其效力。最终，可能就会出现非效率性的制度无论过多久也不会得到改善的问题。[32]

既然知识产权也是制度，那么被创设的与知识产权相关的组织也会向着维持、强化该制度的方向运作，最终可能使制度不必要地存续、扩大，因此对于权利的扩张就更加需要持慎重态度。因此，如果能够将法律介入抑制到最低限度的话，就不会有超越正常标准的情况发生。比如，即使存在"知识创作物的未保护"状态的东西，如果实际上市场发挥着作用，即使不需要法律特别介入也能进行充分的创造活动的话，就完全可以交给市场决定。相反，如果因为某种理由，如搭便车问题到了无法忍受的程度，仅仅依靠市场无法

---

30 Neil K. Komesar，Imperfect Alternatives（1994）.

31 F. A. ハイエク（田中真晴＝田中秀夫編訳）『市場・知識・自由』（1986 年・ミネルヴァ書房）

32 ダグラス・C・ノース（竹下公視訳）『制度・制度変化・経済成果』（1994 年・晃洋書房）

解决的话也许就需要某种力量介入。但是即使是这种情况，也不一定就得马上跨越到以知识创作物的形式进行保护的程度。如前所述，创作物和利用的区别只是相对的，选择什么作为规制的连结点也是自由的。要对创作物的利用行为有深刻理解，而没必要经常在此赋予权利。

从与立法、行政、司法有着并行的参与决定过程的方式这一意义上讲，市场也具有程序正统性，而且市场还具有其他制度所没有的自由特征，因此当希望创造出某种创作物时，有可能不是通过规制利用该物的行为这种强力制约自由的形式介入，而优先选择以整顿实施该创作的市场环境的形式的法律规制将更好。整顿市场环境的规制通常是反垄断法的工作，反垄断法也正是以此为目的设置的。实际上细看那些被称为知识产权法的法制度的话，笔者认为这些法制度也并非是直接地对相应类型的知识创作物进行保护，而同样是整顿市场环境的规则——即整顿出一种使得比知识创作物（或以德语中所说的 Leistung 来表达也许更容易理解）更具广泛意义的成果更容易产出的市场环境的规则。这不是以创设市场中不存在的激励为目的的激励创设型知识产权法，而是支援市场中既存的激励的，即被称为激励支援型知识产权法的一系列知识产权法制度。[33]

3. 激励支援型知识产权法的具体案例之一——商标法及反不正当竞争法对混同行为的规制。比如，混同行为等可以通过商标法[34]、反不正当竞争法[35]进行规制。如果认为知识产权法是保护知识创作物的法律的话，就不会明白为什么并不符合创作要件的商标和周知表示等也被列入知识产权。虽然没有创造新东西但仍提供保护，以此为目标的商标法和反不正当竞争法对混同行为的规制，很明显并非是要促进文字商标、周知表示等的开发。因此，其至少不是以保护知识创作物为目的的创作法，而是属于标识法领域。但实际上，商标法和反不正当竞争法对混同行为的规制，在目的上与创作法有着共通之处。

商标法、反不正当竞争法对混同行为的规制，当然具有防止公众产生混同这种公益性的一面，但不仅仅如此，通过对混同行为的规制，还为营业者信用的形成提供法律支援。企业通过附上某种特定的标记，维护和提高商品

---

[33] 田村善之『知的财产法』（第 4 版・2006 年・有斐閣）

[34] 田村善之『商標法概説』（第 2 版・2000 年・弘文堂）

[35] 田村善之『不正競争法概説』（第 2 版・2003 年・有斐閣）

和服务的品质，并在市场中形成对该企业的商品和服务的评价及信用，最终该企业得以继续从事竞争上有利的企业活动。也就是说，在市场中，信用的获得事实上是作为维护和提高商品和服务的激励而发挥着作用。然而，如果允许他人模仿该标记、免费搭乘这种营业努力的便车的话，将对搭便车的一方过于有利，于是信用作为激励的功能也许将逐渐消退。因此，商标法和反不正当竞争法对于招来混同的标记予以禁止，以此作为维护提高商品和服务品质的激励，为市场上既存的信用提供法律支援。其目的在于，通过防止搭乘信用的便车而促使信用所有者维护提高商品和服务品质。问题在于，这里希望促进的东西与法律规制的点明显存在错位。希望促进的不是被理解为无体物的商标、周知表示等，而是维护提高一般商品和服务的品质。也就是说，目的上将某个本不希望使其进入市场的点作为规制的连结点了。在此认识的基础上，关于究竟要促进哪些商品服务的质量的维护和提高的决定，法律不应介入而是应活用市场，在信用和激励下具体开发什么，这应该委任给市场决定。

4. 激励支援型知识产权法的具体案例之二——对商品形态酷似性模仿的规制。该类型中的另一个代表例是《反不正当竞争法》第 2 条第 1 款第 3 项的商品形态酷似性模仿的规制。[36] 对于该项规制的趣旨也许有各种不同的见解，但笔者从该法起草当初起就是作如下考虑的。[37][38]《反不正当竞争法》第 2 条第 1 款第 3 项不问商品的创作价值，直接规制商品形态的酷似性模仿行为。之所以不问创作性价值，是因为规制的趣旨不能以"被模仿的商品形态上具有某种价值"为根据。与是否具有商品的创作性价值无关，对采取酷似性模仿形式的模仿行为一律予以规制，以图保护被称为市场先行利益的、与信用一样存在于市场中的重要的成果开发激励。与此同时，市场中有着各种各样的商品等的模仿方式，这种商品等的模仿，只要不违反特许法等其他法律就可以自由实施，但在这当中，对于如果允许某种模仿方式则市场先行利益有可能丧失的情况，就会仅仅将这样的模仿行为抽取出来进行规制，这就是酷似性

---

⑯　田村善之『不正競争法概説』（第 2 版・2003 年・有斐閣）

⑰　田村善之「他人の商品の模倣行為と不正競争防止法－デッド・コピー規制の具体的提案－」ジュリスト1018 号（1993 年）

⑱　田村善之「不正競争防止法 2 条 1 項 3 号の制度趣旨とその要件論」工業所有権法学会年報 21 号（1998 年）

模仿规制。这里希望促进的实际上不是各项规制所保护的作为保护客体的无体物的商品形态——所以不问创造性价值，而是希望促进一般的商品开发。因此，在市场先行利益的激励下，对于具体开发什么无须法律介入而是交给市场。

这种目的手段式的思考方法，并不是微观的被模仿者与模仿者之间的利益衡量，在微观层面也许该商品不是什么大不了的东西，但对这样的模仿者的行为进行定型化规制的话，从大局来看将促进更多优秀商品的开发进而使得世界变得更好。对于这种宏观层面的规制，其在获得内在视点的可能性上也许会遭到批判。正因为如此，许多人才会认为对商品形态酷似性模仿进行规制的目的在于保护商品具体的设计[39]，对此也能够理解。但是，至少不问商品的创造性价值而直接捕捉以酷似性模仿方式进行模仿的行为，进而对此进行规制的《反不正当竞争法》第2条第1款第3项的要件构成，反映了笔者的上述构想。[40]

5. 从政策形成过程的程序的视点看待激励支援型知识产权法的意义。著作权法和特许法等被笔者称为激励创设型知识产权法的这些一般的知识产权法，将希望生产的知识创作物设为目标，将应该规制的行为的要件和范围予以法制化。与此相反，商标法和反不正当竞争法中混同行为的规定或者商品形态酷似性模仿的规制等激励支援型知识产权法，根据情况的不同，连结点的选择从希望生产的知识创作物到其他相当远的连结点——比如与商品和服务无关的商标利用行为等，并对此连结点进行规制。这种法制度的好处是，将开发怎样的知识创作物的问题委任给了市场。这种情况下，由于应该保护的知识创作物没有被特定化，关于知识创作物的范围和要件的立法没有明确的目标，于是游说活动就难以开展。在以这种形式通过立法实现法制化的基础上，关于开发怎样的创造物的决定，将其委任给不受游说活动影响的市场是有价值的。

以上是有关市场活用的说明，因此不应该突然在立法上进行跨越，而应该活用市场。关于市场活用的方法，本身就存在着不介入类型的活用方法，即使在作出了不得不介入的判断的情况下，也可以选择不将创作物的利用行

　　[39]　田村善之「商品形態のデッド・コピー規制の動向－制度趣旨からみた法改正と裁判例の評価－」知的財産法政策学研究 25 号（2009 年）
　　[40]　田村善之「他人の商品の模倣行為と不正競争防止法－デッドコピー規制の具体的提案－」ジュリスト 1018 号（1993 年）

为作为连结点来进行规制。

（二）司法的活用

1. 从程序正统化的观点看待司法的意义。通过存在利益偏差的政策形成过程所进行的立法，由于是经过民主程序因而可以获得认同，但这种土壤对于知识创造性财产权这种可以人工设定权利因而容易发生寻租的情况，是不具备生长环境的。既然不能将一切都委任给民主正统性，就只好期待着具有确保自由作用的、特别是在日本对游说活动具有较强抵御性的司法来发挥作用了。

2. 二重标准。问题在于怎样的情况下才允许司法介入，这将根据裁判所进行解释的方向性不同而有所差异，笔者认为，应该可以从二重标准进行考虑。[41] 第一重标准是向限制知识产权的方向解释。当分散的个别的利用行为者的利益保护存在问题时，由于这是法政策形成过程中难以体现在立法中的利益，因而期待通过司法将这类利益纳入保护范围。详言之，即考虑到确保利用者自由的这一政治责任没有落实好，所以应该允许更大胆的司法介入。第二重标准是向强化知识产权的方向解释。当相对少数者的集中的利益保护存在问题时，该利益如果是必要的话迟早会通过法政策形成过程被纳入保护范围，因此委任给法政策形成过程即可。而且，本来制度改变所带来的效率性改善程度就是不明确的，既然最终不得不通过政治责任实现正统化，那么裁判所对于这个方向的解释就应该谨慎对待。

3. 二重标准的具体案例之一——合理使用。具体案例之一是限制知识产权方向的司法活用案例，以当前热烈讨论的是否应该在日本著作权法中也引入著作权合理使用制度为例。在此先从程序正统化的观点来对合理使用的意义进行说明。[42]

学界经常认为，当引入合理使用这种一般条款时应该先探讨一般条款限制了怎样的行为。合理使用使得哪些行为被免责、进而该法理希望将日本著作权法带往什么方向。关于这些问题的讨论在某种程度上来说确实是必要的。但是，如后文将谈到的，"虽然不完全与实体面相符但还是应该引入合理使用"的想法是有可能正当化的，而且考虑到政策形成过程中的利益偏差，也

---

[41]　田村善之「知的財産法政策学の試み」知的財産法政策学研究 20 号（2008 年）

[42]　田村善之「デジタル化時代の著作権制度―著作権制度をめぐる法と政策―」知的財産法政策学研究 23 号（2009 年）

许更希望合理使用的引入。但如果过分强调这种观点的话，可能会导致结论预先得出的后果。同时，如果对于应该限制的行为的讨论收敛一些并达成合意的话，由于是可以设定单独的限制规定的，因而就没有必要特别去设立著作权一般限制条款，这样一来很有可能就走向了引入否定论。但是，引入合理使用乃至著作权一般限制条款的真正意义其实在于，该法理具有将著作权限制标准的具体化工作从立法转移到司法的功能，因此就需要具有立法与司法作用分担的视点，换言之，也就是法实现过程与法政策形成过程的程序的视点。

最初尝试着从程序的视点来释明合理使用意义的，是法与经济学中关于规则与规范区别的探讨。单个的限制规定作为规则进行规定的手法，以及合理使用等形式仅仅以规范性标准决定之后委任给司法的手法，法与经济学中对于这两种手法的规制究竟哪种更有效率进行了讨论。比如对于纷争类型很多的情况，这通过立法在事前以规则的形式予以规制将更有效率，但是对于偶尔产生的纷争，没有必要特别地去通过立法设置规则进行规制，事后交给司法解决就好。在以这种形式的讨论为框架的基础上，对于"事前规定的规则在多大程度上影响着当事者的行动"予以斟酌并进行调整，笔者认为这是重要的讨论，只不过仅仅凭这点理由是不充分的。

另一个理由如下：关于合理使用的规定，如果希望通过立法形成单个限制规定的规则的话，则会成为游说活动的对象，进而产生政策形成过程中的利益偏差。诸如本应设立的限制规定没有被设立或者利用者被迫支付过高的利用对价等问题，立法很有可能在这些地方进行妥协。因此，立法上虽然达成了某种标准的合意，但作为对游说活动的弥补，应该将该标准具体化的权限委任给对游说活动具有较强抵御性的裁判所。这种法技术的意义应该能在合理使用的问题上获得认可。

此时，司法应该在多大程度范围内介入成了问题。裁判所有什么依据的标准吗？对此，一个也许会成为关键的观点就是前文所述的获得内在视点的思维模式。关于这点，Jessica Litman 先生指出，对于无法参与著作权法政策形成过程的公众来说，不应该强迫其遵守除著作权法专家之外的人难以理解的、不明白其意思的法律，同时提倡应该仅仅将营业性利用或对著作权人机会造成妨碍的大规模利用作为侵害，其标准的具体化应该委任给普通法即司法。[43] 将

㊸　Jessica Litman，Digital Copyriht（2000）．

Litman 先生的观点用本文的表述方式进行说明的话，即虽然进行了立法，但在获得内在视点失败了的情况下，就要通过司法来进行纠正。在此，对于内在视点的获得可以做如下评价——即反映了民意、并作为司法上获得民主正统性的依据而进行的利用。比如，日本著作权法上并未明文允许企业内传真和邮件的复制粘贴行为，以及以公司内部部分资料的制作为目的的复制行为，但为了确保私人能够享受技术发展带来的便利的这种私人自由，上述各项行为应该获得允许的情况恐怕已经不少了。即使是在超出通过这种衡量引入的著作权限制的范围内，也与诸如同样是"侵害"横行的网络上著作物上载等情况不同，而是那些连按照现行法条文应该得出侵害著作权结论的意识都没有了的大量实施行为。如果笔者的这种判断正确的话，那么即使日本著作权法中缺少明文规定，裁判所在其权限内，也应该对与这些行为相关的著作权的行使进行限制。

此外，通过政策形成过程最终将被体现的利益，比如即使是企业的利益也好，立法实现也是需要时间的。就像暂时性复制、反向工程、检索服务器中的复制等例证，当出现了以往著作权法没有预想到的技术时，对于以该技术为基础而展开商业活动的企业，在法律修改之前能否就让该企业戴上著作权侵害的脚镣呢，这成为一个问题。这个问题仍是着眼于立法实现前的过程，而具备了程序视点的合理使用拥护论也许可以解决此问题。

4. 二重标准的具体案例之二——单个知识产权法无法规制的行为能否通过一般不法行为法规制。具体案例之二是强化知识产权方向的司法活用问题，即关于将知识产权法没有规制的行为作为一般不法行为进行规制的讨论。[44]

当然，在第二重标准论下，该方向下的司法活用应该持谨慎态度。特别是当设立激励的必要性不太明确的时候，认定存在不法行为的合理性就会存在问题。但是也并不是一定不予认定，在例外情况下，如效率性的改善很明显而不必等待立法的情况，以及通常认为欠缺保护的情况，也是可以认可司法介入的。关于这一点，窪田充见先生在与笔者相同的问题意识下，也认为不受单独知识产权立法保护的行为在通过一般不法行为法进行保护时应该慎重。[45] 但还是有某些立场不一致的地方，即在例外情况下允许司法介入的要

---

[44] 「知的財産権と不法行為」田村善之編『新世代知的財産法政策学の創成』（2008 年・有斐閣）

[45] 窪田充見「不法行為法学から見たパブリシティ一生成途上の権利の保護における不法行為法の役割に関する覚書ー」民商法雑誌 133 巻 4＝5 号（2006 年）

件论上，窪田认为在承认不法行为合理性的时候，要以成立承认权利的社会规范为必要前提。

　　但是笔者对这种观点存在疑问，因为笔者认为，以发展产业和文化为目的的民主决定，或者说至少是在日本使产业和文化有所发展的决定，是作为贯穿各种知识产权法的全局的判断而存在的。这里已经有更高层次的原理规范成立了，无须再去寻求另外的社会规范的正统化，即采用了 Ronald Dworkin 先生所强调的追求完备性的手法㊻，对法进行全局性理解，尽可能朝着相互间不产生矛盾的方向进行解释。这样一来，即使不需拿出既成的社会规范，有关以发展产业和文化为目的的决定，也许就能够从法的全局中读取出来。㊼而且进一步而言，从程序正统化的视点来考察的话可以指出，知识财产的情况下过度依赖社会中生成的规范是危险的。认可知识财产相关权利的主张者对他人行为进行规制的理由在于，这种规制有助于改善社会整体的效率性。也就是说，双方当事人利益之外的外部溢出效果成为了决定因素。允许了搭便车，即不认可权利主张者的权利、被主张权利者的利用成为自由；或者对搭便车进行规制，即认可前者的权利而否定后者的利用，这两种情况的选择最终是以什么为指向的呢？在笔者看来是为了改善更宏观的社会整体的效率性。

　　但是，这种社会整体的效率性有时与当事者的利益不完全一致。比如，利用者收到了来自权利主张者的警告时，即使该利用者进行利用将对社会整体更好，但对于利用者自身而言利用价值并没有那么大，这时利用者就会考虑到诉讼的负担而屈服于警告。相反，从权利者的角度来看，如果还有其他更多利用者，考虑到警告对象的利用者停止利用行为或者自己胜诉的话将产生的波及效果，因而极有可能不会太在意相当巨额的诉讼成本。最终，尽管从社会整体来看本来更希望允许利用行为的，但由于利用者屈服于警告，就好似形成了一种权利被接受的外观。因此，对于外部效果很强的财产，其本身被视为存在着某种社会利益，这种利益的实现也许会因为考虑到诉讼等负担，仅仅只由不考虑社会整体利益的当事者通过交易来积聚，这样看来民主决定还是不可替代的。

㊻　ロナルド・ドゥウォーキン（小林公訳）『法の帝国』（1995 年・未来社）
㊼　田村善之「知的財産法政策学の成果と課題—多元分散型統御を目指す新世代法政策学への展望—」新世代法政策学研究創刊号（2009 年）

四、代为结语——关于今天的其他报告

先对以上内容做个小结：第一，由于知识创作物与人的行为难以区分，承认关于知识创作物的权利其实就是制约他人的自由，因而不能当然地认为应该设定权利。第二，除了法律规制之外，还可以由市场进行规制，因此即使存在知识创作物未保护领域，也不一定就必须通过立法创设权利进行保护。第三，即使要进行立法，也应该探索在尽可能不制约人们的自由的同时又能够实现目标的规制点。第四，不负有政治性责任的司法在权利创设方面应该谨慎。此外，不是按照目的手段式思考方法而是从义务论的角度考虑，对知识创造物特定化并将其利用行为规定为侵害要件，这样一来就并非要通过司法，社会中自觉遵守适法行为都将成为可能，因此对于这种考虑方式较容易地获得内在视点的这方面应该予以留意。

最后，从将知识创作物未保护领域这种思维模式相对化的本文观点出发，对于本文所构建的体系在面对个别具体的课题时的应用问题，在此希望通过将其他各位先生的报告纳入本文的构想中来予以说明。首先是井上由里子关于商品化权（right of publicity）的报告。[48] 该权利设置的积极根据无法通过激励理论的效率性获得，也不能作为当然权利等待立法去规定，而是涉及与人格尊严相关人格价值的问题。因此其特点是，将积极保护的创设委任给政策形成过程的同时，司法也不可能过于谨慎。另一方面，对于法律制度不完备的地方，司法就有可能进行自由裁量，但如果使用与所有权一样的财产权形式的话，就看错了问题的本质。虽说权利是归此人所有，但实际上这里所规制的仍然是他人的利用行为。这样一来，对于他人自由的利益进行衡量后，还是认为有必要将权利的界限明确化。而且，也没有类似于特定知识创作物的利用行为这种至少在司法上限定了解释幅度的概念，于是就存在通过司法无限制扩张权利的危险，因此还是需要某种刹车器。比如仅仅对于将姓名、肖像商品化并应用于商业广告中的情况才考虑是否构成侵害，要对权利进行明确限定。

---

[48] 井上由里子「パブリシティの権利の再構成 —その理論的根拠としての混同防止規定—」『現代企業法学の研究』（筑波大学大学院企業法学専攻十周年記念・2001年・信山社）

　　将知识创作物的保护相对化后，认为仅仅对工具主义视点上所必要的情况给予保护就足够了，如果持有这种观点的话，那么对于是同样的知识创造物、或者同样是著作权法中作为表现形态的著作物（即创作性表达），以什么理由去否定著作权法上的保护呢？对知识创作物乃至著作物给予保护并不是当然的权利，而是因为民主决定认为采取保护将有助于社会整体的效率性改善，因而即使是同类型的创作物，但如果认为对其进行保护与改善社会效率性无关的话，否定保护也是可以的。于是，以什么理由不对某些知识创作物进行保护，这本身就不成为问题了。关于这一点，驹田泰土先生有关字体的报告中，对于"字体"是否是创造物也可以从内在性的字体内容来考察。此时，比如在整体美的思考模式下，也许否定保护的理由就不存在。但是，文字是著作物的表达方式，考虑到创作性表现的创作以及促进文化发展的著作权法趣旨的话，给字体赋予著作权这种强力保护就不无疑问。比如，对已处于公有领域的作品进行使用以及对受著作权控制的物进行复印时，如果不将对于文字的权利清除的话将很麻烦，而且考虑到其对文化造成的影响等，就不是从内在性考虑了，而是通过外在性考虑的，从而会对赋予权利的正确性产生疑问。㊾㊿

　　上野达弘先生关于实用美术的报告[51][52]中也可以适用该理论。著作权法是为了激励文化领域的创作而规制文化领域的，其规制的不只是竞业行为，还包括私人活动等广泛的利用行为。于是，将实用品直接作为著作物进行保护的话，各种各样的自由多少会受到规制。比如在博客上以"今天的食物"为题将装在餐具中的食品登载出来的行为和以"今天的我"为题将布满了家具和文具的自己的房间配上文字登载出来的行为，对于这些行为都进行规制的话可能就会出问题。

　　关于竞业规制方面，著作权法与已有的商品形态酷似性模仿以及外观设计登记制度的关系也是问题。如果认可著作权法保护的话，在与外观设计的关系上，外观设计登记的激励将有可能会被过度削弱。此外，在外观设计法

㊾　玉井克哉「文字の形と著作権」ジュリスト945号（1992年）
㊿　田村善之『著作権法概説』（第2版・2001年・有斐閣）
[51]　上野達弘「応用美術の法的保護」企業と法創造17号（知的財産法制研究Ⅳ）（2009年）
[52]　劉曉倩「実用品に付されるデザインの美術著作物該当性（1）～（2）」知的財産法政策学研究6～7号（2005年）

和酷似性模仿规制这两者的关系上，如果有可能规避保护要件和保护期间的相关规定的话，倒不如变成消极性保护。与其说在要件论上不构成创造性表现，倒不如说是没进入文艺、学术、美术或音乐的范围似乎更稳妥。

另一方面，对于只是能够被视为纯粹美术的物，从法律完备性的角度考虑没有差别对待的理由，即使纯粹美术应用于实用品上时，如果认可权利和权利行使的话，对于能够被视为纯粹美术的应用美术也没有否定对其保护的理由。[53] 此时，对于是否属于纯粹美术进行判断时，坚持高度创造性或艺术性的类似于阶段论这样的观点，最近在裁判中也十分有市场，如果不应该让裁判所在该美术是否应该被推荐的问题上斟酌的话，就不应该像所谓的著作物、创作性的要件整体那样要求对艺术性的高低进行判断。倒不如将其视为与外观设计登记的关系问题，当表现方式通过实用层面进行技术性制约时，会看到新颖性、非显而易见性的要件，那么只要没登记就是自由的，因为以此来确保竞争自由的必要，所以不能将其与纯粹美术等同。另外，像布偶和平面外观设计那样的可以相当自由地选择表现方式的情况，对于其可以被视为纯粹美术的形式，判断该形式在类型上是否属于文艺、学术、美术或者音乐的范围就足够了。

以上是在知识创造物的保护相对化的情况下，关于在工具主义的视点下和著作物一样的创作物是否也会存在否定保护的问题。相反，在工具主义视点下以激励理论进行思考的话，也存在着超出创造性表现的范围是否仍有保护必要的问题。比如，蘆立顺美关于对数据收集行为的保护的报告。[54] 有观点认为为了确保对劳力等投资的激励，将已有的著作权法中的创意与表现方式的区别予以相对化，即使是一般理解下不存在再现创作性表现方式的情况，也肯定其类似性，应该扩大著作权侵害范围。这是在非著作物（即非创意）的创作性表现形式下，尝试着超越著作权法确定的权利范围即特定知识创作物的利用行为，试图通过解释扩张权利范围。[55][56]但是，第一，作为著作权法的内在问题，著作权法只是非常广泛地规制文化的法律，由于其不仅是竞业规制，还禁止广泛的利用行为，如果再将网状型数据库等包含进来的话，规

㉝　田村善之『著作権法概説』（第 2 版・2001 年・有斐閣）
㉞　蘆立順美『データベース保護制度論』（2004 年・信山社）
㉟　横山久芳「編集著作物の現代的意義」著作権研究 30 号（2004 年）
㊱　中山信弘『著作権法』（2007 年・有斐閣）

制的行为会不会变得过于广阔了呢。㊄㊃欠缺创作要素的话这种广泛的规制也许难以正当化。第二，作为外在问题，即规制手法的作用分担，现在暂时还可以有不法行为法保护，即使没有，也可以设立单个特别立法，为什么一定要选择著作权法呢？

综上所述，本文论述了将"知识创作物的保护"这种思维模式予以相对化的方向，从程序的视点来看，裁判所对于创设知识产权、强化知识产权保护方面的解释应该慎重，原则上要等待立法处理，只有当激励明显不足时才得以例外地通过一般不法行为进行保护，这样的话才是充分的。诸如创意与表现的区别、创作性表现的再生等这些著作权法中已有的、用来防止司法无限制扩张权利的概念，没有必要将其打破。

参考文献：

［1］蘆立順美『データベース保護制度論』（2004 年・信山社）

［2］井上由里子「パブリシティの権利の再構成 ―その理論的根拠としての混同防止規定―」『現代企業法学の研究』（筑波大学大学院企業法学専攻十周年記念・2001 年・信山社）

［3］上野達弘「応用美術の法的保護」企業と法創造 17 号（知的財産法制研究Ⅳ）（2009 年）

［4］マンサー・オルソン（依田博＝森脇俊雅訳）『集合行為論』（新装版・1996 年）

［5］川濵昇「市場秩序法としての独禁法（1）～（3）―市場をめぐる法と政策―」民商法雑誌 139 巻 3 号・4＝5 号・6 号（2008～2009 年）

［6］川濵昇「市場をめぐる法と政策―競争法の視点から―」新世代知的財産法政策学研究創刊号（2009 年）

［7］（樽井正義＝池尾恭一訳）『カント全集 11 人倫の形而上学 』（2002 年・岩波書店）

［8］窪田充見「不法行為法学から見たパブリシティ―生成途上の権利の保護における不法行為法の役割に関する覚書―」民商法雑誌 133 巻 4＝5

㊄　牧野さゆり「米国における編集著作物の保護について」北大ジュニアリサーチジャーナル 5 号（1998 年）

㊃　田村善之『著作権法概説』（第 2 版・2001 年・有斐閣）

号（2006 年）

　　［9］玉井克哉「文字の形と著作権」ジュリスト945 号（1992 年）

　　［10］田村善之「他人の商品の模倣行為と不正競争防止法－デッド・コピー規制の具体的提案－」ジュリスト1018 号（1993 年）

　　［11］田村善之「不正競争防止法 2 条 1 項 3 号の制度趣旨とその要件論」工業所有権法学会年報 21 号（1998 年）

　　［12］田村善之『商標法概説』（第 2 版・2000 年・弘文堂）

　　［13］田村善之『著作権法概説』（第 2 版・2001 年・有斐閣）

　　［14］田村善之『不正競争法概説』（第 2 版・2003 年・有斐閣）

　　［15］田村善之「特許発明の定義」同『市場・自由・知的財産』（2003 年・有斐閣）

　　［16］田村善之『知的財産法』（第 4 版・2006 年・有斐閣）

　　［17］田村善之「伝統的知識と遺伝資源の保護の根拠と知的財産法制度・再論」知的財産法政策学研究 19 号（2008 年）

　　［18］「知的財産権と不法行為」田村善之編『新世代知的財産法政策学の創成』（2008 年・有斐閣）

　　［19］田村善之「知的財産法政策学の試み」知的財産法政策学研究 20 号（2008 年）

　　［20］田村善之「知的財産法政策学の成果と課題－多元分散型統御を目指す新世代法政策学への展望－」新世代法政策学研究創刊号（2009 年）

　　［21］田村善之「デジタル化時代の著作権制度－著作権制度をめぐる法と政策－」知的財産法政策学研究 23 号（2009 年）

　　［22］田村善之「商品形態のデッド・コピー規制の動向－制度趣旨からみた法改正と裁判例の評価－」

　　［23］ロナルド・ドゥウォーキン（小林公訳）『法の帝国』（1995 年・未来社）

　　［24］中山信弘『著作権法』（2007 年・有斐閣）

　　［25］ダグラス・C・ノース（竹下公視訳）『制度・制度変化・経済成果』（1994 年・晃洋書房）

　　［26］L. A. ハート（矢崎光圀監訳）『法の概念』（1976 年・みすず書房）

　　［27］F・A・ハイエク（田中真晴＝田中秀夫編訳）『市場・知識・自

由』（1986 年・ミネルヴァ書房）

　　[28] J. M. ブキャナン＝G. タロック（米原淳七郎他訳）『公共選択の理論－合意の経済論理』（1979 年・東洋経済新報社）

　　[29] G・W・F・ヘーゲル（長谷川宏訳）『法哲学講義』（2000 年・作品社）

　　[30] 牧野さゆり「米国における編集著作物の保護について」北大ジュニアリサーチジャーナル5 号（1998 年）

　　[31] 森村進『財産権の理論』（1995 年・弘文堂）

　　[32] 森村進『ロック所有論の再生』（1997 年・有斐閣）

　　[33] 横山久芳「編集著作物の現代的意義」著作権研究 30 号（2004 年）

　　[34] 劉曉倩「実用品に付されるデザインの美術著作物該当性（1）～（2）」知的財産法政策学研究 6～7 号（2005 年）

　　[35] James Boyle, Shamans, Software, and Spleens: Law and The Construction of The Information Society (1996)

　　[36] Peter Drahos & John Braithwaite, Information Feudalism: Who Owns Knowledge Economy? (2004)

　　[37] Peter Drahos, A Philosophy of Intellectual Property (1996)

　　[38] Peter Drahos（立花市子訳）「知的財産関連産業と知的財産の国際化」知的財産法政策学研究 3 号（2004 年）

　　[39] Antonina Bakardjieva ENGELBREKT「制度論的観点から見た著作権：アクター・利益・利害関係と参加のロジック（1）～（2）」知的財産法政策学研究 22 号（2009 年）

　　[40] Wendy J. Gordon（田辺英幸訳）「INTELLECTUAL PROPERTY」知的財産法政策学研究 11 号（2006 年）

　　[41] Branislav Hazucha（田村善之＝丹澤一成訳）「他人の著作権侵害を助ける技術に対する規律のあり方－デュアル・ユース技術の規制における社会規範の役割－」知的財産法政策学研究 24 号（2009 年）

　　[42] Neil K. Komesar, Imperfect Alternatives (1994)

　　[43] Lee Nari（田村善之＝津幡笑訳）「特許対象の再編と財産権主義の対等―ビジネス方法の特許適格性」知的財産法政策学研究 9 号（2005 年）

［44］Nari Lee（田村善之訳）「効果的な特許制度に関する多元的理論の試み（1）〜（2）」知的財産法政策学研究 14〜15 号（2007 年）

［45］Jessica Litman，Digital Copyriht（2000）

［46］JOHN LOCKE，TWO TREATISES OF GOVERNMENT，286 (Peter Laslett ed.，(1988) (1698)

［47］Jeremy Waldron，*From Authors to Copiers：Individual rights & Social Values in IP*，68 Chi-Kent L. Rev.（1993 ）

［48］Peter K. Yu（青柳由香訳）「国際的な囲い込みの動きについて（1）〜（4）」知的財産法政策学研究 16〜19 号（2007〜2008 年）

专利法中发明的"本质部分"的意义

洪振豪　译　张鹏　校

一、问题的提起

最高裁判所在明确采用等同原则作出的"无限滑动用滚珠栓槽轴承"判决[①]中，在论及等同原则的构成要件时认为被诉侵权产品和权利要求的差异部分必须不是"发明的本质部分"。

此外，在 2002 年修改专利法时就专利权间接侵害条款也进行了修改，在之前的"唯一用途"型间接侵权的基础上，又新设了多用途型间接侵权，即使被诉侵权产品在侵权用途之外尚有其他用途，亦有可能构成间接侵权（现行专利法第 101 条第 2、5 项）。[②] 专利法第 101 条第 2、5 项所规定的各构成要件中，关于"为解决发明课题上所不可或缺"要件（亦即不可或缺要件），亦被广为理解成与上述"无限滑动用滚珠栓槽轴承"判决所确立的"发明的本质部分"系同一要件。[③]

---

① 最判平成 10.2.24 民集 52 卷 1 号 113 页［ボールスプライン軸受上告審］，参见三村量一「判解」『最高裁判所判例解説民事篇平成 10 年度』（2001 年·法曹会）。

② 参见田村善之「多機能型間接侵害制度による本質的部分の保護の適否—均等論との整合性—」知的財産法政策学研究 15 号。

③ 认为即是所谓的等同原则第一要件「本质部分」的有，仙元隆一郎『特許法講義』（第 4 版·2003 年·悠々社）240～241 页、盛岡一夫『知的財産法概説』（2006 年·法学书院）45 页。未明言与等同原则第一要件的关系的，请参见角田芳末「改正法の概要と解説」情報管理 45 卷 9 号 604 页（2002 年）。认为是「相通的要件」的有，高林龍『標準特許法』（第 3 版·2008 年·有斐閣）161 页。此处仅评价认为是「相通的要件」的理由，似乎是起因于认为制造并非构成发明的特征部分的零件，或转让等行为也可能构成间接侵害（同 153 页）的缘故。高林龍「権利の消尽と黙示の許諾」椙山敬士他編『ライセンス契約』（ビジネス法務体系I·2007 年·日本評論社）中，更加明确地表示「作为构成发明的解决手段基础的技术思想核心的特征部分的零件，亦即应称作发明的本质部分的零件」，可构成专利法第 101 条第 2 项、5 项间接侵害的对象（同 199～200 页），同时，亦认为什么是发明的本质的部分可采用与判断等同原则相同的基准加以进行（同 201 页）。

　　再有就是当购买者对专利权人自身或是在其许诺下所制造贩卖的专利产品进行修理等改变时，该以什么样的标准来认定该修理行为是否构成专利权侵害的问题。在知识产权高等裁判所作出的"液体储存容器第二审"判决④中，认为若属于专利产品的效用已尽（第1类型），或是有关"发明本质部分"的零部件被加工、替换（第2类型）的任一种情形下，都将不会被认定为权利用尽，从而将构成专利权侵害。⑤该判决所提出的上述两类型的抽象论本身，虽因最高裁判所在该判决的第三审⑥中采取了将"该专利产品的属性、发明的内容、加工和零件替换的情况以及交易的情况等"综合衡量的手法，进而决定该新生产制造的专利产品侵权与否，从而大幅削弱了原审判决提出的两类型说的约束效力，然而最高裁判所判决中提出的各要素综合衡量的判断手法在具体适用时，仍然考虑到了是否再度进行了"发明本质部分"的修理及替换行为。

　　还有在认定发明人时，也存在着以是否涉及发明的"特征部分"⑦或"特征的部分"⑧进而决定发明人主体地位的一连串判决。⑨其中虽未提及"本质部分"这样的用语，然而以应解决的课题和其解决手段来抽取出发明的特征部分的手法⑩，与判例中就等同原则第一要件"本质部分"的判断手法是相通的。

　　如上所述，在等同原则、多用途型间接侵害、专利权用尽以及发明人主体地位的认定上，"发明本质部分"这样的用语及与之相类似的概念在判例

（接上注）相同地，认为有相通之处的，亦见于三村量一「非専用品型間接侵害（特許法101条2号・5号）の問題点」知的財産法政策学研究19号90頁（2008年）。认为不得不以相同的思考方式加以判断的有，伊原友己［判批］知的財産法研究131号5・18～19頁（2004年）；认为彼此是处于相近的关系的有，水谷直樹「間接侵害」ジュリスト1227号23頁（2002年）。飯村敏明/飯村敏明他「座談会 特許法・商標法等の改正を語る」Law & Technology 6号16頁（2002年）也在两者并无直接关系的前提下，暗指不可或缺要件的判断，是与等同原则的第一要件，即替换成作为发明的解决手段的基础的特征部分而加以判断的想法相通的。

④　知財高判平成18.1.31判時1922号30頁［液体収納容器2審］。

⑤　酒迎明洋［判批］知的財産法政策学研究18号（2007年）、田村善之［判批］NBL836～837頁（2006年）。

⑥　最判平成19.11.8民集61巻8号2989頁［液体収納容器上告審］，请参见田村善之［判批］NBL877・878号（2008年）、同［判批］法学教室330号（2008年）。

⑦　如東京地判平成13.12.26平成12（ワ）17124［素化処理触媒］。

⑧　如知財高判平成19.7.30平成18（行ケ）10048［可塑性食品の移送装置］。

⑨　如東京地判平成14.8.27判時1810号102頁［細粒核］，请参见山根崇邦＝時井真［判批］知的財産法政策学研究20号（2008年）。

⑩　三村量一「発明者の意義」塚原朋一＝塩月秀平編『知的財産権訴訟の動向と課題—知財高裁1周年—』金融・商事判例1236号・2006年・経済法令研究会）123頁（2006年）。

及学说中的频繁使用，值得关注。等同原则中的本质部分要件实际上究竟是基于什么样的宗旨加以制定的，又在上述四种情形下是否应该视其为相通的概念而加以适用呢？以下将就这个问题详细论述。

二、等同原则第一要件"本质部分"的意义①

（一）序

原则上，是以权利要求书（Claim）来划定专利的保护范围的，因此，被诉侵权人可以在看到权利要求书上所要求的保护范围之后来选择实施方式，所以仍然存在权利要求书所记载的内容易被回避，专利权成为有名无实的权利的危险。为解决此问题，于是想出"等同原则"。即使在权利要求书的文言解释范围之外，在一定之要件下也肯定其构成专利权侵权。

在最高裁判所最初的明确承认了等同原则的"无限滑动用滚珠栓槽轴承"上诉审判决中，提出了适用等同原则的五个要件，即"权利要求书中所记载的专利构成内容，即使与被诉侵权产品有相异之处：（1）该部分并非发明的本质部分；（2）对将该部分的置换，可以达到发明的目的，且可发挥同一之效果；（3）对于上述替换，该领域专业技术人员可以在被诉侵权产品生产制造时容易联想到；（4）被诉侵权产品并非与发明在申请时所存在的公知技术相同，或并非为该领域专业技术人员所容易想到；（5）在发明申请阶段，并未有意地从权利要求范围内要求除去该部分内容时，可以认为该被诉侵权产品与权利要求书中所记载的内容等同，属于发明的技术范围内"。

最高裁判所提出的上述等同原则适用的五个要件，一般简称为：

（1）非本质部分；

（2）置换可能性；

（3）置换容易性；

（4）假想权利要求；

（5）禁止反悔原则。

以下，本文将着重就等同原则中的第一要件，即非本质部分要件进行

① 详细请参见田村善之「均等論における本質的部分の要件の意義（1）～（2）—均等論は「真の発明」を救済する制度か・—」知的財産法政策学研究 21～22 号（2009 年）。

探讨。

(二) "本质部分" 的意义

关于等同原则中第一要件"本质部分"的意义，最初在下级裁判所的案例中，有提倡应当理解为将权利要求书的各要素分解，再将之区分为本质的部分及非本质的部分，其中仅限于非本质部分的替换的情形，才能适用等同原则。⑫

如果仅按上述文意来理解本质部分要件的话，反对者提出对在权利要求书中被认定为本质部分的要素，不论进行多么些微的变更，都很可能不构成等同侵权，而这样的批评是十分妥当的。⑬事实上，相对灵活的运用文义解释的案例也不鲜见，例如对"具体体现发明实质价值的部分"加以"实质探求"⑭。但即使如此，仍然存在到底该如何进行判断的疑问，结果仍然不得不着眼于何为发明的技术思想并把握好"具体体现发明的实质价值的部分"⑮。

---

⑫ 无论是基于「本质部分」的文意，还是基于最高裁判所［无限滑动用滚珠栓槽轴承］判决（最判平成10.2.24 民集 52 卷 1 号 113 页［ボールスプライン軸受］）中定义的「权利要求中所记载的构成中，即使有与对像产品等存在着相异的部分……前揭部分并非发明的本质部分」，像这样的理解方法的产生我想是很自然的（西田美昭「侵害訴訟における均等の法理」牧野利秋＝飯村敏明編・知的財産関系訴訟法（追补版・2004 年・青林書院）191～192 页）。案例中，大阪地判平成 10.9.17 判时 1664 号 122 页［徐放性ジクロフェナクナトリウム製剤Ⅱ］、大阪地判平成 11.5.27 判时 1685 号 103 页［注射方法および注射装置］、大阪高判平成 13.4.19 平成 11（ネ）2198［同 2 审］亦采取了这种立场。（亦请参见西田/前引 191 页的评价）。

⑬ 大友信秀「均等論の法的性質」日本工业所有権法学会年报 29 号 14～15 页（2006 年）。

⑭ 如大阪地判平成 10.9.17 判时 1664 号 122 页［徐放性ジクロフェナクナトリウム製剤Ⅰ］、大阪地判平成 11.5.27 判时 1685 号 103 页［注射方法および注射装置］、大阪高判平成 13.4.19 平成 11（ネ）2198［同 2 審］。

⑮ 例如在大阪地判平成 11.5.27 判时 1685 号 103 页［注射方法および注射装置］、大阪高判平成 13.4.19 平成 11（ネ）2198［同 2 審］中，虽将惯用手法朝着否定满足本质部分的方向加以斟酌，但是裁判所就抽取出本质部分时，是做了如下的认定的，即「本件方法发明的特征部分在于结合这些构造，而公开藉由螺丝组使后侧可动壁零件得以缓慢押入而得以简单地调制本需细心注意始得制成的药剂的方法」。实际上，关于同案另一个争点是装置发明能否成立等同，上述大阪地判［注射方法および注射装置］以「本件专利装置，是为了调制本需细心注意始得制成的药剂，藉由多隔间活塞式注射筒，和可将此储存于内部而可相互折入的二个管状零件，得以实施可安静且缓慢调制注射用溶液的方法的装置发明。易于携带及使用上的便利性为其特点」为由，认定「本件发明的螺丝组是如何构成的、是否采用压入多隔间活塞式注射筒后侧可动壁部零件的构造以使此易于携带及使用，是为了实现本件装置发明最重要的部分，这个部分可说正是本件装置发明的特征部分」。将发明的技术思想当做划定何为本质部分时的手段是很明显的。

此外，赞同此说的西田/前引注⑫192～194 页也将「权利要求中所记载的架构中，使该发明产生特有作用效果的特征的部分」定义为本质部分，使之用于认定是否「作为发明的新颖性、进步性的根据」的「构成部分」、是否是「解决技术课题，使发生效果的特征部分」，从而着眼于技术思想。

倒不如说，现在的通说是，确认被诉侵权产品中被置换的部分是否在发明的技术思想范围内，若其为肯定的话，（结论上）被置换的部分就是非本质部分，反之若为否定的话，（结论上）被置换的部分就是本质部分。在此并非比较各个权利要求，而是重点在于探究发明的技术思想，换言之，即被诉侵权产品与发明欲解决的课题和为解决该课题所采用的原理不同时，等同原则中的第一要件（本质部分要件）就不成立，若处于同一范围时，则该要件成立。⑯

如果依据上述两种观点中的前者的话，与被诉侵权产品的置换情况无关，理论上在决定何种要件，在何种程度的置换会产生于技术思想的差异的问题时，既然已将特定的权利要求（如："几乎保持垂直的状态"）认为是非本质部分，则会导致本应当肯定其构成本质部分，却适用了等同原则的情况。例如其不仅仅对被诉侵权人就该要件的置换方式属于与发明同一的技术思想的情形提供了保护（如："保持由水平变为稍向上"），还包括了与发明不同，属于同一技术思想的情形（如："使其朝下"（针筒中的注射液如果逆流的话就不能再使用了））。这种情况下实际上明明并没有对发明的技术思想搭便车，却受制于专利法的规制。从以激励发明创造与公开申请两要素为制度目的的专利制度的宗旨来看是难谓合理的。当然，或许存在另行借由否定适用等同原则的第二要件（置换可能性要件）的方式来处理该种情形，以便防止不当结果的反论。然而本质部分要件难以发挥其规范功能的事实是没有改变的。再说，不分析被诉侵权人的置换方式，只是将各权利要求分为本质部分与非本质部分的工作，理论上很有可能变成不得不假想多种置换方式。而这只会是与案件解决无关的无谓的工作，应该将焦点放在探究被诉侵权人的置换方式上来。

---

⑯　三村/前引注①141～142页。

例如，采用此见解的东京地判平成 11.1.28 判时 1664 号 109 页［徐放性ジクロフェナクナトリウム製剤Ⅱ］认为，「鉴于发明是藉由各构成要件的有机组合以达到特定的作用效果的东西，在判断和对象制品间的相异处是否系发明中涉及本质部分上，不应单纯从形式上由权利要求中取出所记载的一部分，而是应将发明与先行技术对比，并于判断课题解决手段中特征的原理后，判断对象制品所具备的解决手段与发明中的解决手段的原理是否实质上属同一还是有所不同。」（同样的观点还见于东京地判平成 12.3.23 判时 1738 号 100 页［生海苔の異物分離除去装置］、东京地判平成 13.5.22 判时 1761 号 122 页［電話用線路保安コネクタ配線盤装置］）。

结论上，在抽出本质部分时，不要采取将权利要求分段然后比较各构成要件，进而区分本质部分与非本质部分的手法，重点应在于判断特定的要素在被诉侵权产品中被置换后，应解决的课题是否改变了，或是解决原理是否相异了。[17]

（三）依据解决课题与解决手段来界定本质部分

因此，本质部分是发明的技术思想，更具体地说，是由发明所应解决的课题及为解决该课题所选择的解决手段来加以界定的。[18] 当发明所发现的是用以解决课题的一般原理时，在该原理可及的范围内加以置换的，仍然应当作和本质部分并无不同的理解来加以处理。[19]

（四） 与说明书记载的关系

案例中，涉及本质部分的特征，往往依据说明书中所载的应解决课题及

---

[17] 此外，在早期的案例中，因为大阪地方裁判所有采用前说（区分本质部分与非本质部分）的缘故，所以曾称前说为大阪方式、后说为东京方式，然而其后的大阪地判平成 12.5.23 平成 7（ワ）1110 等［召合せ部材取付用ヒンジ］中明确支持了后说。此外，即使在先前的大阪地方裁判所的案例中，亦有认为其注重技术思想（参见前引注⑮），现实上两种方式并没有太大的差别（也请参见饭田圭「均等論に関する裁判例の傾向について」牧野利秋他編『知的財産法の理論と実務 第 1 巻専利法 I』（2007 年・新日本法規）183 页）。

[18] 如东京地判成 11.1.28 判时 1664 号 109 页［徐放性ジクロフェナクナトリウム製剤 II］。

[19] 否定例，参见上述东京地判［徐放性ジクロフェナクナトリウム製剤 II］，在此详细介绍上述东京地判［徐放性ジクロフェナクナトリウム製剤 II］案。

本案发明的内容为，「将速效型解热镇痛剂与将解热镇痛剂，包覆于可溶于肠皮膜的缓效型解热镇痛剂，二者以一定的比率混合调制、使其具有逐步释放性（徐放性），亦使其在消化器官内得以长时间被溶解及吸收，使血中浓度经过长时间也可以有效维持」。其中，用于缓效型解热镇痛药的可溶于肠皮膜的物质，在权利要求的要件中是指甲基丙烯酸—甲基丙烯酸甲酯聚合物；甲基丙烯酸—丙烯酸乙酯聚合物；HP（羟丙基甲基纤维素邻苯二甲酸酯：羟丙基纤维素的邻苯二甲酸酯）三者中的任一种，而被告药品中是 AS（羟基丙基甲基醚：羟丙基纤维素的醋酸及琥珀酸混合酯）及 EC（非水溶性乙基纤维素）。取代可溶于肠物质 HP 而使用可溶于肠皮膜 AS 是否可说是构成等同即成为本案争议的焦点。

结论上否定了等同的成立，判决理由如下：

「即使看本件说明书的记载，将权利要求所记载的三种可溶于肠皮膜用的皮膜，与实施例将 CAP 或 SHELLAC 作为可溶于肠皮膜使用的情形比较，虽然公开显示了良好的逐步释放效果，然而关于其作用机制却未公开，更有甚者，关于羟丙基的存在对逐步释放效果有何影响也未有任何提及，见于这一点，原告的主张即不能采用。」

反之，若说明书中公开了像被告药品的构成这样的作用机制的话，结论可能会相反。

解决手段加以认定。⑳

　　将说明书中未公开的技术思想主张为本质特征的当然不被允许。㉑ 反之，将说明书中所记载的应解决课题及解决手段等主张其不能作为本质部分的亦不被允许。㉒ 在这种情形下，与技术上是否不可避免的要对权利要求的记载进行限制无关，应依据说明书的记载来决定本质部分。

　　在具有典型意义的"干燥装置第二审"判决㉓中，最下部仅由基部叶片一片所构成的被告装置是否与本件发明的本质部分相异成为了争议的焦点㉔，而本件发明在说明书的应解决的课题部分记载了为解决最下部的基部叶片只

---

　　⑳　基于说明书的记载将本质部分抽出的案例，如大阪地判平成 12.5.23 平成 7（ワ）1110 等［召合せ部材取付用ヒンジ］、大阪地判平成 13.5.31 平成 11（ワ）10596 号他［地震時ロック装置及びその解除方法］、名古屋地判平成 15.2.10 判时 1880 号 95 页［圧流体シリンダ］、名古屋高判平成 17.4.27 平成 15（ネ）277 他［同 2 审］、大阪地判平成 15.7.17 平成 14（ワ）4565［薄肉ステンレス鋼管の拡管装置］、大阪高判平成 15.11.27 平成 15（ネ）514［形態学的に均質型のチアゾール誘導体の製造方法Ⅰ2 审］、大阪高判平成 16.2.6 平成 15（ネ）2115［形態学的に均質型のチアゾール誘導体の製造方法Ⅱ2 审］、东京地判平成 15.3.26 判时 1837 号 108 页［エアマッサージ装置］、东京地判平成 16.3.5 判时 1871 号 96 页［包装ラベル付き細口瓶］、大阪地判平成 16.6.24 平成 15（ネ）4285［プレス用金型Ⅰ］、大阪高判平成 16.12.10 平成 16（ネ）2347［同 2 审］、大阪地判平成 16.6.24 平成 15（ネ）4287［プレス用金型Ⅱ］、大阪高判平成 16.12.10 平成 16（ネ）2346［同 2 审］、大阪地判平成 17.7.28 平成 16（ワ）6549 他［ボイドスラブ施工方法］、知财高判平成 19.4.26 平成 17（ネ）10104［遊技機 2 审］、东京地判平成 19.9.28 平成 18（ワ）15809［円盤状半導体ウェーハ面取部のミラー面取加工方法］、东京地判平成 19.12.25 平成 19（ワ）4544［最小限の内部および外部構成要素を有する安定制御 IC］、东京地判平成 19.10.23 平成 19（ワ）11136［人工魚礁の構築方法及び人工魚礁］、知财高判平成 20.4.23 平成 19（ネ）10096［同 2 审］、东京地判平成 20.3.28 平成 19（ワ）12631［原稿圧着板開閉装置］等。

　　㉑　如东京地判平成 11.1.28 判时 1664 号 109 页［徐放性ジクロフェナクナトリウム製剤Ⅱ］。

　　㉒　如东京高判平成 17.12.28 平成 17（ネ）10103［施工面敷設ブロック 2 审］、大阪地判平成 18.6.13 平成 1（ワ）11037［自動車タイヤ用内装材及び自動車タイヤ］、知财高判平成 18.10.26 平成 18（ネ10063［同 2 审］。

　　㉓　知财高判平成 19.3.27 平成 18（ネ）10052［乾燥装置 2 审］。

　　㉔　原审（东京地判平成 18.4.26 平成 17（ワ）14066［乾燥装置］）、上诉审（知财高判平成 19.3.27 平成 18（ネ）10052［乾燥装置 2 审］）中，关于干燥装置发明在权利要求中所记载的「复数片」用语的理解，是否基底部分需要复数片的叶片，要言之，基底部分只有一片的被告产品是否可以说与本件发明构成等同成为争议的焦点。

　　判决中认定，依说明书的记载，从前的技术，因只靠一片垂直螺旋旋转叶片使被干燥物上升的缘故，和处于干燥槽内底部的被干燥物全体数量相比，上升的被干燥物量少，使被干燥物早期与传热面相接触困难，被干燥物往往积在底部，连带也使干燥效率提升有困难（课题〔3〕），而本件发明就是为了要解决这个课题。东京地方裁判所考虑了上述情况，认定本件发明用复数片的基部叶片由复数个地方将干燥槽内底部的被干燥物卷起为其要件。此外，亦论及「基于从来技术在使被干燥物呈螺旋状上升时的开端只有一个地方，因此产生了课题〔3〕，基于此认识，作为解决该课题的手段，是藉由采用最下部的叶片改成复数片的构造，因此有了作用效果〔3〕也因此解决了该课题，是将最下部的叶片改为复数片的构造，即为解决本件各发明特有的课题的手段的基础技术思想的核心特征部分」，进而判决未满足这个要件的被告装置及方法不构成等同侵害。

有一片时所生的问题，而权利要求中的"由复数片基部叶片 5a 所构成"的记载被解释为"最下部配置有复数片的基部叶片"。知识产权高等裁判所作出了如下认定，即本质部分是由说明书的记载来界定的，明显与被告装置在实际上能否与实施例发生同等的效果无关。

"所谓发明的本质部分，应从该发明的说明书记载来加以把握。客观上考察的结果，作为解决前述课题的技术手段，最下部的基部叶片由复数片构成是否为唯一的构成方式，或最下部的基部叶片由复数片构成和其他的技术相比是否更为优良皆另当别论。

因此，分别使被上诉人装置和本件各发明的实施例实际上线运转、比较二者中被干燥物实际的状态和干燥的效率等，而由于二者没有差别的关系进而主张被上诉人装置中的构成相当于本件各发明的本质部分，对此即便二者中被干燥物实际的状态和干燥的效率等相关部分确如其所述，亦显然是错误的。"

在这样的观点下，证明置换后被诉侵权产品也可能有同样的作用效果，即使对于证明置换可能性要件是有意义的，但在否定说明书所公开本质的特征上是没有任何助益的。[25]

（五） 说明书记载以外事项的处理

1. 实验数据

在从前的案例中，于抽出本质部分时，会考虑在诉讼阶段提出的实验数据。[26] 但是，即使实验数据显示与原告发明有着同一的效果，若采用上述"干燥装置第二审"的立场的话，将不会朝着本来在说明书中作为本质部分而加以公开，却主张不构成本质部分的方向考虑。

2. 公知技术

或许并非实验结果而是关于公知技术的议论更有可能引发争议。学说上，在认定本质部分时，许多都论及将发明与专利申请时的公知技术等在先技术

---

[25]　西田／前引注⑫193～194 页较早的，即已暗示了以下观点，亦即客观地、技术地来看，即便并非本质部分的，权利者自行于说明书中表示发生发明效果的部分就是本质部分，但在侵害诉讼中改口主张系非本质部分的，依禁止反悔法理也是不被允许的。

[26]　肯定构成等同原则的例子，如在划定本质部分的范围时重视实验结果，大阪地判平成 14.4.16 判时 1838 号 132 页［筋組織状こんにゃくの製造方法及びそれに用いる製造装置 I］。此外，裁判所认为即使被诉侵权人提出的实验报告书证明其与本件发明的构成有不同效果，这种证明也不被承认（东京高判平成 12.10.26 平成 12（ネ）2147 判时 1738 号 97 页［生海苔の異物分離除去装置 2 審］）。裁判所并未明确表示这和等同的何种要件有关（被诉侵权人就本质的部分这点提出了抗辩）。

相对比以确定课题特征及解决手段的。㉗ 这样一来，具有开创性质的发明就会被给予较大的保护，而普通的发明则会被给予较小的保护。㉘

但是，这里所说的和在先技术的对比，即使在说明书中并未记载技术思想，然后却以和公知技术的对比，得知其系开创性的发明为由，从而将本质部分同一性的范围做较广认定的话，不禁让人产生疑问。

例如，假设被告药品使用了可溶于肠皮膜的羟丙基甲基醚，而原告发明仅于权利要求书中载有特定的可溶于肠的物质羟丙基甲基纤维素邻苯二甲酸酯，且说明书中只载有羟丙基甲基纤维素邻苯二甲酸酯具有逐步释放的效果。这样被告药品是否包含于原告权利要求的等同范围内就成为了争议的焦点。在这种情形下，假使查遍在先技术都未发现含有羟丙基的可溶于肠性的物质有逐步释放的效果，此处的课题在于本件发明是首先发现了含有羟丙基的肠溶性物质具有逐步释放效果的开创性发明，以此为由，如果广泛地认定技术思想，并将含有羟丙基的肠溶性物质的被告药品认定为与本质部分并无不同，且在等同范围内的观点是否妥当呢？若肯定这种观点，就会导致虽然说明书中并未公开羟丙基有逐步释放效果这样的技术思想，然而却在等同原则的保护下使其及于该技术思想。这样的结果除了明显有害于第三人的预测可能性外，亦与发明系以公开作为赋予权利的条件这一专利制度的宗旨相悖，所以难谓合理。因此，这种情况下，并不应考虑公知技术和发明的差异为何、实际的发明又是什么样的等情况，应当依据说明书来确定本质部分进而否定适用等同原则。

事实上也存在这样的案例。在上述"缓释型消炎镇痛药Ⅱ"案中，裁判所即以说明书中未记载有该技术思想为由，否定了等同原则的适用。此部分即如上文所述。㉙

另一方面，与此相反，在说明书中所公开的本质部分的技术思想，鉴于公知技术而不值得给予如此宽泛的保护的情况下，应认为可以参考公知技术限定保护范围。以上述例子来说明的话，即使在说明书中记载有本件发明发

㉗　三村/前引注①142 页。

㉘　三村/前引注①142 页。

㉙　反之，案例中亦存在以构成要件「只不过是公知技术」为由而认定为非本质部分的判决（以不满足第二要件为由否定构成等同，大阪高判平成 13.12.4 平成 12（ネ）3891［畳のクセ取り縫着方法及び畳縫着機]），然而关于说明书中作为发明的特征而加以公开的技术思想，不顾说明书的记载而客观上以其属公知技术为由容许认定其系非本质部分的话并不妥当，关于这一点请参见嶋末和秀「均等論の推移と展望」金融商事判例 1236 号 65 页（2006 年）。

现羟丙基具有逐步释放的效果，实际上羟丙基具有逐步释放效果是已被发现的原理，若本件发明假使仍可授予专利权的话，充其量也不过只是其发现了特定的肠溶性物质羟丙基甲基纤维素邻苯二甲酸酯实际上具有逐步释放效果这一点。在这种情形下，若以说明书中所记载的广泛的技术思想为基准，而认定被告制品在等同范围内的话，实际上等于是就不值得给予专利保护的技术思想给予了专利保护，这是不应当被准许的。

案例中，在限定适用等同原则的过程中，考虑本质部分时，公知技术并不限于说明书中公开的在先技术。[30] 考虑说明书中未记载的先行公知技术的结果，使得相比于仅由说明书所记载的课题及解决手段等所解读出的本质部分，实际上的本质部分被限缩性地认定了。换言之，说明书以外的事由虽未被用来朝着扩张本质部分范围的方向考虑，却被用来朝着限缩本质部分范围的方向加以斟酌了。

虽然是说明方式的问题，即考虑到这种未在说明书中公开的公知技术，与其说在确定本质部分时朝着否定适用等同原则的方向来参酌，不如主张纯在适用等同原则的第四要件即假想的权利要求法理下加以论述，在逻辑上较有条理，也与强调了实验结果不在抽出本质部分时加以考虑的上述"干燥装置第二审"的处理一致。[31] 虽说如此，不论如何，就算不是为了较说明书的记载将应解决课题和解决手段更为限定而加以解释的目的来使用公知技术，而是为了本领域技术人员在解释说明书中所记载的有关于本质部分的用语的目的，对技术常识进行调查，或是为上述目的而参酌公知技术以及技术水准的这点也是没有区别的。

3. 审查过程

审查过程作为同为说明书记载之外的事项，在为了避免与公知技术及在先申请相同为由的拒绝通知时，在修改权利要求的同时主张权利要求某一构成是本件

---

⑩ 关于装置发明在否定适用等同原则时考虑到公知技术的判决有，大阪地判平成 11.5.27 判时 1685 号 103 页［注射方法および注射装置］。

⑪ 然而，案例中不常利用第四要件而是在判断第一要件时参考公知技术的理由是，若在第四要件下考虑的话，于假定被诉侵权产品被包含于权利要求中时，不得不在和该公知技术相比较时考虑该权利要求是否满足新颖性、非显而易见性，只在上述要件被否定时始得借由该公知技术的存在来否定构成等同；而在第一要件下判断的话，没有这样的门槛，亦可说是灵活地参见了公知技术。但是，这样的灵活性与预测可能性可说是一把双刃剑，也很有可能超出原本的程度，限制等同原则的适用。

发明的特征的情况下[32]；在以答复意见书的形式主张权利要求的构成具有显著的效果从而通过了专利要件的实质审查的情况下[33]；在关于同一发明，虽并未在修改文书中提到，仅参考了答复意见书而作出了相同的处理的情况下[34]；当置换了该权利要求构成或组合以外的要件时，皆朝着否定构成本质部分的方向加以考虑。

当然，在进行了这样的修改时，即使依等同原则的第五要件（禁止反悔原则），等同也会被否定。[35] 然而，审查过程中的档案并非在限缩或放宽本质部分的范围时才被参考，而是和第五要件相同，在对说明书的记载予以把握时，只朝向限缩本质部分的方向加以考虑。第五要件作为独立的要件，特别是作为抗辩的一种，为使其不失去作为抗辩的意义，并非依通说的理解在确定作为请求原因的本质部分要件时加以考虑，而只在第五要件加以考量便可。[36]

---

[32] 例如，大阪高判平成 13.12.25 平成 13（ネ）2382［地震時ロック装置及びその解除方法2審］、东京地判平成 16.10.29 平成 16（ワ）793［プリント配線板用コネクタ］、知财高判平成 17.8.30 平成 17（ネ）10016［同2審］、大阪地判平成 16.10.21 平成 14（ワ）10511［酸素発生陽極及びその製法］、大阪地判平成 18.6.13 平成 1（ワ）11037［自動車タイヤ用内装材及び自動車タイヤ］、知财高判平成 18.10.26 平成 18（ネ）10063［自動車タイヤ用内装材及び自動車タイヤ2審］、东京地判平成 19.10.23 平成 18（ワ）6548［シャットダウン機能を有する安定器用集積回路］、知财高判平成 20.6.18 平成 20（ネ）10003［同2審］、东京地判平成 19.10.23 平成 19（ワ）11136［人工魚礁の構築方法及び人工魚礁］、知财高判平成 20.4.23 平成 19（ネ）10096［同2審］。

[33] 例如，東京地判平成 11.1.28 判時 1664 号 109 頁［徐放性ジクロフェナクナトリウム製剤II］。

[34] 请参见大阪地判平成 10.9.17 判時 1664 号 122 頁［徐放性ジクロフェナクナトリウム製剤I］；其他如京都地判平成 12.7.18 平成 8（ワ）2766［五相ステッピングモータの駆動方法］、东京地判平成 17.5.30 平成 15（ワ）25968［熱膨張性マイクロカプセル］、大阪高判平成 15.11.27 平成 15（ネ）514［形態学的に均質型のチアゾール誘導体の製造方法I2審］、大阪高判平成 16.2.6 平成 15（ネ）2115［形態学的に均質型のチアゾール誘導体の製造方法II2審］。

[35] 例如，上述東京地判［徐放性ジクロフェナクナトリウム製剤II］、上述大阪高判［地震時ロック装置及びその解除方法2審］、上述大阪高判［形態学的に均質型のチアゾール誘導体の製造方法I2審］、上述大阪高判［形態学的に均質型のチアゾール誘導体の製造方法II2審］、上述东京地判［プリント配線板用コネクタ］、上述知财高判［同2審］、上述大阪地判［酸素発生陽極及びその製法］、上述大阪地判［自動車タイヤ用内装材及び自動車タイヤ］、上述知财高判［自動車タイヤ用内装材及び自動車タイヤ2審］。

[36] 飯田/前引注[17]182 頁。另外，关于第五要件的宗旨，请参见后引注[49]。

或有主张将补正和分割等相关事由作为抽出第一要件本质部分的因素，如此得以更为灵活地考虑申请和审查的原委，然而正是这样的处理将会使第五要件的意义丧失。

在这种情形下特别应指出的是，第五要件（禁止反悔要件）不应该认为在审查过程中只要有限定性的补正或主张，就阻止一切等同原则的适用，在没有明显滥用审查程序的情形下，应该肯定等同原则的适用（田村善之「判断機関分化の調整原理としての包袋禁反言の法理」知的財産法政策学研究創刊号 21～22 頁（2004 年）。因为若只要在审查过程中有主张限定的补正或主张这样的事实的话，即直接认定不满足第一要件的话，则有形同是采用了在第五要件中否定一切等同主张的问题（请参见爱知靖之「審査経過禁反言の理論の根拠と判断枠組み（1）」法学論叢 157 巻 2 号 40～41 頁（2005 年）的观点）。

只不过，这点并非致命的问题，只要该补正和主张明显不会带来审查潜脱的结果，就有规避（对于补正不予考虑）的可能，即使是对于第一个要件，在确定本质部分时（对于该补正和主张）不予考虑即可（参见爱知/前引 40～41 頁）。

（六） 从专利法的构造来看本质部分要件及置换可能性要件的关系

在最高裁判所作出的"无限滑动用滚珠栓槽轴承"判决[37]中所提出的第一要件，即被置换部分如果是本质部分的话，则以无置换可能性为由，就第二要件（置换可能性）作为要件的意义究竟在何处的问题产生了众多争论。[38]但是，立足于这样的观点，笔者认为在第一要件中，第二要件具有确认置换可能性的判断是依据说明书的记载而来的意义。[39]反之，即使依说明书的记载可解读为有置换可能性的情形下，而实际上加以实验时并不存置换可能性的情形时，可以得出第二要件在否定构成等同原则时的独特意义。

专利法为鼓励从事发明及申请公开，进而采用赋予专利权作为报偿的架构，为了取得专利权，必须构成发明且因申请而加以公开。等同原则中的置换可能性要件，是防止未作出发明的人对于涉及发明的技术思想以等同为由而侵害专利权，而本质部分要件其机能在于要求该技术思想于申请时即予以公开于说明书之上。据此，可以认为上述二要件是将发明及公开这两个专利法所规定的获得专利权保护二大条件具体体现于等同原则中的法理。[40]

---

[37] 最判平成 10.2.24 民集 52 卷 1 号 113 页［ボールスプライン軸受上告審］。

[38] 大友/前引注⑬14～15 页。

[39] 然而，三村/前引注①112 页表示，第二要件是将作用效果的同一性依说明书记载的「发明欲解决的课题」及「发明的效果」等加以确定的要件，而第一要件是以技术思想为其问题，就这一点上与第二要件相区别。即使在这样不以说明书所载的内容作为区别基准的情形下，由于第二要件与第三要件同皆以侵害时点的置换可能性来判断，而可能将宽泛的将各种事由纳入技术范围里，所以也应当肯定第一要件所具有的排除发明人未发明的东西作为专利受到保护的意义。

此外，即使像本文这样将第一要件理解为以说明书所记载的内容为核心，将第二要件理解为以实际是否有置换可能为核心，从而使两要件相区别的观点考虑，因于申请时未发明出的东西也不会记载于说明书的原因（以补正来追加新事项，依第 17 条 1 款应不被允许），结论上仍然不能成立等同。

[40] 若将等同原则定位为以发明的技术思想为基准的法理的话，则以申请时为置换容易性判断的基准时点，而若以具体的构成判断为其基准的话，则以侵害时为置换容易性判断的基准时点，有学者指出上述〔无限滑动用滚珠栓槽轴承〕判决在第三要件置换容易性的判断虽采用了以侵害时为基准的判断手法，但又以技术思想这样的抽象原理来判断第一要件，所以存在内在的矛盾（大友/前引注⑬16・20 页）。但是，如上所述，只要还是将本质部分要件理解成说明书中所记载的技术思想，还是可以毫不犹豫地自专利法的两大要件中推导出置换可能性和本质部分要件。笔者认为并没有如大友/上述所考量的等同原则中只存在两种类型的必然性。如大友/上述论文关于为何应肯定等同原则这种制度宗旨本身至今仍未加以探讨，然而其指出了等同原则的法的性质应透过个别要件的详细内容而加以决定的问题，又经详细的比较法研究，大友指出要是日本采用了不同于欧美诸国的独特的法理的话，就应当说明其理由，这样的见解是十分正确的（大友/前引注 20 页），也期待其后续的研究。

（七） 从发明观的不同来看本质部分要件的意义

如上所述，在提出本质部分（及置换可能性）要件后以技术思想的同一性来决定等同的范围，这种观点是将作为专利权保护对象的发明理解为技术思想，并在技术课题的解决手段为主导的发明观的前提下产生的。但是或许会有发明并不光以对课题的认识及解决手段的探索这样的手法而进行的，也应该存在在经历了各种实施方式后偶然发现某一效能的这种发明观，所以从这种发明观出发就会产生对于上述本质部分的理解的批判。

采取上述想法的话，若后者（即偶然发明观）占现实发明的主流的话，等同原则的要件也应该以后者的想法为中心加以总体考虑。若确是如此，或许会有不以技术思想为中心，而是将权利要求书中的各构成要素同等处理，进而只就和被诉侵权产品构成的近似性为中心考虑等同原则的适用。^⑪ 又或者，即使未到那样的程度，也会有人主张依发明的种类而区分适用上述两种本质部分的抽出手法。如果辨别发明属于哪种类型十分困难，至少也应依发明的专业领域的不同而区别处理。

（八） 从鼓励对技术思想的公开的观点来看本质部分要件的意义

但是，正如本文的理解，即使发明观相异，若将本质部分要件理解为依说明书中所公开的技术思想而划定等同的范围要件的话，那么本质部分要件化的意义仍是应该肯定的。

若考虑到专利法所推崇的产业政策的观点，相比于扩大被公开的技术思想的应用可能性，不如更期待其本身就是一般性的原理。例如，与只公开特定的可溶于肠性物质羟丙基甲基纤维素邻苯二甲酸酯具有逐步释放效果相比，公开羟丙基对逐步释放有影响这样的原理，会使得寻找更有一般性逐步释放效果的物质变为可能，在这个意义上使得产业上的应用可能性得以提升，从而更符合多数人期待。^⑫

在这种情形下，以说明书上所公开的技术思想来划定等同原则的适用范

---

⑪　受竹中俊子教授在日本工业所有权法学会中的报告的启发。亦参见大友/前引注⑬15页。

⑫　见于因为羟丙基对逐步释放有影响这样的原理于说明书中未被公开，所以认为将权利要求书中涉及的可溶于肠性物质羟丙基甲基纤维素邻苯二甲酸酯置换为与羟丙基相共通的被诉侵权产品系进行了本质部分的替换，进而否定适用等同原则的上述［徐放性ジクロフェナクナトリウム製剤Ⅱ］案。

围，并敦促于说明书中公开较为广泛的解决原理（如：上述公开羟丙基的一般性逐步释放效果），可以说就达成了专利法所期待的产业政策发展的宗旨。

此外，也存在反对论认为，在司法实践中极少肯定适用等同原则[43]，而且公开解决原理等也根本是不可能的。但是，不论如何，至少在对于那些尽管发现了一般的解决原理，却因为考虑到无法通过撰写精确的权利要求来有效的涵盖所有实施方式，于是选择在说明书上不公开解决原理的那些申请者来说，等同原则的适用对于他们的这种行动还是会产生影响的。在这种意义下，等同原则中的本质部分要件是期待促进发明出更有应用可能性的一般解决原理并将其公开的制度，即使并不现实，至少用权利要求来划定技术范围的制度也不会成为申请人在说明书上记载解决原理的消极因素。

考虑到上述发明观的差别，在发明人并非自行找到解决原理，充其量系偶然发现肠溶性物质羟丙基甲基纤维素邻苯二甲酸酯时，基于羟丙基的共通性并不会扩张等同原则的保护。亦即，以公开于说明书的技术思想为依据试图划定保护范围的等同原则，可理解为并非仅以发明系依据课题的认识及其解决手段这样的技术思想加以进行的发明为前提的，而是在充分认识到了也有可能有偶然产生特定效果的发明观，而比起这种偶然性的发明，更应当对于那种发现了应用可能性的解决原理并且公开在说明书上的发明给予优厚的待遇的法理。

---

[43] 案例的综合研究，请参见飯田/前引注⑰、田村/前引注⑪。
上述［无限滑动用滚珠栓槽轴承］判决后，肯定适用等同原则的例子有，大阪地判平成 11.5.27 平成 8（ワ）12220 判時 1685 号 103 頁［注射液の調製方法及び注射装置］、大阪高判平成 13.4.18 平成 11（ネ）2198［同 2 審］、東京地判平成 12.3.23 判時 1738 号 100 頁［生海苔の異物分離除去装置］、東京高判平成 12.10.26 平成 12（ネ）2147 判時 1738 号 97 頁［同 2 審］、大阪地判平成 12.5.23 平成 7（ワ）1110 等［召合せ部材取付用ヒンジ］、東京地判平成 13.5.22 判時 1761 号 122 頁［電話用線路保安コネクタ配線盤装置］、東京地判平成 14・4・16 平成 12（ワ）8456 等［重量物吊上げ用フック装置］、大阪地判平成 14.4.16 判時 1838 号 132 頁［筋組織状こんにゃくの製造方法及びそれに用いる製造装置Ⅰ］、大阪高判平成 16.5.28 平成 14（ネ）1693［同 2 審］、大阪地判平成 14.10.29 平成 11（ワ）12586 他［筋組織状こんにゃくの製造方法及びそれに用いる製造装置Ⅱ］、大阪高判平成 16.5.28 平成 14（ネ）3649［同 2 審］、名古屋地判平成 15.2.10 判時 1880 号 95 頁［圧流体シリンダ］、名古屋高判平成 17.4.27 平成 15（ネ）277 他［同 2 審］、東京地判平成 15.3.26 判時 1837 号 108 頁［エアマッサージ装置］、知財高判平成 18.9.25 平成 17（ネ）10047［同 2 審］、東京地判平成 19.12.14 平成 16（ワ）25576［ヤゲン付き眼鏡レンズの供給方法］（但是，因为被告未对本质部分、置换可能性、置换容易性等要件进行抗辩，可认为是自认的案件）、大阪高判平成 19.11.27 平成 16（ネ）2563 他［置棚 2 審］（但是，本案属于肯定文意侵权成立后，假定文意侵权不成立时的「假设的判断」，严格来说是附带理由）。此外，上述大阪地判［筋組織状こんにゃくの製造方法及びそれに用いる製造装置Ⅰ］、上述大阪高判［同 2 審］、上述大阪地判［筋組織状こんにゃくの製造方法及びそれに用いる製造装置Ⅱ］、上述大阪高判［同 2 審］案中，被告虽不同，然而同是以同一构造的装置是否构成等同而产生争议的事例。

（九） 从更有效率的专利制度运作的观点来看本质部分要件的意义

立足于上述思考方式，在说明书中所公开的技术思想所及的范围比权利要求书的构成广泛时，等同原则是作为救济无法将说明书中公开的技术思想完全记载于权利要求书的申请人乃至于专利权人的法理。等同原则并不是在权利要求书无法完全穷尽"真正的发明"（假使有那样的东西的话）的情形下，为了保护该"真正的发明"而创设的法理。充其量，那不过是在权利要求无法完全涵盖说明书中所公开的发明的情形时，属于一种保护说明书所记载的发明的制度。权利要求书的失误可以补救，但说明书中的公开不足的失误是无法补救的。⑭ 上述区别，可以用下述论证予以正当化。

因为是自己的发明，所以发明人（或是身为其承继人的申请人）特定发明的技术思想相对容易，而且从鼓励公开技术思想的意义上，将是否记载其于说明书作为构成等同原则的要件也是合理的；相反，对于并非自己所为的实施方式，而且对于那些在对比了说明书上记载的技术思想与权利要求间的对应关系，并发现其中的漏洞，趁机选择规避权利要求的被诉侵权人的种种实施方式来说，对于权利人来说实在难以事前全部掌握。与此同时，对于本领域专业技术人员来说，当权利要求书中某要件的置换容易想到时，就算通过等同原则将其包含于权利范围之内，对于被诉侵权人来说也并不会产生不可预测的不利。因此，若技术思想于说明书中被公开，即使其无法全部被包含于权利要求之中，亦可在置换容易的范围内承认构成专利权侵害以确保对权利人的救济，进而防止以权利要求来划定技术范围的制度变成阻碍技术思想公开的因素，而等同原则的规范机能也正体现于此。⑮

---

⑭ 时有耳闻，预测等同原则中的本质部分要件是十分困难的（亦参见大友/前引注⑬14页），进而导致真正的发明却得不到救济等的不满。这样的不满，或许起因于本质部分要件在于保护发明人主观上相信的"真正的发明"。但是，若本质部分要件理解成只是探求说明书中记载的发明的要件且进而被广为接受的话，预测可能性将相当程度受到担保，且超出说明书给予真的发明保护这种过剩的期待将会减少。

⑮ 在该意义下，将保护扩大至记载于说明书中的本质部分的等同原则，换言之，可以说是防止专利权人忧虑潜在被诉侵权人的机会主义行动（与发明等价的技术代替性利用行为）进而防止其对于进行发明申请这种特殊关系的投资而犹豫不决（在这种情形，除指申请上所花费的申请费用及专利代理人报酬等的费用外，加上申请后会使发明无法再作为一种 know-how 加以保持等的机会成本，亦即埋没在专利权取得中而丧失转作他用的可能投资之意）的法理（島並良「特許権の排他的効力の範囲に関する基礎的考察」日本工业所有权法学会年报 31 号 16 页（2008 年））。重要的是，其也是应该合并考虑为了使依等同而设定的保护范围的广狭范围在适度促进对发明的投资之余可担保后续适度利用，究竟该设定多广的保护范围为

　　然而，从这样的观点来看，若在说明书中可以记载技术思想，也应在权利要求中记载才是。而且考虑到等同原则的第三要件（置换容易性），可能会存在至少在申请时对于已公知的物质或有相同效能的材料不必认为构成等同的批评。㊻

（接上注）妥的介绍（Robert P. Merges & Richard R. Nelson, On the Complex Economics of Patent Scope, 90 Colum. L. Rev. 839, 843, 875, 909 [CD * 2] 911 (1990)，请参见田村善之「抽象化するバイオテクノロジーと特許制度のあり方（2）」知的財産法政策学研究 11 号 74～75 頁（2006 年））及从应如何设定促进发明后公开的动机的观点而加以探讨的（亦参见包括发明后公开等在内的各种降低交易成本的交易成本理论角度来探讨专利法各要件的島並/前引。该论文虽强调削减交易成本，当然，这也是为了对之前的议论试图提供新的视点，同 21 页亦指出不可以忽视对发明投资的激励这个侧面）。

　　㊻ 学说中也有主张专利申请时已存在的其他物资及技术等不可一概地否认等同的见解。因为说明书的记载错误应属申请人的责任，因此没有必要超出权利要求的文义解释而以等同原则来扩充保护范围（高林・前引注③『標準特許法』144～147 页。关于阐述相同观点也有爱知靖之「出願時におけるクレームへの記載可能性と均等論」『知的財産法の理論と現代的課題』（中山信弘还暦・2005 年・弘文堂）230 页，参见后引注㊾）。

　　确实，如高林龍「統合的クレーム解釈論の構築」『知的財産法の理論と現代的課題』（中山信弘還暦・2005 年・弘文堂）191～193 页所指出，文义解释亦有其范围（参考将关于窑上段的温度为 860～880℃而窑下段的温度为 820～880℃的各制造法全面否定侵害的原判决加以驳回的最判平成 10.4.28 平成 6（オ）2378 [燻し瓦製造法] 案）。但是，不能否认也是有无法适用文义解释，因为毕竟其解释空间也有极限，如高林/前引中山信弘還暦 193 页也承认「有融通性的文义解释论」也有其不能适用的情形。例如，肯定成立等同的名古屋地判平成 15.2.10 判时 1880 号 95 页 [圧流体シリンダ]、名古屋高判平成 17.4.27 平成 15（ネ）277 他 [同 2 审] 案中，权利要求的「钢带」文义解释为包含「树脂带」是有困难的（亦参见高林・前引『標準特許法』141・145～147 页）。反之，在这种案例中，一概否定侵害这一点是高林・前引『標準特許法』的特征。

　　但是，这样的想法至少是和案例的趋势不同。只是因为申请当初未包含于权利要求中，即令其无法对于那些技术主张等同的 Dedication 法理（美国专利法 Dedication 法理的研究，请参见田口哲久「米国における均等論制限理論：" Dedication Rule" について—Johnson & Johnston v. R. E. Service 案件を中心に—」知的財産法政策学研究 2 号（2004 年）），一般在实践中是不承认该法理的（名古屋地判平成 15.2.10 判时 1880 号 95 页 [圧流体シリンダ]、名古屋高判平成 17.4.27 平成 15（ネ）277 他 [同 2 审]、知财高判平成 18.9.25 平成 17（ネ）10047 [エアマッサージ装置 2 审]）。作为例外，尽管也存在考虑权利要求中只记载有「块」和说明书的记载等，认定专利权人从泥土块中选择了「水泥块」，有意识地将「自然石」从专利请求的范围中除外，从而否定等同的判决（此外，这是在否定了本质部分要件和置换可能性要件后，仅仅是附带一提，该说明的部分属于附带理由，东京高判平成 17.12.28 平成 17（ネ）10103 [施工面敷設ブロック2 审]），但并非案例的主流。

　　高林・前引『標準特許法』144 页指出，最判平成 10.2.24 民集 52 卷 1 号 113 页 [ボールスプライン軸受] 在上述五要件下不得不肯认等同原则的理由，系「于专利申请时预想将来所有的侵害态样而于说明书中将专利请求的范围加以记载是极为困难的，对方藉由将记载于专利请求范围的构成之一部置换为专利申请后才广为人知的物质和技术等时，如果得以轻易地避开专利权人的停止侵害请求等权利行使的话，不仅社会一般对于发明的意欲可能遭受减损，亦有悖于通过保护和鼓励发明来寄予产业发展的专利法的目的，并导致背于社会正义、违悖衡平理念的结果」。确实，这段判决说明了对于申请后始广为人知的物质和技术等不得不肯定等同的理由，然而在五要件中至少并未明确地反映出来。该案件的调查官解说也表示，即使在置换了在专利申请时已存在的物质和技术等情形下，只要满足五要件，等同原则也是十分妥当的（三村/前引注①147～148 页）。

但是，与专利申请件数 2006 年达 40.867 4 万件、专利授权件数 2006 年达 12.907 1 万件[47]相比，和专利有关的侵权诉讼件数 2004 年全国地方裁判所审理终结的民事案件仅止于 209 件。[48]即使可以认为进入到侵权诉讼程序的纷争仍有很多，但和 40 万件的申请数相比，可以说实际的侵权案件，而且又在是否成立等同上发生争议的案件只有一小部分而已。要求在申请的阶段所有的申请都要毫无遗漏地撰写权利要求，促使代理人等预测所有的侵权方式并加以记载于权利要求中的制度构想，从专利制度的宏观角度来看只不过是浪费社会资源而已。

或许反对说会主张，权利要求借此在可能的范围内会变得更为明确，然而考虑到等同原则的适用范围仅在于对本领域专业技术人员来说置换是容易的范围内，因此使权利要求较现行标准更加明确化的必要性不大，其所带来的好处就等同原则产生问题的案件数与申请件数相比也可推知有所不足，强求所有申请完美的成本明显将远远超过权利要求明确化带来的便宜。又若单看侵权案件中专利权人与被诉侵权人间微观的均衡的话，或许强调令本应该是很轻易即可以修正权利要求的申请人（和承继其权利的专利权人）承担自我责任的想法也不是不能成立，但是考虑到专利法是有助于产业政策的法律这一点，应该不能忽视专利制度的效率化经营这种宏观的视点才是。[49][50]

---

　　[47]　特許庁編『産業財産権の現状と課題～技術経営力の強化によるイノベーションの促進』（2007年・発明協会）4・7頁。

　　[48]　市川正巳「東京地裁における知財訴訟の現状と分析」塚原朋一＝塩月秀平編『知的財産権訴訟の動向と課題—知財高裁1周年—』金融・商事判例1236号・2006年・経済法令研究会）17頁。

　　请参见并不强调权利要求撰写，而是强调专利要件审查中专利局和裁判所间的职能分担的宏观视点 Mark A. Lemley、Rational Ignorance at the Patent Office、95 Nw. U. L. Rev. 1495，1495 - 1531 (2001)。

　　[49]　另一方面，包括此问题在内的对于等同原则的一般论点的，有主张其为「权利保护周全化原理」和「技术范围明确化原理」间的衡量问题，关于等同的要件论不应采用将一方作为例外或认为一方不妥当的做法，而是以「由对抗原理而来的制约的存在为前提，期待尽可能较高程度地满足该二原理」为宗旨的方法论，参阅爱知/前引注㊱220～223页。据爱知/前注表示，最判平成10.2.24民集52卷1号113页[ボールスプライン軸受]所示的等同原则第五要件正彰显了「权利保护周全化原理」的优先地位，在对该要件的妥当性进行衡量时，有必要依上述衡量过程加以进行。

　　该论文显示了清楚的方法论，就该点应给予高度的评价，然而该论文虽就本文定义下的微观视点，即「专利权人与第三者的利益（公益）」（爱知/前揭222页）加以强调，却未指出本文提及的专利制度运行意义上的宏观效率性（至少该论文中未明示）（参见爱知靖之「审查经过禁反言的理论的根拠と判断枠组み(3)」法学论丛156卷2号127～129页（2004年））。

　　再者，本文至少关于等同的五个要件并不赞同爱知/前引注㊻的方法论（关于笔者的一般方法论，请参见田村善之「知的財産法政策学の成果と課題—多元分散型統御を目指す新世代法政策学への展望—」新世代法政策学研究創刊号（2009年））。因为本文不认为等同的五个要件是这种意义的「原理」，而是爱知/前引注㊻220页中提及的「规则」（可以明确提出原则与例外的要件论，从而不需加以衡量）。

三、认定发明人^⑤时 "本质部分" 的意义

关于发明人的认定，《专利法》第 29 条第 1 项是以从事 "发明" 的人得以进行专利申请为前提的，依照《专利法》第 2 条第 1 项的规定，所谓 "发明" 是指 "技术思想的创作"，因此可原始享有取得专利权的 "发明人" 即为创作技术思想的人。考虑到以激励发明及公开为宗旨的专利制度，采用与判断是否构成等同原则中的本质部分时相同的判断基准，以公之于众的发明是由谁构思出

（接上注）专利法为实现产业政策，以防止因申请而公开的发明思想遭不花成本轻易被搭便车为其目的，然而由于保护范围不甚明确的缘故，才以规定了技术范围依权利要求加以划定这样的「规则」（专利法第 70 条 1 项）。但是，制定这个「规则」的目的，正在保护本领域专业技术人员的预测可能性，因此没有必要在置换容易的情形下仍墨守权利要求制度（第三要件，置换容易性规则的宗旨）。再者，为促进发明及其公开，考虑到以发明及申请为专利权成立要件的专利法构造，即使因申请而加以公开，然而却不可以连当事人实际根本未发明的思想亦加以保护（第二要件，置换可能性规则的宗旨），另一方面，即使存在发明，不可以保护未因申请而加以公开的思想（第一要件，本质部分规则的宗旨）。还有既然等同原则系未经审查制度而仅由裁判所给予保护的法理，为不使专利法所定的关于权利成立要件的审查机关与权利范围的判断机关（裁判所）的职能分担（前者由专利局、最终由裁判所，后者由裁判所的职能分担）的宗旨丧失，若将被诉侵权产品申请专利须明显值得给予专利（第四要件，假想的权利要求规则的宗旨），同样为了防止利用权利成立要件的审查手续和权利范围的判断手续并立的制度被滥用，可以不允许前者与后者间存在矛盾的主张（第五要件，禁止反悔规则的宗旨。参见后注⑤）。

如上所述，上述［无限滑动用滚珠栓槽轴承］判决中提出的五个要件明显是互不相同的规则，于解释时，各裁判所不用特意回到抽象的「权利保护周全化原理」及「技术范围明确化原理」而逐一进行「由对抗原理而来的制约存在为前提，期待尽可能较高程度地满足」这样个别具体的衡量。爱知/前注表示了「个别的案件中技术范围的确定成问题时……此处该做的可说是以该案为据，决定哪个原理占较大的比重、优先于其他的原理」的观点，在那时，虽有必要说明使「为满足一个原理或侵害的程度越高，另一个原理满足的重要性就不得不变大」的妥当性（爱知/前引注⑯221～222 页），然而在容许这样的个别案件中衡量的话，有可能等同原则的适用范围会变成极难预测（但实际上，作为这种衡量的具体适用，爱知/前引注㉚223～232 页论及申请时对同效材的等同原则的适用是，确立了申请时本领域专业技术人员若可能记载该同效材的话，就否定构成等同原则的一般的规则）。

⑤ 当然，依据等同原则，诱发借有意识减缩权利要求之方式来迂回审查这样的战略性行动，有可能潜越了和决定权利范围的审理侵权案件之裁判所不同而另行设置专利厅这个专司审查的机关的审查制度，在那样的意义下即使有必要加以防止，以适用均等的第五要件即包袋禁反言的法理加以对应即以足够（关于如此定位包袋禁反言法理，参见田村善之「判断機関分化の調整原理としての包袋禁反言の法理」知的財産法政策学研究創刊号（2004 年）、大野聖二「均等論と二つのエストッペル論（1）～（2）」パテント 49 巻 2 号～3 号（1996 年））。

⑤ 关于案例的倾向，请参见山根崇邦＝時井真［判批］知的財産法政策学研究 20 号（2008 年）。关于个别案例的研究，田邉実「発明者の認定について」牧野利秋他編『知的財産法の理論と実務 第 1 巻 特許法［Ⅰ］』（2007 年・新日本法規）、山田真紀「共同発明者の認定について」也十分详细。

来的，换言之，构思了记载于说明书中的技术思想是谁的基准[52]来认定发明人就不会有太大的问题。[53] 在这种意义下和探求构思了等同原则中本质部分的人的作业是共通的。

然而，在判断是否构成等同原则时，超出权利要求的技术思想只要未被公开于说明书上等同就不会被肯定，与此不同的是于认定发明人时，问题在于权利要求所特定的技术是谁构思的这一点。为此，在判断等同的情况下，无法从说明书中得知应解决的课题及解决手段的这种技术思想时，超出权利要求所特定的技术范围得出本质部分的做法许多时候伴随着不少困难，其结果是，在上述两种发明观中，偶然中突然成形的特定构成（即权利要求的构成）的发明，事实上处于难以肯定构成等同原则的状况。相对而言，在认定权利要求所特定的技术范围中涉及的发明的技术思想的发明人时，即使存在偶然发现某种具体构成的类型的发明，也可以透过寻找发明的构思者是谁的形式来认定发明人。

因此，发明人的认定，没有必要以上述两种发明观中任一方为前提加以理解，依说明书中所记载的发明类型而个别认定发明人即可。虽然一般来说，在化学领域里构思出具体的构成是有必要的，机械领域里则并不常见[54]，然而暂且不论一般倾向，在个别的事例中，发明人的认定应属依说明书的记载所公开的发明特征而于每个不同的发明个别决定的问题。[55]

---

[52] 然而，在采用激励理论时，对于技术思想的构思者给予排他权以回报的结论并非作为自明的道理就可直接导出的。为了促进技术思想的公开，可以有众多手段。专利法第 29 条 1 项和第 2 条 1 项使技术思想的构思者成为专利请求权的原始取得人，这只不过是考虑到了制度运用时的成本，判断上相对地容易，亦属于具备预测可能性的基准，从而着眼于构思技术思想的人这个重点上而已。专利法第 35 条 2 项中，关于职务发明，很明显地表示了发明人自身没有必要是专利申请权的原始取得人。从激励理论来理解该问题的相关理论，请参见田村善之「創作者の保護と知的財産の活用の相剋」日本工業所有権法学会年報 29 号（2006 年）。

[53] 除了说明对于发明的「特征部分」（东京地判平成 13.12.26 平成 12（ワ）17124 [水素化処理触媒]）、「特征的部分」（知财高判平成 19.7.30 平成 18（行ケ）10048 [可塑性食品の移送装置]）的完成有创作性贡献的人为发明人的案例外，也存在有不使用特征或特征的部分的用语，只表示对于「该发明中的技术思想」的创作行为现实上有贡献的人，即为发明人的案例（东京地判平成 17.9.13 判時 1916 号 133 页 [フィルムコーティングを施した分割錠剤]、知财高判平成 18.3.29 平成 17（ネ）10117 [同 2 審]）。

[54] 三村/前引注⑩123～124 页。全面地研究了相关案例的山田/前引注�51312～313 页也确认了这种一般倾向。

[55] 亦参见山田/前引注�51313 页的分析。

四、多用途型间接侵害中考察"本质部分"要件的疑问⑤

（一）序

1959 年日本现行专利法制定之际，设立了《专利法》第 101 条第 1 项、第 4 项所谓"唯一用途型"间接侵权规定（＝专供侵权用途型间接侵权），但是该规定无法应对日益增多的多用途型产品的间接侵权问题（例如，带有相机功能的手机，电子计算机等）。于是在 2002 年修改专利法之时，又设立了《专利法》第 101 条第 2 项、第 5 项所谓"多用途型"间接侵权规定（＝非专供侵权用途型间接侵权）。

《专利法》第 101 条第 2 项、第 5 项中，对于"多用途型"间接侵权构成要件，列举了以下三个要件，即：

为发明解决问题所不可欠缺（＝不可欠缺要件）

行为人明知是用于发明的实施（＝主观要件）

对于零件等生产行为，进一步要求除去"在日本国内广泛流通之物"（＝（非）通用品要件）

以下，本文将着重就第一要件，即不可欠缺要件进行探讨。

（二）不可欠缺要件＝作为本质部分加以处理的问题点之一——高不成 （难以作为限制适用多用途型间接侵害的要件）

将《专利法》第 101 条第 2 项、第 5 项所规定的多用途型间接侵害中的不可欠缺要件理解为与等同原则中本质部分具有相同涵义的观点是不无疑问的。

原本，等同原则中所述的本质部分本身就不是依权利要求书中各构成要素间比较再抽出有特征的构成要素而加以特定的，如上所述，被诉侵权产品中被置换的部分因该置换而变得与发明的技术思想不同时，若事后评价该置换部分为本质部分的话，则该被诉侵权产品的任何的构成要素都有可能成为本质部分。但是，这种本质部分概念的理解很明显无法变成限定多用途型间接侵害适用的条件。这对试图以本质部分概念将多用途型间接侵害的成立限

---

⑤　更为详尽的研究，请参见田村善之「多機能型間接侵害制度による本質的部分の保護の適否—均等論との整合性—」知的財産法政策学研究 15 号（2007 年）。

定在一定的范围内的观点来说是致命的缺点。

因此，为了能够继续讨论，而不是停留在认为将不可欠缺要件理解为与等同原则中本质部分具有相同含义的观点是不可行的，本文在间接侵害的情形（用尽的情形亦同）下，将以构成要素间的比较进而抽出有特征部分的方式加以研究，旨在证明即使采用这种抽出本质部分的方法一样也是存在问题的。

理由是，判断等同时，在公知技术的组合发明等的情形下（例如：权利要求的构成要件为"a＋b＋c"），为使该部分被置换后变得与说明书上所公开的技术思想不同，则置换了公知技术（例如："a"）本身也可能变成置换了的本质部分。若如此，则可以认定公知技术也可能成为本质部分。⑤ 像这样的解释，在等同的情形下，仅意味着在权利要求的构成要件中，将公知技术的部分（例如："a"）置换了的被诉侵权产品（例如："a'＋b＋c"）变得不在专利发明等同的范围内而已。但是，在《专利法》第101条第2项及第5项的情形，当该权利要求本质部分的技术（例如："a"）被认定为"不可或缺"的部分而肯定间接侵害的话，可能会导致即使被诉侵权人并不能预测自己的行为构成了侵权行为，但却因为实施了公知技术，却不得不受权利人排他权的控制而停止生产的情况发生。

又或有人主张，正因为如此，《专利法》第101条第2项、第5项才搭配了"知悉该产品是供发明实施之用"这样的主观要件来予以平衡。但是，第101条第2项、第5项的主观要件对于停止侵害请求来说事实上并不发生作用。因为对于以停止现在的侵害行为及抑止将来的侵害行为为目的的侵害停止请求来说，该要件是否满足的判断时点是在事实审口头辩论结束时。⑥ 而只要在收到警告函或诉状时，即可轻松满足该主观要件的要求，只要在没有进行公示送达等特殊情况下，难以想象在事实审口头辩论结束时为止，主观要件尚不满足的情形。

而且，关于间接侵害，由于法律上规定无法适用先使用抗辩的规定。然而对于《专利法》第101条第1项、第4项规定的"唯一用途限制"型间接侵害来说，即使是在专利申请前已在先使用了该技术，但是在侵权行为时点上，已无发明直接实施⁵⁹以外的用途，因此就算是肯定停止侵害等请求，也不会导致合法用途的不当萎缩。⁶⁰但是，对于《专利法》第 101 条第 2 项、第 5 项规定的多用途型间接侵害，尽管在直接侵害以外尚有合法的用途，仍会被要求停止侵害，这对于生产制造多用途型产品的被诉侵权人是十分重大的影响。

因此，实践中便出现了要求申请是要公开新的、且在先技术中不存在的、具有特征的技术手段的判决。"用于印刷基板上的夹子"案⁶¹即其中一例，该案中认为"作为解决先前技术的问题点的方法，关于该发明新公开而在先前技术中所未见的具有特征的技术手段，直接形成该手段特征的特有构造或成分的具有该特征的零件、原料、道具等"满足"发明课题解决上所不可或缺之物"的要件。⁶²⁶³

（三）将不可欠缺要件视同为本质部分的问题点之二——低不就（难以规制添加了非本质部分，从而构成多用途的行为）

以上介绍了将不可欠缺要件理解为本质部分的观点，和为了解决该问题点之一而要求说明书公开新的技术思想的观点。然而在其他的情况下，仍有可能存在减小《专利法》第 101 条第 2 项、第 5 项规范功能的问题。

---

⑤⑨ 此外，关于涉及专利权间接侵害是否需要以直接侵权的存在为前提，而加以区分出从属说、独立说、折中说及限制规定等的射程说，请参见田村善之「多機能型間接侵害による本質的部分の保護の適否」知的財産法政策学研究 15 号 203～204・230～232 頁（2007 年）。

⑥⓪ 但是，（类推）适用肯定说的，请参见松本司［判批］知財管理 56 巻 1 号 120 頁（2006 年）（如果承认了间接侵权产品构成先使用抗辩时，亦应定购入该物而制造直接侵权产品的人也可援用先使用的抗辩）。此外，将这个问题作为论点的，也可参见三宅正雄『特許争訟雑感』（改訂版・1976 年・富山房）10 頁。

⑥① 东京地判平成 16.4.23 判时 1892 号 89 页［プリント基板用治具に用いるクリップ］。

⑥② 即使是在具体的适用中，在本案发明的说明书中，对于用于手把部的夹子本身的构造并未记载，因此判决涉及发明的印刷基板镀金用治具上装置的夹子本身的构造并无任何预定的特征，另外，亦判决因为夹子本身在本案专利申请前即被用于印刷基板用镀金治具上，在本件发明中，夹子本身不会作为解决先前技术的问题点的方法，关于发明新公开之的具有特征的技术手段，可以说不构成直接形成该手段特征的特有构造的零件，从而否定满足不可欠缺要件的该当。此外又提到，即便存在将夹子解释为是满足发明课题解决上不可或缺的构造的一部的余地，既然无法从专利请求范围的记载中掌握构成要件之一的夹子的构造，则为了说本件发明没有第 36 条 6 项的无效事由，该夹子的形状应理解为限定在本案说明书的「发明的详细说明」所记载的形状，而说明被告制品并不在其范围内。

⑥③ 乍看下会认为该判决否定公知技术可能成为本质部分，而与等同原则中所提到的本质部分相比显得太过强调该要件。然而关于这一点，即便是等同原则，也认为使用于应解决的课题中的该公知技术是本质部分，而离开了该用途公知技术亦无法单独成为本质部分（三村／前引注③知的財産法政策学研究 19 号 89 页。亦参见高林龍「特許権の保護すべき本質的部分」高林龍編『知的財産法制の再構築』（2008 年・日本評論社）57～58 页）。

例如在 2002 年专利法修改前，"单一用途限制"型间接侵害规定就显示了出了适用上的问题，在广为人知的"单反相机"案[64]中，被告产品是可以装在原告专利产品 TTL 开放测光式美能达相机或佳能的单反相机（本件美能达相机、本件相机）上的替换式镜头。由于被告产品不仅可以装配在专利产品上，也可装配在作为非专利产品的其他形式的美能达等单反相机上，于是争议的焦点就是该替换式镜头是否满足"单一用途限制"要件。原告虽然主张将被告产品装在非专利产品上时被告产品中预设的控制杆部分并没有起到作用，而只是闲置，于是可装配在非专利产品的抗辩并不能否定"单一用途限制"这一要件。然而裁判所却否定了"单一用途限制"型间接侵害的成立。既然存在装配有被告产品的相机现在在市场中流通、也有最终消费者在相机主体上装配着被告产品并使用的事实，则认为被告产品具备其他用途。[65]

诚然，依据《专利法》第 101 条第 1 项的解释论，既然将被告产品装在非专利产品上的最终消费者的确存在，则应认为具备其他用途，从而不得不否定构成"单一用途限制"型间接侵害的成立。但是在该案中，就算在被告的替换式镜头上并没有安装只有当其被装配在专利产品上时才会发挥功能的预设控制杆，其也是可以装配在非专利产品上的。而且，只要将杆状部分除去（或只要稍变换形状使其丧失功能互换性）即能停止该预设控制杆的功能。这时在生产线上只要进行省略组装该杆状物的程序，或在一体成型制造时，填平对应于该杆状物的铸模部分的话，就可以将该产品变更为对于其他用途不生影响而且非易于供专利产品直接实施的式样。因此，即使是对含有该杆状物部分的替换式镜头作出停止侵权行为的判决，被告只要除去该易于去除的杆状部分即可免于执行该判决主文的要求，从而得以继续制造贩卖具备直接实施以外的用途的产品，这对于被告来说并非严苛，亦不会过度地压抑直接实施以外的用途，而且得以保护专利权人的利益。从恰当的纠纷解决的观

---

[64]　东京地判昭和 56.2.25 无体集 13 卷 1 号 139 页［一眼レフレックスカメラ］。

[65]　附言之，在该案的上诉审中，被告产品被认定并非涉及本案发明的「仅供产品生产所使用之物」，因而否定了构成间接侵权（东京高判昭和 58.7.14 判时 1095 号 139 页［一眼レフレックスカメラ 2 审］）。

点来看，倒不如在本案中肯定原告的停止侵害请求更为妥当。⑥⑥

若要规制直接实施外另有用途的间接侵权行为的话，那么正应该像类似上述案例一样，着重讨论停止侵害请求的问题。即便不能认定间接侵害的成立，也不妨碍以民法上的一般侵权行为为由请求损害赔偿⑥⑦，所以《专利法》第101条的存在意义就在于创设了依照民法侵权行为的传统理解难以支持的⑥⑧停止侵害请求权，因此有必要将要件论的重点主要放在停止侵害请求的制度建构上。

具体而言，即使在被诉侵权人的产品上，发明实施的用途和其外的用途并存，在易于将供发明实施之用的用途与其他用途分离、除去时，应该肯定原告的停止侵害请求。即使肯定了停止侵害请求，也不会妨碍到其他用途的实施，因此没有必要保障事前预测的可能性。这种情形下，即便假定供发明实施的部分与本质部分无关，或是公知技术（例如：预设的控制杆部分与技术思想无

---

⑥⑥ 中山信弘［判批］ジュリスト820号97～98页（1984年）已就上述理由加以说明，且考虑到了即便认定间接侵害成立，被告亦只要制造、贩卖没有预设控制杆的替换镜头就解决了纠纷，如果考虑到被告产品的购买者大部分是无法追究专利权侵害责任的个人使用者的情况，提出对于该案判决结论的批评是有道理的（也请参见中山信弘『工業所有権法（上）』（第2版增补版・2000年・弘文堂）422～423页）。亦参见吉井参也「特許法第101条に定める侵害」『特許争訟の諸問題』（三宅正雄喜寿・1986年・発明協会）693页、来栖和则「日本特許法の間接侵害規定の改正ならびに米国および独国の関連規定との比較」パテント55巻12号43页（2002年）、阿部隆行「間接侵害—特許法101条「のみ」の解釈について—」知財管理47巻9号1249页（1997年）。

⑥⑦ 案例中，从以前起就认为侵权行为人供应零件等的人，若可以肯定其有与侵权行为人共同实行侵害行为的意图的话，零件的制造、贩卖也会构成共同侵权行为。例如，被告Y应侵权行为人A之托而卖给A零件的行为，构成侵权行为的帮助行为，Y身为共同侵权行为人也应依侵权行为人A所获利益所推定的损害，连带负损害赔偿责任（东京地判平成3.2.22判例工业所有権法〔2期版〕2247の3页［部分かつらII］）（另外，以委托为由而肯定共同侵权行为责任的判决有，静冈地判平成6.3.25判例工业所有権法〔2期版〕2623の47页［1α—ヒドロキシビタミンD］）。

即使是无法认定有共同实行的意图，然而因收到权利者的警告等而认识到供应的对象正在进行直接侵权行为却未回避，因此肯定帮助直接侵害的侵权行为的判决有（上述静冈地判［1α—ヒドロキシビタミンD］、名古屋地判平成10.3.6判夕1003号277页［示温材料］、大阪高判平成14.8.28平成12（ネ）3014等［五相ステッピングモータの駆動方法2审］）。虽然仅是附带理由，亦请参见大阪地判平成3.9.30知裁集23巻3号711页［受水槽］。

在多用途型间接侵害的情形下，于2002年修法施行前有一案例，是存在直接侵害以外的用途的案例（因此尚难谓满足「单一用途限制」的要件），更具体地说，尽管一部分使用者使用非侵权的手册教学方法，然而向其他使用者以供发明实施使用为前提而提供装置的一部分的行为，裁判所引用了民法第719条2项，认定构成帮助侵害行为并肯定了损害赔偿请求（大阪地判平成14.4.25平成11（ワ）5104［实装基板检查位置生成装置および方法］）。

⑥⑧ 大阪地判昭和36.5.4下民集12巻5号937页［発泡性ポリスチロール］、东京地判平成16.8.17判時1873号153页［切削オーバーレイ工法］。

关，只不过是被诉侵权人的产品和发明的实施品相结合处使二者得以相互咬合的形状），为了防止供直接实施而用，应采取肯定停止侵害请求的结论。

在案例中也已经出现了，在考虑"不可欠缺要件"时，采文义解释，即采"若没有那个的话就不会有这个（but for）"（若满足没有被诉侵权产品就无法实施发明的关系的话即已足够），从而较为轻易地肯定了"不可欠缺要件"要件的成立。但是同时在另一个要件即并非"日本国内广泛一般流通之物"的"（非）泛用品要件"的判断时，以其属于为解决课题的特别构成为由，认定不构成泛用品要件的"一太郎"案原审⑩，以及以相同条件关系适用"不可欠缺要件"，以特制品即不构成泛用品为前提，本件被告产品中既然含有仅供本件发明实施之用的部分，则认定不满足泛用品要件的"一太郎"案上诉审。⑩ 引用上述知识产权高等裁判所的判决内容，"所谓《专利法》第101条第2项所定的"日本国内广泛一般流通之物"，典型上是指螺丝、钉子、灯泡、电晶体等这种在日本国内广泛普及的一般制品，亦即，可解为非特制品，而是可用于其他用途，在市场上处于一般可取得状态的标准商品、普及商品。本件中，将上诉人制品以含有求助机能的形式安装至电脑的，必定会形成满足本件第1、第2发明构成要件的'安装有上诉人产品的电脑'，上诉人产品因含有仅供生产本件第1、第2发明的构造之物的部分，应认其满足同款所定的'日本国内广泛一般流通之物'"⑪⑫。

本案被诉侵权产品本身虽于发明实施外尚有其他多种功能（如：文字处理软件），然而排除了与发明的实施相关部分（如：求助模式）后，即无发明

---

⑩　东京地判平成 17.2.1 判时 1886 号 21 页 ［一太郎］，即「被告产品并非螺丝、钉子、灯泡、半导体管等日本国内流通的统一规格品或普及品，而是为解决本件发明课题所特别组成的东西，并不是日本国内广泛而一般流通之物」。

⑩　知财高判平成 17.9.30 判时 1904 号 47 页 ［同 2 审］。

⑪　此外，因专利另行被宣告无效，因而否定了侵权。

⑫　专利法第 101 条第 2 项、5 项中的泛用品要件，是指「在日本国内广泛一般流通之物」，似乎解读上重点在于文义上的是否在市场上流通，而与物的构造没有关系（来栖/前引注⑥45 页）。实际上，起草者认为泛用品要件中有谋求交易安全的宗旨存在，是将重点放在市场上是否有取得的可能性（廣实郁郎/飯村他/前引注③15 页。亦参见特许厅総务部総务课制度改正审议室『平成 14 年改正産業財産権法の解説』(2002 年・発明協会) 28 页)。

但是，如果这样解释的话，在一太郎案中，像「一太郎」这样的如此普及的产品，在侵害横行的情形下，反而很有可能否定构成间接侵害。因此，东京地判平成 17.2.1 判时 1886 号 21 页 ［一太郎］及知财高判平成 17.9.30 判时 1904 号 47 页 ［同 2 审］完全不关注被诉侵权产品的流通量等因素，就泛用品要件以是否为发明的实施而有特别组成或若非特别订制的话即不满足泛用品要件这样的方向加以理解，从而将之置换为涉及构造的要件。

以外的用途为由，从而归结出其并非"泛用品"结论的知识产权高等裁判所，其采取这样的理由想必是考虑到即使停止该部分用途，对于发明实施以外的用途也不会造成影响的缘故。[73]

（四） 考虑到间接侵害制度的宗旨，而对本质部分说的疑问

究其根本，对于本质部分说尚不明了的是，为何《专利法》第 101 条第 2 项、第 5 项会视所规定的行为为侵权行为，而该规定的宗旨又是什么。

即使权利要求的构成要件并未完全覆盖，为何生产的若是本质部分的话即可追究其侵权之责？这也许是在倡导保护该发明技术思想，但若只是想使本质部分受到保护的话，那么将该部分加以特定并写入权利要求，若不能时，则另有等同原则作为其救济手段即可提供充分的保护。再有《专利法》第 101 条第 2 项、第 3 项作叠床架屋式的保护，其理由究竟为何？此外，专利法条文上并不承认单独保护本质部分，如何理解尚需另外存在直接实施行为也是一个问题。虽然一旦承认了单独保护本质部分，等同原则的各要件极可能被架空[74]，但是也不能认为因为等同原则各要件遭架空，就主张以直接实施为要件来进行某种平衡。看不出依何种理念足以支持要求直接实施要件来平衡。

于要求须有直接实施存在的《专利法》第 101 条第 2 项、第 5 项的构造上，间接侵害的制度目的不在仅以发明的本质部分为由就加以保护，充其量是以抑制直接侵害[75]为目的，对于在有共同侵权行为的情况下，肯定停止侵害请求而已。像这样，规制间接侵害的理由是，如果认为不是保护本质部分等发明的技术思想的话，其要件论也着眼于被诉侵权产品的物理构造以探求与发明的直接实施间的关系，同时防止发明实施以外的用途受到抑制。这样对于以禁止诱发专利权的直接实施行为为目的的《专利法》第 101 条第 2 项、第 5 项才是适合的。

---

[73] 愛知靖之［判批］Law & Technology 31 号 69 页（2006 年）于解释泛用品要件时，也着眼于产品的用途。

[74] 请参见高林龍「特許権の保護すべき本質的な部分」高林龍編『知的財産法制の再構築』（2008 年·日本評論社）55 页。

[75] 当然，若依前引注[59]所述的限制规定等射程说，即便直接实施是在家庭内进行的等事由而不构成专利权侵害，仍然有可能构成间接侵害，然而这种情形下认定间接侵害，是为了防止过度诱发家庭内实施、超越了专利法第 68 条允许的不以营业为目的的要件，进而有害于专利权人的利益保护。

五、在专利权权利用尽与否的判断中考虑"本质部分"的疑问⑯

(一)序

　　光看专利法条文的话，会认为关于专利产品的转让，在每次转让之时都构成专利权侵权（《专利法》第68条）。而权利用尽理论就是针对由于权利人自身的原因，或是其授权他人实施专利技术而贩卖的产品，其后可以将其自由转让的法理。承认该法理的理由是若需要逐一地取得专利权人的许可的话，将会严重地阻碍商品的流通，因此只要满足了专利权人有一次机会取得对价的话就足够了。关于权利用尽理论，在实践中议论的焦点主要集中在修理与回收再利用问题上。对修理及回收再利用的判断基准，大概总结为以下内容，即：

　　　　若为细小的修理而并不会丧失专利产品的同一性时⇒作为使用的一环而在用尽的范围内，因此不构成侵权。

　　　　相当于丧失专利产品的同一性时⇒新的生产行为而在用尽范围之外，因此构成侵权。

　　而问题的关键就在于如何判断专利产品的同一性范围。以下，本文将着重就该问题进行探讨。

(二) 墨盒案中知识产权高等裁判所大合议判决所表明的判断基准

　　在"液体储存容器二审"⑰案中，他人于日本国内外进口及贩卖墨盒的回收加工品的行为是否属于权利用尽成为了争议的焦点。裁判所认为，应区分不属于权利用尽范围的类型，即"该专利产品在该产品本来的耐用期间经过且效用终了后再使用或再生利用时"的效用终了型（第1类型）和"关于该专利产品，第三者就专利产品中构成发明本质部分的零件全部或一部加工

---

　　⑯　关于下述，更详尽的研究，请参见田村善之［判批］NBL877～878号（2008年）、同「特許権の消尽理論と修理と再生問題—インクカートリッジ案件知財高裁大合議判決の意義—」知財年報 I. P. Annual Report 2006 180～208页（2006年）、同［判批］NBL836～837号（2006年）、同「修理や部品の取替えと特許権侵害の成否」知的財産法政策学研究6号（2005年）。

　　⑰　知財高判平成18. 1. 31判时1922号30页。

或交换时"的本质部分更换型（第 2 类型），若构成了上述任一种类型即构成专利权侵害。第 1 类型是以作为修理加工对象的专利产品的修理加工前的物理状态为基准，而第 2 类型与上述第 1 类型不同，是以构成技术思想核心的特征部分，即本质部分是否被置换为其基准的。另外，与后述的最高裁判所判决相比，知识产权高等裁判所此判决最大特征在于若构成上述两种类型中的任何一种时即认定构成专利权侵害。

知识产权高等裁判所所述的上述基准中，第 1 类型因着眼于修理加工前后的专利产品的物理状态，对于专利产品的取得者来说判断相对较为容易，在这个意义上可说是有益于交易安全的基准。[78]

此外，第 2 类型是以发明的技术思想为基准。这里所谓的本质部分的意义，若采用了考虑被诉侵权产品与置换了的权利要求中构成要素的关系，并在该产品超出发明的技术思想时即认定为本质部分的话，则因所有的构成要素都可能满足本质部分的要求，将无法发挥基准的规范功能。因此，与本文在间接侵害处总结一样，此处的本质部分抽出方法应理解为以构成要素间的比较来抽出有特征部分的方式为前提的。以再现了发明的本质部分为由而得以享受专利权的保护，在这个意义上可说有益于专利权人的保护，然而相反的，对于专利产品的取得者来说，光看眼前的制品状态还不够，专利的内容不止于权利要求，连技术思想也有必要加以理解，可以说在判断上会十分地困难（而且多数情形，交易者并非制造业者）。考虑到肯定权利用尽理论的积极理由在于确保交易安全[79]，所以上述的观点难谓合理。因为在交易时点，

---

[78] 然而，即使专利制品的效用已终了，其后若只是单纯加以清洁等的话就不会构成侵害，所以问题的关键本来就不单是在修理加工前的状态下所产生的效用终了，而应该是修理加工后效用是否回复（田村/前引注[76]NBL836 号 30 页、中吉徹郎［判解］Law & Technology 39 号 67 页（2008 年））。另外，以「专利产品」为基准的该判决内容，如果诸如针筒有专利而本来用完既丢的针筒再重复使用、购入的汽车引擎有专利而因汽车严重受损而引擎本身仍然可使用故将其用于另一台汽车的行为皆肯定侵害的话（关于前者，判决已有明示，关于后者，前者的例子中的注射液和后者的例子中除了引擎外的汽车的部分，由于从各自的权利要求来看本质上都在各自的权利要求之外，所以两个例子区别对待并无理由。关于此点，参见横山久芳［判批］特許研究 45 号 59 页（2008 年）），是不无疑问的（田村/前引注[76]知的財産法政策学研究 6 号 37～38 页、鈴木將文［判批］Law & Technology 32 号 79～80 页（2006 年）、渋谷達紀『知的財産法講義Ｉ』（第 2 版・2006 年・有斐閣）184 页、高林/前引注③権利の消尽 184～185 页、酒迎明洋［判批］知的財産法政策学研究 18 号 153 页（2007 年））。为保护交易安全，否定这种考虑权利要求以外的事由而肯定侵害的「（狭义的）生产判断手法」更为恰当（田村/前引注[76]NBL877 号 19～21 页）。

[79] 田村善之「用尽理論と方法特許への適用可能性について」特許研究 39 号 5～7 页（2005 年）。

交易者很难确知发明的本质部分在哪里，若相关的判断于交易时无法预测将来产品可能使用的方式的范围的话，是有悖于交易安全的。[30] 尽管当交易者是本领域专业技术人员时，一般来说有必要要求其留意所取得的产品并未侵害他人的专利权，因此不只要考虑权利要求的文义侵害，亦有必要考虑等同范围内的侵权[31]，但是在修理及再生产的情形下，主张专利权侵害本身就是身为专利权人或是得到其授权的制造者，因此采取诸如向该制造业者咨询，或是在发现侵害后令该制造者承担最终责任的侵权风险规避本身是很困难的。

相反，若加工及替换的对象是发明的本质部分的话，也意味着可以仅就该部分撰写权利要求进而取得专利权。专利权人自身或在其授权下制造贩卖的产品，若从经济的角度观之，只是替换了一些不显著的部分，专利权人即想认定这种情况不属于权利用尽的范围而想主张专利权侵害的话，应该当初就在权利要求中加以公开才是，那样做才能足以有效保护发明思想。[32] 既然未公示在权利要求中，不考虑发明思想，以专利产品的破损状态及修理的程度来判断用尽范围的基准，即只凭本判决中所谓的"专利产品的属性"基准来判断权利用尽与否，将有益于实现用尽理论积极理由，即维护交易安全。因为给予了专利权人通过撰写权利要求而寻求保护的机会，故不会与权利用

㉚　亦参见竹中俊子「特許製品の加工・部品交換に伴う法律問題の比較法の考察 キヤノンプリンターカートリッジ案件を題材に」『知的財産権法と競争法の現代的展開』（紋谷暢男古稀・2006 年・発明協会）404〜405 頁、平嶋竜太「『消尽』と修理・再生の理論の構造に関する一考察」高林龍編『知的財産法制の再構築』（2008 年・日本評論社）119 頁、愛知靖之［判批］速報判例解説 Vol. 2 - 270 頁（2008年）。

㉛　横山久芳［判批］特許研究 45 号 70 頁（2008 年）指出就算以此为由来决定权利用尽的范围，或是令取得者判断本质部分，都不会有损于交易安全。

㉜　亦参见玉井克哉「日本国内における特許権の消尽」牧野利秋＝飯村敏明編『知的財産関係訴訟法』（新・裁判実務大系 4・2001 年・青林書院）248 頁。

对此，横山久芳［判批］知財管理 56 巻 11 号 1689 頁（2006 年）表示，在零件本身虽属公知技术，且因无特征而无法取得专利，然而其组合是有意义的发明的情形下，因零件的交换及替换再现了发明的技术思想，在遇到这种情形时都应当肯定专利权的行使。

这是值得倾听的见解，本文也从经济的基准来看零件的替换，若产品中涉及权利要求的大半部分时（且因为是耗品等的关系，在不认为可构成后述的默示同意的情形下），则不吝认定构成专利权侵害。因此，问题就在于特别是使用者取得的产品中，本质部分存在于经济观点来看只占些许部分时的处理。若那些些许的零件本身有被纳入权利要求中的话那就另当别论，若没有的话，也以属于本质部分（的一部分）为由认定构成专利权侵害，则对于使用者来说极难预测，故有悖于以交易安全为根据的用尽理论的宗旨。再说，若该组合真的是值得给予专利发明的话，还留有给专利权人用限定零件用法的方式来取得方法发明专利（或是，依个案及观点的不同而可能是用途发明）的可能性。

尽理论的消极理由相冲突。如果在专利产品的构造上早已预定会存在对于零件的加工和替换行为，却仅以其为发明的本质部分就否定权利用尽，认定构成专利权侵害的话，笔者认为是不妥当的。

（三）　与等同原则的比较

如上所述，只是替换了权利要求中非本质部分的情形，在一定的要件下，并不会与肯定专利权侵害的等同原则相矛盾。

确实，尽管在理论上可能将本质部分列入权利要求中，而等同原则是对于没能这样做的权利要求予以救济的法理。但是，等同原则基本上只适用于与专利权人无关的第三人即纯侵害人的法理，虽说相对于侵害人会较偏向救济专利权人，然而在权利用尽的情形中，即在专利权人本身或在其授权下购买专利产品的交易者与专利权人间产生冲突的情形下，可以说就没有必要也一样采取对专利权人较为有利的利益衡量了。[33]

（四）　墨盒案件最高裁判所判决的意义

墨盒案件的终审判决[34]，并未因袭原审的抽象论，而是关于是否构成侵害，认为"除了该专利产品的属性、发明的内容、加工和零件替换的方式外，也须综合考虑交易的情况等加以判断"。其特征在于除了采用原审判决所述的第 1 类型所考量的事由（即"专利产品的属性"及"加工和零件替换的方

---

[33]　对此，这样的考虑应对自己使用的商家以默示许诺或权利滥用的方式的对应而予以实现，虽然有人指出像墨盒案那样的回收商家倒不如认定其是较靠近纯粹是侵权人（横山/前引注[32]1694 页、同/前引注[31]71 页），然而较多的情形是只要不靠专门商家则产品的修理将极为困难，故不只是使用者自己从事修理的情形，就委托专门的商家进行修理也不予承认的话，将无法保障取得者的期待，亦有损于交易安全。若承认专门商家的修理的话，则将没有必要特别区别出回收商家而追究其责任（亦参见酒迎明洋［判批］知的财产法政策学研究 18 号 155 页（2007 年））。

然而若就本案来说，本案是有关回收别人放弃所有权的墨盒的商家的行为，有人指出本案以用尽理论加以保护的正是身为专门商家的回收人，因此是没有必要考量交易安全的（横山/前引注[31]71 页）。但是，即使是那样，若个别的墨盒取得者进行相同的回收使用，皆应认定构成用尽的话，那么回收业者只不过是在技术上划一地进行相同的加工而已，身为专利权人应该有权利无法及于这样的技术加工者的预期，故即便其未包含于侵权的范围内，也没有必要大加主张说其有损专利权人值得法律保护的利益。虽有倾向非难回收业者大量从事该行为的意见（另外，就回收业者「获得利益」认为有问题的，参见横山/前引注[31]71 页、渋谷·前引注[78]184 页），然用权利用尽的理论根据，与家庭内实施不同，不能以对专利权人的影响轻微为由而作为否定构成侵害的根据。

[34]　即最判平成 19.11.8 判时 1990 号 3 页［液体収納容器上告審］，田村/前引注[76]NBL877～878 号（2008 年）。

式")和第 2 类型所考虑的事由（即"发明的内容"）外，还加上了"交易情况等"综合衡量型的判断基准。因此，关于抽象论的部分，最高裁判所并非只因修理加工的部分涉及发明的本质部分即以原审判决中所述的第 2 类型为由，直接肯定专利权侵害，而只是将该事由当做综合考量的其中一个要素加以考虑而已。⑧⑤

过去的案例中，有以专利产品在构造上是否预先设定了修理、替换的情况来决定是否构成侵害的。⑧⑥ 为了实现以确保交易安全为目的的权利用尽理论，在容许考量多种要素的最高裁判所的判决内容下，将被诉侵权产品的物理状态作为重要的着眼点的要件论应当受到期待。

关于这一点，不管在最高裁判所的判决中，主张要考虑"发明内容"，还是在实际的法律适用中，如何理解本案中因墨水的再填充而再度利用了发明的本质部分的行为也是个待解决的课题。对最高裁判所判决理由最简单的解读就是，认定墨水的再填充涉及发明的本质部分而将其朝着肯定专利权侵害的方向加以考量。⑧⑦

但是，本判决已在"专利产品的属性"处将专利产品的构造上并未预想墨水再填充这一事实由朝着否定适用权利用尽的方向加以斟酌了。有必要注意到的是，这就意味着，本案是没有必要考虑交易安全的类型的案件。

即便并非发明的本质部分，却采用将墨水的注入孔堵住而使其无法被

---

⑧⑤　中吉/前引注⑦⑧69 页。

⑧⑥　如东京地决平成 12.6.6 判时 1712 号 175 页［フィルム一体型カメラ］，本案是以贩卖使用了有实用新型和外观设计权人所制造贩卖的底片一体成型相机所使用过的塑胶制外壳部分，再装入另行购入的底片和干电池所作成的用过即丢式产品的被诉侵权人的该行为是否有构成侵权作为争议焦点的案件。

东京地方裁判所提出了「依社会通识，在探讨了实施品的客观性质、交易态样、利用型态后，对于受让人……并不是无限制地赋予其自由以营业为目的使用、再让渡，超过一定范围的适用方式加以实施时，即构成权利侵害的基准。此外，也考虑到了本案中在构造上设计成为若取出被装填的软片，通常的情形将不得不破坏本体的一部分，而且消费者很难自己进行软片的更换及再利用；专利权人的产品除了附上了载有「……软片以外的构成零件恕不返还」字句的书面外，专利权人也努力地进行本体的回收。其结果，裁判所认为「参见专利权人的产品的客观性质、交易态样、通常的利用形态等，专利权人的产品很明显的，是在贩卖时，即已预设仅供使用已装填好的软片的商品。对此，被告的贩卖等行为，是在本案各项实用新型及外观设计专利的实施品于使用过后，在本体中装填软片等再加以贩卖的行为，从产品的客观性质等来看，这是属于超过权利人将权利人的产品置于市场时所预设的范围」而肯定构成侵害。

该判决，说明了考虑是否在权利人所预设的实施态样范围内的观点，然而这是重视权利人产品的「客观性质」来加以判断的。关于本案实施品，因设计成未破坏产品就无从取出软片、消费者自己要再利用该软片至为困难的构造，鉴于产品的客观性质而判断被告的行为属权利人预想外的行为。反之，若是简单即可取出的情形，产品性质上就变成其预设可更换的话，在本判决的基准下可以说即不构成权利侵害。

⑧⑦　参见中吉/前引注⑧⑤69 页。

再填充墨水这一事由否定构成权利用尽的话，本来并无保护的必要，却抑制了耗材市场的竞争，而将使用者对耗材的选择限定在专利权人所供应的耗材上。

同样的，明明没有必要取得专利权，仅因于权利要求中写入耗材等的替换行为，就承认其权利行使的话，是否妥当也是存有疑问的。例如，家电制品或机械的构造（如："a＋b＋c"）的发明，将非组成发明的本质部分的电池替换或盖子开闭（如："＋d"）写入权利要求使其成为要素之一（如："a＋b＋c＋d"），是否即应肯定对该附加部分的修理加工亦应当经过专利权人的许可呢？专利法是鼓励发明及其公开的制度，而不应成为鼓励权利要求撰写技巧的制度才是。

若是这样的话，即便被告的行为在"专利产品的属性"上，就算是属于未预期到的加工和替换，若其非涉及发明的本质部分时，将其视为在权利用尽的范围内，从而否定专利权侵害的做法是稳当的解决方式。为确认这一点，本案才有别于专利产品的构造而提及"发明的内容"，确认了墨水的再填充是涉及发明的本质部分。

以上，依本文的见解，"发明的内容"充其量不过是消极地于修理或加工不涉及发明的本质部分时，朝着否定侵害方向加以考量的要素而已。⑧ 与此相反，在"专利产品的属性"上，属于预期会被修理或加工的构造时，从交易安全的观点来看，应当被容许，而不能仅因修理加工行为涉及发明的本质部分即认定侵权，即"发明的内容"的机能并非作为否定适用权利用尽（与原判决相异）的积极要素加以考虑的。

当然，从用语精简的最高裁判所判决的文义上是难以解读到这样的程度的，然而如上所述，于"专利产品的属性"上，本判决与原审判决的第1类型不同，其并未考虑本案专利产品无法再填充墨水的构造对于本发明来说是否属于不可避免的。反之，在"发明的内容"上，朝着消极方向加以衡量本来就是必要的。此外，正因为用语精简，即使今后只将"发明的内容"朝着消极的方向加以考量，也难谓有违最高裁判所判决的宗旨。

---

⑧ 即使是用尽理论，其根据也只不过是理解为将权利滥用法理（或诚信原则法理）加以定型化而得来的（田村/前引注㉔6～7页），除了结论上否定专利权侵害外并无其他统一性理论存在。因此应该肯定权利滥用法理（或诚信原则）而并不应对多元地加以规制感到奇怪。

六、结　论

本文的结论是，在适用等同原则时，为激励在说明书中公开应用可能性较广的解决原理，应以说明书中所记载的技术思想来作为判断本质部分的基准，进而确定专利权的保护范围。基于同样的理由，在认定发明人时亦应以本质部分为基准。但是，另一方面，考虑到以保护交易安全为宗旨的专利权用尽理论和以抑止与直接实施相关的行为为宗旨的间接侵害制度，以上述技术思想的认定方法为其标准就是不无疑问的，依用尽理论及专利间接侵权制度的宗旨，倒不如采取与技术思想无关而是着眼于被诉侵权产品的判断基准，相比来说后者还应更受期待。

与此同时，也存在将本质部分这一要件朝着统一的判断基准通用于上述所有情形的观点。[89] 但是，将等同原则中本质部分的理解，即对被诉侵权产品加以替换时与技术思想不同的部分即本质部分的这种手法，适用于不以被诉侵权产品为前提的权利用尽或多用途型间接侵害时，如上所述，在理论上是有其困难之处的。

再者，重要的不是表明可以以统一的基准来说明，而是为何必须设置本质部分这个统一的基准这一点。

第一个可能性，是立足于所谓的自然权论，即因发明人从事了一定的发

---

[89]　高林/前引注[74]。该论文中表示发明的本质部分「应真正受到保护」（同 49 页），又在各种情形下皆「应导出着重本质部分的统一结论」（同 63 页），给人似乎是不用论据，即可得出的自明之理。但是，若是以「发明应确实给予本质部分保护」而提案建立于专利法各种场面（高林/前引注本质部分，依 63 页表示其亦及于损害赔偿额的算定）皆适用统一的基准的话，那么为何应保护本质部分亦应有其论据才是。关于这一点，该论文认为「发明的实质价值，为解决先前技术所无法达成之技术课题而基于先前技术中所无的特有技术思想所具体构成的解决手段及其向社会公开的这点上来寻求」。但是，既然利用外部效果的行为（在这个文脉下，换句话说成搭便车亦可）受到全面的规范的这个命题，是与现行的法制度相背离的（田村善之『知的財産法』（第 4 版・2006 年・有斐閣）8 页、中山信弘『工業所有権法 上 特許法』（第 2 版増補版・2000 年・弘文堂）6 页），除了公开了有价值的东西外，若没有再加上些什么的话，仍无法导出法律保护的必要性（高林・前引注③『標準特許法』7 页，也认为专利制度的目的在于给予公开的代价、回报发明者的辛劳、唤起开发意欲）。本文也就关于「再加上些什么」才是自己所创作出来的东西及就公开所给予的回报处加以寻求这一点作出了探讨。关于包含专利制度在内的知识产权制度的存在意义，详见田村善之「知的財産法政策学の試み」知的財産法政策学研究 20 号（2008 年）及同/前引注[49]。

明思想的创作，因而当然享有权利的思想。⑨

　　但是，至少在现行专利法的认识上，就算是独自发明的发明人也有可能受制于他人专利权的权利行使。因为虽说是独自发明的发明人，只要和其他发明人（及其继承人）的申请相比并非在先申请（《专利法》第 39 条第 1 款的先申请主义）或在先进行了经营的准备（参见《专利法》第 79 条第 1 款）的话，即会变成侵害他人的专利权而无法利用自己的专利权，所以以自然权论为其根据是难以解释的。⑨ 再说，既然知识产权规制了他人的行动自由，则由自然权论来寻求其积极的理由也有困难，因此结果上不能仅着眼于个人权利而不得不从多数人利益的功利主义观点来加以推导。⑨

　　第二个可能性，是从将本质部分向社会公开，其代价即为给予专利权保护的这种想法来加以寻求解释。⑨

　　这即所谓的公开代偿说，然而为何其代价须是赋予权利，若其理由是为图平衡则另当别论（那种情形的话就变成自然权论的想法），若是借由给予专

---

⑨　例如，Josef Kohler 即表示对于发明人利用自然而创造出新颖的发明思想以自然权为由（コーラー（小西眞雄訳）『特許法原論』（1913 年・厳松堂書店）43・45・127〜128 頁），只要发明思想（关于特定应解决的课题和解决手段，参见 67 頁）是同一，即使实施形式不同亦因等同而应包含在专利权的保护范围内（62・71・83〜91 頁）。

　　附带一提的是，Kohler 就专利权的性质是批评所谓的精神所有权（geistiges Eigentum）论，而提倡无体财产权（Immaterialgüterrecht）论的（コーラ・前引 24〜32 頁），也因此而广为人知（参见豊崎光衛『工業所有権法』（新版増補・1980 年・有斐閣）102〜104 頁、松本重敏『特許発明の保護範囲』（新版・2000 年・有斐閣）14〜18 頁）。而 Kohler 提倡无体财产权论的主要理由在于专利权和著作权都是附有期限的权利且未有场所上的限制，与以有体物为对象的所有权不同。然而在关于为何要承认专利权的这种本质论上，却反而认为有体物的创造者有所有权，则同样的，无体财产创造者也可得到可对抗公众的权利（コーラー・前引 18〜19 頁），从肯定创作者的自然权这点来看（コーラー・前引 6 頁・8 頁），并没有脱离精神所有权论，关于此点请参见田村善之「特許発明の定義」同『市場・自由・知的財産』（2003 年・有斐閣）128〜129 頁）。

　　⑨　田村善之「特許権の行使と独占禁止法」同『市場・自由・知的財産』（2003 年・有斐閣）143〜144 頁。因此，为了将专利权作为自然权加以说明，和著作权一样，就变得不得不朝向否定对独自创作者行使权利的方向修正（参见 R・ノージック（嶋津格訳）『アナーキー・国家・ユートピア』（1992 年・木鐸社）305 頁）。但是，也存在依洛克但书而得以正当化的余地，这种可能性亦有必要通过实证研究来验证（Wendy J. Gordon（田辺英幸訳）「INTELLECTUAL PROPERTY」知的財産法政策学研究 11 号 11 頁（2006 年））。

　　⑨　关于专利权作为自然权至少不是立论于 John Locke 的劳动所有理论及 Georg Wilhelm Friedrich Hegel 的精神所有权论，参见田村/前引注⑨1〜3 頁。关于知识产权法的哲学考察，全面的探讨见于 Robert P. Merges et al, Intellectual Property in the New Technological Age, 2 - 24 (4th ed. , 2006)，另外更加详尽的请参见 Peter Drahos, A Philosophy of Intellectual Property (1996) 及李揚（金勲訳）「知的財産権の観念について：法定主義及びその適用」知的財産法政策学研究 12 号 44〜65 頁（2006 年）。

　　⑨　参考本研讨会中三村量一的报告。

利权来防止隐藏发明、奖励公开的话[34]，则与本文所立足的激励理论，亦即系因促进发明及其公开以图产业的发展，所以给予专利权保护的想法[35]是没有不同的。但是，假使确实如此，则发明的本质部分是在专利法的所有情形下皆得适用的共通解释基准的观点即无其逻辑上的必然性了，倒不如每当面临问题时于各种情形由政策加以决定。本文即为该种解释手法的尝试之一。

---

[34] 涩谷·前引注[78]20页。反之，若不作这样的产业政策性说明的话，明明就发明及其申请存在许多种给予回报的方式，为何是采取给予特许权的方式、为何可以说这样做「价值上相等」就有议论的必要了。

[35] 更严密的说明，请参见田村/前引注[39]知的财产法政策学研究 20 号 1～6 页、同/前引注[49]。

创新与专利政策的结构关系
——以生物技术发明为例

刘晓倩 译

引 言

当前世界各国的专利政策所面临的主要挑战为：在制定国内及国际间的专利政策时究竟应该如何因应新兴之争议，例如反共有地[1]、专利强盗、专利怪兽[2]等问题；以及该如何处理上述问题对诸多科技领域的研究开发活动和技术的创新所带来之负面影响。虽然这两个问题的出现可适用于许多科技领域之研发活动上，但对于生物技术领域所产生的负面影响尤其严重。

反共有地的问题所造成的威胁首先在生物技术领域中被指摘出来，其原因是由于美国专利商标局在专利申请人尚未确定其发明对产业的实际效用为何之前，即针对 ESTs 断片以及 cDNA 授予专利。[3] 此一问题最后在世界三大主要专利局，亦即日本专利局、欧洲专利局以及美国专利商标局的三边理事会之劝导下，以通过筛检专利申请案的方式来驳回过早的专利申请而获得了部分的解决。[4] 因此至少在日本，目前产业界主要关心的焦点，似已从对于

---

① "反共有地 (anticommons)"，是由 Michael A. Heller 在他极具影响力的论文 "The Tragedy of Anticommons: Property in the Transition from Marx to Markets", 111 *Harv. L. Rev.* 621 (1998) 中所自创的用语。同时参见 Michael A. Heller & Rebecca S. Eisenberg, *Can Patents Stifle Innovation? The Anticommons in Biomedical Research*, 280 Sci. 698 (1998)；以及 Michael A. Heller, *The Gridlock Economy: How Too Much Ownership Wrecks Markets, Stops Innovation, and Costs Lives* (New York, NY: Basic Books, 2008)。

② 参见 John M. Golden, " 'Patent Trolls' and Patent Remedies", 85 *Tex. L. Rev.* 2111 (2007)。

③ 参见注释①，Heller & Eisenberg 论文。

④ http://www.trilateral.net/projects/biotechnology.html.

尚未确认产业功效前即对基因断片授予专利所应采取的对策，转移到该如何因应针对多用途的研究工具所进行的专利怪兽行为的问题之上。

为了解决专利政策的缺陷，近时的学者经常运用存在于同一时期的专利法背后的各种正当化理由，来明确指出专利局在赋予专利时对于专利范围及其数量所应有的限制。故本文在第一部分当中，首先检视各个学说所提倡的理论如何处理上述世界各国专利所面临的问题。然而由于个别理论只能解决这些问题的一部分，故本文在第二部分当中将会着眼于制定及实施专利政策的相关单位，探讨相关单位诸如专利局、裁判所、立法者或者市场，如何个别地或相互地来预防上述问题对生物技术领域所造成的负面效果，以及针对这些问题究竟可以预防到什么程度。本文最后之总结为：我们有必要去重视在制定专利政策的不同阶段中所牵涉的各个相关单位的运作，并厘清这些单位间的相互关系，用以解决专利法及专利政策在生物技术领域所遭遇到的反共有地和专利怪兽等的问题。

一、有关专利政策之议论与近期的主流研究方法

针对如何解决专利法及专利政策所面临的上述问题，目前学界中主要运用三种研究方法。其中最具影响力的研究方法是以法与经济学为基础，利用效率性作为主要基准来决定在一个有效率的专利法之下，专利局所应赋予最符合效益之专利范围与数量。除了效率性理论之外，近几十年来，不少学者亦提出了其他几种不同的理论。这些理论是将焦点锁定在解决专利法及专利政策所面临的特定问题上。但由于这些理论经常具有排他性甚至相互矛盾，故美国学者 Dan L. Burk 和 Mark A. Lemley[5] 企图将这些理论整合并在他们的论文中提倡：应视个别的技术领域来制定适合该领域的专利政策。亦即，他们反对针对所有研究开发活动制定一个统一的专利政策。

（一）检视效率性的困难及其界限

现代专利法在促进科技发展及创新上扮演着极重要的角色。一般认为专利制度具有三个主要功能：其一，可以促进发明以及发明之公开。其二，借

---

⑤　Dan L. Burk and Mark A. Lemley, "Policy Levers in Patent Law", 89 *Va. L. Rev.* 1575 (2003).

由早期公开专利申请，以避免多数人对同一发明进行重复投资。其三，借由早期赋予专利来促进相关发明专利的成果商品化。⑥

专利制度的三个功能虽然都与效率性紧密相关，但要透过立法来达成效率性的实现却面临了两个重大的难题。第一，从效率性的观点出发想要获得最佳解答是不可能的。理由在于个人间的效用比较原本就是一个问题，在此之前，例如到底赋予专利可以诱发多少投资在发明之上等，上述所示与效率性相关的几个功能是否真能达成，想要得到一个明确的解答几乎是不可能的。⑦ 举例而言，在促进发明与其公开这一点上，仅赋予激励的诱因（incentive）并不足够。因为若专利权的保护过于强大，反而会阻碍了技术的创新，因此有必要去划定一条分界线。此外，虽然愈早赋予专利可以避免重复投资并可以诱发专利制品的商品化；但另一方面，早期赋予专利后，可能会妨碍该专利的利用，导致阻碍后续的研发创新活动。

第二，除了上述问题，专利制度同时存在着作为一个共通适用的裁判规范的瓶颈。由于采用专利权这种权利的形式，故也意味着最终需以此权利作为裁判所裁判上的规范来予以适用。亦即，原本赋予专利权是一种用来获得效率性的手段，但却必须在个别的诉讼中，将其演绎成诉讼当事人间的权利义务关系。

（二）有关如何订立规范的理论

承上所述，效率性的达成原本就有一个界限，尤其当法制度必须还原到双方当事人间的权利义务关系时，要实现效率性就越显困难。因此，不得不制定一个在个别的案例当中虽然无法得知是否真的达到效率性的实现，但若以某一个基准来判断，总体来看应可达成一定效率性的基准。在前述 Burk 和 Lemley 的论文当中⑧，就介绍了五种制定此种粗略规范的理论。

---

⑥ 同时参见 "Report of the President's Commission on the Patent System"，重刊于 Robert P. Merges, Peter S. Menell & Mark A. Lemley, *Intellectual Property in the New Technological Age* 17 (4th ed., Aspen, 2006).（在此篇报告中，关于专利制度的功能，除了本文中所提到的 3 个功能之外，尚提出了专利制度具有向国际间推进产品、服务与技术信息交易的功能。）

⑦ Nari Lee, *Toward a Pluralistic Theory on Efficacious Patent Institution*，http://escholarship.org/uc/item/7k8300g3.（最后浏览日期：2009 年 11 月 9 日）

⑧ 参见注释⑤，Burk & Lemley 论文。

1. 前景理论（Prospect Theory）

前景理论是由 Edmund W. Kitch [9] 所提倡。此理论特别强调：作为专利制度的目的之一，除了避免对同一发明的寻租行为，同时必须对于相关发明的投资给予激励。亦即，此理论将焦点着重于上述专利制度所具备的三个功能中的后两者。基于前景理论，早期赋予专利权是较为有利的。

2. 竞争创新理论（Competitive Innovation Theory）

竞争创新理论由 Kenneth J. Arrow [10] 所倡导，此理论与前景理论的见解正好完全相反。为了方便理解，笔者按照 Burk 和 Lemley 对此理论作出的摘要来加以说明（不过要留意此与 Arrow 实际所提倡的内容略有不同）。按照 Burk 和 Lemley 对此理论的解说，专利权所赋予的独占地位，反倒容易使企业松懈进而阻碍了科技的创新。故与其如此，倒不如不要赋予专利权而是让企业摊在竞争的阳光之下，反而可使得技术的创新得以向前迈进。

3. 累积创新理论（Cumulative Innovation Theory）

累积创新理论由 Robert P. Merges 与 Richard R. Nelson [11] 所提出。该理论主张有必要同时对基础发明与改良发明给予激励。原因在于仅有单独之发明，并不能使技术创新。基础发明与改良发明皆获得专利的结果，会使得双方的专利产生互相阻挡对方专利被实施的作用。虽然这一种相互阻挡作用看似阻碍了创新，Merges 和 Nelson 却认为，同时赋予基础发明与改良发明专利所产生的阻挡作用只是一个游戏规则的基本设定。当事人间为了避免自己的专利实施被对方的专利权所阻挡，势必会与对方签订契约，因此这样的阻挡作用在促进当事人间的谈判交涉上是具有其存在意义的。

4. 反共有地理论（Anti-Commons Theory）

最近经常被学者引用的反共有地理论，是由 Michael A. Heller 与 Rebecca S. Eisenberg [12] 所提出。此理论来自于对所有权的演变与发展所进行的议论，探讨如何避免对于有限资源的滥用或过少使用。所谓共有地的悲剧指的

---

[9]　Edmund W. Kitch, "The Nature and Function of the Patent System", 20 *J. L. & Econ.* 265 (1977).

[10]　Kenneth J. Arrow, *Economic Welfare and the Allocation of Resources for Innovation*, in The Rate and Direction of Inventive Activity (Richard R. Nelson ed., 1962).

[11]　Robert P. Merges & Richard R. Nelson, "*On the Complex Economics of Patent Scope*", 90 Colum. L. Rev. 839 (1990).

[12]　参见注释①，Heller & Eisenberg 论文。

是：譬如牧草地等任谁都可以使用的共有地，由于滥垦或滥捕之结果，最后造成了土地的荒废；相反的，反共有地理论是指过多的权利存在反而会阻挠利用。此理论原本是针对生物技术领域所提出，因为在生物技术领域当中，存在着许多片断的专利，例如基因断片，这样的专利过多反而会导致创新停滞而带来弊端。

5. 专利丛林理论（Patent Thickets Problem）

最后要提到的是专利丛林理论，此一理论是由 Carl Shapiro[13] 所提倡。该理论与上述反共有地理论非常类似，故为使其与反共有地理论有所区隔而具有独立意义，笔者仿效 Burk 和 Lemley，以较狭义的定义来说明此一理论。亦即，与其说是专利权的数量过多衍生出问题，倒不如说是由于权利的保护范围过于广泛、错综复杂，因而带来弊端。为解决反共有地的问题，有必要减少所赋予的权利的数量；但在专利丛林理论之下，要解决专利丛林的问题，只需要缩小其保护范围即可。

（三）　政策杠杆理论（**Policy Levers Theory**）——依照不同领域制定不同的规范

承上，目前学界中关于如何制定一套完善的专利政策出现了上述几种不同的理论，特别是有些理论相互排斥产生了争论因而造成学理上的混乱现象。唯最近 Burk 和 Lemley 在其论文中提出政策杠杆理论，认为有关上述五种基准应该分别适用于不同的技术领域。[14] 首先，他们主张前景理论应适用于医药产业，理由在于因取得专利所被期待的利润相当庞大，故寻租的风险性相当高。此外，取得专利后的制品化过程中，由于临床实验需要相当庞大的投资，而关于医药品类别，通常一个专利可以涵盖一个制品的情况很多，故早期赋予专利亦没有太大的弊害，这也是为何主张早期赋予专利的前景理论适用于医药产业的原因。

Burk 和 Lemley 进一步指出竞争创新理论适用于商业方法领域。在美国

---

[13]　Carl Shapiro, "Navigating the Patent Thicket: Cross Licenses, Patent Pools and Standard Setting", in *Innovation Policy and the Economy*, Vol. 1, 119 (Adam Jaffee, Josh Lerner & Scott Stern eds., 2001).

[14]　参见注释⑤, Burk & Lemley. 同时参见 Dan L. Burk & Mark A. Lemley, The Patent Crisis and How the Courts Can Solve It (2009). （此篇论文为回应对于原论文的批判，更进一步发展了其所提倡的理论）

发生的著名案件 State Street Bank & Trust Co. v. Signature Financial Group, Inc.⑮ 出现以前，即使在美国也并不认为商业方法可以取得专利。亦即，尽管在没有专利权激励的情况下，各式各样的商业方法亦得已被开发，故赋予其专利的必要性很低。

至于累积创新理论，Burk 和 Lemley 认为此理论适用于软件产业。非但如此，以日本为例，累积创新理论亦可以适用在日本的电机产业。虽然电机产业中存在许多的专利，但由于日本国内主要企业之间的同质性很高，故并不会有唯恐报复而滥用专利权的情形。适用累积创新理论之结果，可以促进授权谈判的进行，使得交叉许可授权契约得以被缔结。

按照 Burk 和 Lemley 的理论，反共有地理论适用于生物技术产业（在本文的下一节中将有对此更进一步的说明）；而专利丛林理论所提出的问题，则适用于半导体产业上。

二、重新检视制定专利政策之理论

承上所述，Burk 和 Lemley 的论文提倡创新的结构关系应该为：因应不同的产业类别来运用适合的专利制度。该论文更具启发性意义的地方在于：其探讨了针对何种领域应适用何种基准，而这一种对应关系到底应该由立法来做选择，还是应由司法来做选择。Burk 和 Lemley 在结论中以较耐于游说为由，认为应该期待以司法而非立法来作出选择。

专利法采用针对满足专利要件的一定发明所进行的利用行为，去划定一地设定禁止权这样的架构。但在专利法当中，对于发明的主题（subject matter）、产业上利用的可能性（utility）、非显而易见性（unobviousness）等的专利要件，或是对于专利申请范围的解释、等同理论等这些有关专利权保护范围的设定，并未以立法的方式来明白地制定其规范。即便有一些规定，也只不过是揭示了运用专利制度时所需要的具体化标准。也因此专利局或裁判所仍保有裁量的空间，以此为依据按照不同的领域去运用不同的专利制度。Burk 和 Lemley 即强调此时裁判所所应扮演的角色的重要性。

正如 Peter Drahos 教授所指出，知识产权与针对有体物的利用所设定的

---

⑮　149 F. 3d 1368 (Fed. Cir. 1998).

所有权并不相同，其并没有物理性的限制等概念上的制约，对于权利的扩张，缺乏一种类似煞车阀的机制。普遍的扩散于四处的多数人的利益因较不易组织，相对的较易组织的少数人的利益，就如同尖塔状地集中在一起，而比较容易在政治的决策过程当中被反映出来。因此，随着经济社会的扩大，可以制约他人行动自由的特权价值，不仅是在国内，其已跨越过国境无边界地蔓延扩大。也因此作为一种合理性选择，多国籍企业都以知识产权的国内外强化为目标，其结果造成了知识产权超过社会原本所需要的程度而被过大强化的现象。⑯

由此可知，关于知识产权法，特别需要一套能够强力抗衡政治压力的制度框架，故 Burk 和 Lemley 将法制度的运作与政治过程有关的议论相结合的论点是极具启发性意义的。

（一）灵活运用专利局

然而，对于 Burk 和 Lemley 所强调的裁判所所具有的功能，也并不是完全没有疑问。裁判所在技术专门性、技术动向或经济动向等的探索能力上存在其能力上的界限。⑰ 特别是在生物技术这种新类型的技术产业领域，不应马上委由裁判所来制定产业上利用可能性等的判断基准；而是应该期待由专利局洞察业界的动向后，找到最佳的判断基准点才是。况且审查基准的制定此种属于专利局内部的作业，相较于立法过程，是属距离政治舞台较远，较具专门性的领域。其不易被媒体所披露，故与选票的连接性小，较不易受国会议员的施压。当然不可否认的，相较于裁判所，专利局在政策形成阶段中可能较容易存在利益偏差。但是在生物技术领域，大制药公司利用创投企业所研发的技术，尔后再由后发的制药厂利用大制药公司所研发的技术来进行商品化，此种构造关系可以说已经一般化。故在政策形成过程中最具影响力的部分，无论是在强化专利权或是在弱化专利权的方面，作为一个大方向来看，在此领域都难以起到太大的作用。

有鉴于此，裁判所在检视政策形成过程当中是否存有利益偏差，冀图实

---

⑯　Peter Drahos, *A Philosophy of Intellectual Property*, 135-140, 145-161 (1996).

⑰　R. Polk Wagner, "Of Patents and Path Dependency: A Comment on Burk and Lemley", 18 *Berkley Tech. L. J.* 1341, 1359 (2003); R. Polk Wagner, "Exactly Backwards: Exceptionalism and the Federal Circuit", 54 *Case W. Res.* 749, 756 (2004).

现程序上的统御时，假设专利局所制定的审查基准是经由深思熟虑后所形成的判断，并不存在程序上的问题时，基本上裁判所应予以尊重才是。

（二）灵活运用市场

无论是专利局还是裁判所，在制定某一规范之际，都应考量个别产业所特有的创新结构。例如，生物技术产业，特别在基因制药的过程中，大致来说可分为以下两个阶段：调查致病的原因乃至制药目标基因，或是借由筛检的方法去探索目标基因，并进一步发现阻碍蛋白质活性的引导化合物的基础研究阶段；以及通过临床试验阶段确认所探索到的引导化合物的有效性及安全性后，进而发展到医药品的开发阶段。

前者的基础研究主要为创投企业（上游领域）所担任，尔后再由大型制药公司（下游领域）获取基础研究所得到的制药信息成果之后去进行具体的医药品开发。此种分工模式已经被大众所广为知晓。[18] 究竟是由于风险负担的不同，或是由于知识集约型与投资集约型的研究体质的差异造成此种分工体制之确立；抑或是由于以大学为基础研究的基地来开发技术这一个因素较为强大[19]，使得创投企业作为大学与大型制药公司的媒介，的确有其存在的意义。[20] 探究此种分工体制之所以确立的原因本身也是一个研究课题[21]，但在本文中暂不予以追究。更重要的是，如此的分业模式是市场自然运作中所生的智慧。而以此相对，专利制度不过是人为创造出来的制度罢了，绝不可以本末倒置，使专利制度成为枷锁，破坏市场自然形成的分业模式才是。[22]

基因制药相关发明的情形

上游领域（创投企业） 特定标的基因 →筛检引导化合物	下游领域（大型制药公司） 确认有效性·安全性的临床实验 →开发具体的医药品

---

⑱ Hatushi Shimizu, "Invigoration of Drug Discovery Industry and Intellectual Property", 23 *Annual of Industrial Property Law* 144-149（1999）.

⑲ 参见注释⑪，Merges & Nelson 论文第 883 页。

⑳ Rebecca S. Eisenberg, "Bargaining Over the Transfer of Proprietary Research Tools: Is This Market Failing or Emerging", in *Expanding The Boundaries Of Intellectual Property: Innovation Policy For the Knowledge Society*, Oxford Univ. Press: 223, at 227（Rochelle Dreyfuss et al. eds. , 2001）.

㉑ Arti K. Rai, "Fostering Cumulative Innovation in the Biopharmaceutical Industry: The Role of Patents and Antitrust", 16 *Berkeley Tech. L. J.* 813, 828-838（2001）.

㉒ 参见注释⑱，第 148 页。

此时若采用以下这种制度——上游领域所得到的制药信息因尚未具体化故否定其可专利性，必须等待下游领域开发出药品后才可赋予专利——会出现什么样的问题呢？

在这种情况下，等待下游领域取得专利后再回馈上游领域也未尝不可。因为上游领域把制药信息提供给下游领域时，可以在契约中明定下游领域利用该信息而获取专利时，必须回馈一定利润的义务。更进一步，彼此可以缔结保密契约，彻底保密使信息不要外流。此际，知识产权法中的商业秘密保护法制即可以支援此种商业秘密的管理。

只是，以如此形式来进行利益回流，上游领域通常伴随着相当大的风险。因为与其签约的下游领域制药公司是否能取得专利尚在未定之数。即便创投企业本身比其他竞争对手早先一步成功取得制药信息，但基于相同的制药信息进行医药品开发而率先成功的是契约当事人以外的企业时，则该创投企业便无法因专利而享受到利益。假设为了防止此种情形，创投企业在提供制药信息时，要求无论是否获得专利都必须支付高额的权利金的话，大制药厂可能会转而与其他创投企业签约。若能否获取专利的利益必须仰赖自己难以掌控的交易对手，那么创投企业对于投资在制药信息的研发上为之却步的局面可能就会增加。如此一来，专利制度就无法为开发制药信息提供适当的诱因。而为了解决这个问题，若造成属于上游领域的企业与下游领域的企业进行合并等的垂直统合现象，则由市场所自然产生的上下游分业体制将有崩解的危机。

与此相对，若采用——上游领域的制药信息已具体到足以提供给外部时即承认该信息的可专利性——的这种制度，上游领域的创投企业就可以比其他竞争对手早一步针对其研发的制药信息申请专利。如此，不管下游领域的哪一家制药公司率先成功地开发出医药品，由于上游领域握有专利，就能从中获得利益。固然，上游领域仍需负担基于其制药信息并不一定能成功地开发出医药品的风险，但可以免除必须仰赖交易对方的努力这种自己所无法掌控的风险。

在上述的分业体制已经一般化的前提下，制药信息若已经具体到可以由上游领域与下游领域交易的程度时，通常即应予以专利。㉓ 不可讳言，按照

㉓ 参见注释⑮，Rai 第 823～824 页和第 828～831 页。

个别的交易来变更可专利性的法制度明显欠缺可预见性，故应该予以类型化以决定其分界线。然笔者认为在日本法之下，若制药信息已达到具体化的程度时，即可解释其已经具备产业上的利用可能性。

当然，在此种情况下，也应给予下游领域适切的诱因。假设上游领域的专利为基础专利时，可以促使下游领域取得利用专利。如此一来，上游领域所取得的为基础专利，下游领域则取得改良专利，可以期待对于个别的领域给予发明适切的诱因。专利分属于上下游领域两方，通过灵活运用双方的谈判交涉与裁定实施权制度，可以达到技术的利用（即累积创新理论）。[24] 不过同时需留意，因专利的数量过多而产生反共有地现象时，市场恐将无法发挥功能。针对此种事态，应可考虑在专利局甚至是在裁判所作出判断时，以提高非显而易见性要件的门槛以减少专利数量的这种对策。

（三）灵活运用司法

有关基因制药方面，不仅是与基因等目标分子这些与制药直接有利的信息相关联，同时也与探索这种信息的筛检方法，亦即 Research Tool 类型的专利息息相关。这种具有多用途的专利权，权利人方面即使与特定的相对人针对使用许可的谈判交涉进行得不顺利，找到其他被授权人的可能性仍然相当高，所以对权利人来说可以采取高度强硬的态度来进行交涉。而此种 Research Tool 类型的专利权人往往是创投企业，其本身不能自行行使权利的情事，也是造成权利人态度强硬的原因。相对的在制药公司方面，在其进行临床实验等的相关特殊投资时，为了回收沉没成本，即使是面对相当高额的使用许可费也不得不支付（亦即专利强盗的问题）。反之，权利人方面也可以在相对人已经对相关特殊投资进行相当程度的投注后来采取战略性的行动（亦即专利怪兽的问题）。即使诉讼最终的结果是被判定非侵权，但考量到败诉时所伴随的庞大风险，往往可能导致相对人以支付高额的权利金来达成和解。

当然，为了赋予发明适当的诱因，虽然没有理由因为其属于 Research Tool 形态的发明就否定其专利权保护；但在另一方面，上述所提到的地位非

---

[24] 参见注释⑥，Merges & Nelson 第 909~916 页；Robert Merges, "Intellectual Property Rights and Bargaining Breakdown: The Case of Blocking Patents", 62 *Tenn. L. Rev.* 75, 91-99（1994）；Mark A. Lemley, "The Economics of Improvement in Intellectual Property Law", 75 *Tex. L. Rev.* 989, 1061-1065, 1068-1071（1997）.

对称性的问题，亦显示出市场失败的高度可能性。重点在于，只要是属于权利人事后行使权利的形态，与其期待专利局的事前审查，倒不如交由裁判所以事后调整的方式来解决才是较能达到效果的对策。具体而言，虽然可以容认损害赔偿请求权，但应采取否定侵害停止请求权的处理方式。[25] 即便是灵活运用专利局的功能，也要以裁定授权许可的方式而非审查专利要件的方式来寻求解决。

三、结 论

反共有地的问题在生物技术领域被非难的原因，是由于美国专利商标局在专利申请人尚未确定其发明对产业的实际效用为何之前，即针对 ESTs 断片以及 cDNA 授予专利。此一问题在经世界三大主要专利局，亦即日本专利局、欧洲专利局以及美国专利商标局三边理事会的劝导下，否定这种过早的专利取得已成为现在审查实务的趋势。笔者认为至少在日本，目前产业界主要关心的焦点，已从对于尚未确认产业功效前即授予基因断片专利所应采取的对策，转移到该如何去因应基于多用途的研究工具所进行的专利怪兽行为的问题上。本文在厘清此一现象的原委的基础之上，尝试提出一个通过市场、立法、行政、司法的多元作用分担，以达到实现一个较为理想的专利政策的可能性。最后笔者欲强调：在知识产权法中，"要决定什么"这个实体问题固然重要，但在某些情况下，"由谁来决定"这个程序上的问题则更显关键。[26]

---

[25] 美国专利法相关判决中，著名的 eBay Inc. v. MercExchange, L. L. C., 547 U. S. 388（2006）判决即认定：即便专利的侵权行为被肯定，也并不因此自动承认其侵害停止请求权（injunction）。在日本法之下，并没有像美国一样的——若损害赔偿（damages）的救济不够充分时，基于衡平（equity）法理可以认同侵害停止请求权——这种法理基础，而是采取了自始就存在的排他权若被侵害，即会发生损害赔偿的这种法理。故对于美国所运用的柔软处理方式有着根深蒂固的排斥感。唯笔者认为：若专利权只是为了产业发展所制订出的具有道具主义性质的权利，那么为了实现整体制度的目的，排他权的原则也应该有必须让步的局面。

[26] 参见 Yoshiyuki Tamura, "A Theory of the Law and Policy of Intellectual Property: Building a New Framework", *NORDIC J. COM. L.*, No. 1 (2009) (Nari Lee 翻译), http://www.njcl.utu.fi/1_2009/article1.pdf（最后浏览日期：2009 年 11 月 9 日），以及 Yoshiyuki Tamura, "Rethinking of Copyright Institution for the Digital Age", *WIPO J.*, No. 1 (2009).

著作权间接侵害

李扬　许清　译

一、问题的提出

首先说明一下著作权间接侵害讨论的究竟是什么样的问题。

著作权法规定构成著作权侵害行为（笔者将之称为法定利用行为）的特征在于，采取了详细列举的方式进行规定，和专利法相比，更加细致。具体来讲，《著作权法》第 21 条到第 28 条，详细规定了著作权人的复制、上演、公众传播等专有权利。《著作权法》第 113 条第 1 款则将进口、发行盗版等行为规定为视为侵害著作权的行为。

然而，著作权法虽然作出了如此详细的规定，却没有像专利法一样，将特许权间接侵害一样的行为置于著作权人排他权利的范围之内。也就是说，《著作权法》第 113 条第 1 款规定的视为侵害著作权的行为，控制的基本上都是盗版作成后在流通过程中发生的行为，而对于为制作盗版提供准备的装置的行为、预备的行为，该条并没有差止请求权和损害赔偿请求权方面的特别规定。此外，《著作权法》第 119 条第 2 款第 2 项、第 120 条之 2 第 1 项和第 2 项规定了侵害著作权的刑事责任，第 30 条第 2 款、第 104 条之 2 到第 104 条之 6 针对的是数字化复制机器的购买者而不是提供者，规定了私人录音录像补偿金请求权特别制度。

既然著作权法没有规定著作权间接侵害，当然就会有人认为专利法上一样的间接侵害行为不在著作权人排他权范围内。

但是，现实中却出现了各种各样鼓励、促进直接利用著作权的行为并从中获益者，对于这些直接利用著作权行为的参与者，究竟应该根据什么法理追究其侵害责任，就是著作权间接侵害所要讨论的问题。

二、相关法理概述

总体上看，对于著作权间接侵害行为，可以用来追究其侵害责任的方法有如下几个。

1. 追究民法上的共同侵权行为责任的方法

一个就是追究间接侵害行为者民法上的共同侵权责任。最高裁判所判决的"晚吧 G7 案"（平成 13.3.2 民集 55 卷 2 号第 185 页）就是采用这个方法的典型案例。在这个案件中，最高裁判所判决，向卡拉 OK 店铺出租卡拉 OK 装置的出租业者和卡拉 OK 店铺一起构成共同侵害著作权的行为。这个案例的详细情况将在后文进行讨论。

共同侵权法理的优点在于，追究间接侵害者的损害赔偿责任从法律构成上看没有任何问题。民法学界对于《民法典》第 719 条、第 709 条的条文根据和法理有着各种讨论，无论是根据《民法典》第 719 条还是第 709 条的规定，追究著作权直接侵害行为教唆者、帮助者的损害赔偿责任不会有任何不同意见。但是，从是优点还是缺点的角度来看，该法理对著作权人来说将成为一个缺点，即除了后述大阪地方裁判所的两个判决之外，一般的裁判例认为，根据《民法典》第 709 条的规定，难以追究教唆、帮助者的差止责任。

另一个重要的问题是，由于共同侵权行为的成立必须以直接利用行为构成侵权行为为前提要件，这样一来，能否追究教唆者、帮助者的责任就会成为一个问题。比如，直接利用者的行为属于著作权法所规定的为了私人目的的复制和非营利性上映等著作权限制范围内的行为时，直接利用者的行为就不会构成侵权行为。这样一来，共同侵权行为也就不成立。从权利人的立场来看，这当然也会成为一个缺点。

2. 视为直接利用行为主体的方法

这个法理是为了克服上述共同侵权法理对于权利人来说存在的两个缺点而出现的法理。与共同侵权行为法理不同，这个法理的特征在于，虽然从物理上看属于著作权间接利用者，但将其行为视为直接利用著作权的行为。

被冠以卡拉 OK 法理之名的这个法理，就像众所周知的那样，是最高裁判所通过"猫眼石俱乐部"终审一案的终审判决（最高裁判所昭和 63.3.15

民集 42 卷 3 号第 199 页）加以确立的。在刚才所讲的最高裁判所终审判决的"晚吧 G7 案"中，追究出租卡拉 OK 装置出租业者责任的前提是，卡拉 OK 店铺的行为构成违法行为。而在"猫眼石俱乐部"案件中，在具备管理性乃至支配性和利益性两个要件的情况下，即使物理上没有实际演奏卡拉 OK 作品，顾客的演唱也视为店铺的演唱，因而卡拉 OK 店铺被视为从事了演奏行为。

卡拉 OK 法理的特征之一在于，在满足上述两个要件的前提下，即使物理上没有直接利用他人著作权的人，从法律的角度进行评价，也可以视为《著作权法》第 21 至 28 条规定的著作权直接利用行为主体，并据此基于《著作权法》第 112 条的规定允许著作权人行使差止请求权。这一点与共同侵权法理相比，对于权利人来说是一个优点。

卡拉 OK 法理的第二个特征是，由于将物理上没有利用著作权的行为评价为直接利用著作权的行为，因而与共同侵权法理不同的是，即使直接利用者的行为不构成著作权侵权行为，也可以认定间接行为构成著作权侵害行为。

比如，以卡拉 OK 案件为例，该案中顾客的歌唱行为本身由于没有营利目的也没有收取报酬，因而不构成《著作权法》第 38 条第 1 款规定的演奏权侵害行为。（顺便要说一下的是，卡拉 OK 店铺播放卡拉 OK 磁带的行为，根据 1999 年之前的旧《著作权法》附则第 14 条的规定，属于著作权控制范围外的行为，之所以如此规定，是因为在制定著作权法施行令附则第 3 条的时候，考虑到卡拉 OK 店铺还没有普及，除了少数看法外，绝大多数人认为播放合法购买的磁带不构成著作权侵权的特殊情况）。如此一来，如果根据共同侵权法理追究卡拉 OK 店铺共同侵权行为人责任的话，由于不存在直接侵权行为，不要说差止请求，即使是损害赔偿，由于共同违法行为不存在，著作权人也没有办法请求。与此不同的是，卡拉 OK 法理不是将顾客而是将从事营利活动的卡拉 OK 店铺视为演奏行为主体，因而具有了将合法行为转化为违法行为的重要功能。当然，这是从其具有的优缺点的角度对卡拉 OK 法理进行的评价。在讨论著作权间接侵害的时候，由于著作权人注重的往往是能否行使差止请求权，卡拉 OK 法理的第二个特征影响到侵权行为是否成立，因而非常重要。

这么说来，卡拉 OK 法理是否就是战无不胜的呢？其实并非如此，即使将卡拉 OK 店铺视为直接利用行为者，道理上还是存在管理支配要件适用范围的界限问题。顾客的歌唱行为本身虽然勉勉强强可以评价为卡拉 OK 店铺的歌唱行为，但认为卡拉 OK 出租业者也从事了歌唱行为，从界限上看，则是有些为难的事情。最近，虽然已经出现了突破卡拉 OK 判决界限的判决，比如后面要讲的大阪高等裁判所对"選撮見録案"二审（平成 19.6.14 平成 17（ネ）3258）所作出的判决，但这样的判决并没有成为主流。

3. 对共同侵权行为按照《著作权法》第 112 条允许著作权人行使差止请求权的方法

另一方面，就像前面已经提到过的，大阪地方裁判所以共同侵权为前提，即以行为人并非直接利用著作权的行为人为前提，在"ヒットワン"和"選撮見録案"两个案件中，通过解释《著作权法》第 112 条，也支持了著作权人的差止请求。这两个案件将在后面详细介绍。

的确，从《著作权法》第 112 条来看，仅仅规定对于侵害著作权者或者有侵害之虞者，著作权人有权行使差止请求权，而并没有明确写明只有从事了《著作权法》第 21 至 28 条、第 113 条规定行为的行为人才是这里所说的侵害者。大阪地方裁判所两个判决所采用的方法，就是以此为基点解释著作权法的趣旨，从而允许著作权人行使差止请求权的方法。这种方法是所有权人排他权的体现，是许多民法学者一贯提倡的方法。笔者也认为，对必然引起著作权侵害行为的装置提供行为，应当允许著作权人行使差止请求权。但是，不管学说上如何主张，这种方法在裁判实务上并没有占据主流，这是这种方法的最大缺陷。比如，东京地方裁判所就明确否定了此种方法（东京地方裁判所平成 16.3.11 判时 1893 号第 131 页），大阪高等裁判所也回到了采用卡拉 OK 法理的老路上（平成 19.6.14 平成 17（ネ）3258 選撮見録案二审）。

而且从是优点还是缺点的角度看，至少对于著作权人来说，对共同侵权行为按照《著作权法》第 112 条的规定允许著作权人行使差止请求权的方法会成为一个缺点，倒不是能不能行使差止请求权的问题，而是伴随共同侵权行为法律构成所必然产生的一个问题。也就是说，在直接利用著作权者的行为属于著作权法规定的著作权限制范围内的合法行为时，由于不存在侵权行为，因而共同侵权行为也就不成立，著作权人也就无法行使差止请求权。从笔者等主张的防止不适当扩大差止请求范围的角度看，这个法理而不是卡拉 OK 法理，虽具有优点，但至少对于权利人来说，在有些情况下，还是不得不依赖卡拉 OK 法理。

4. 其他问题

与著作权间接侵害相关的问题，还有网络服务提供者的责任问题，这个问题已经存在网络服务提供者责任限制法等法律规定，需要通过其他途径加以考虑，由于篇幅的关系，本文不加讨论。关于裁判例和网络服务提供者责任限制法之间的关系，有兴趣的读者可以参见拙文《围绕搜索地址的著作权问题——帮助侵害、间接侵害、合理使用、引用等》载《知识产权法政策学研究》第 17 期第 95～99 页、第 119～122 页（2007 年）；《互联网上的著作权侵害和网络服务提供者的责任》载《ジュリスト》第 1171 号、第 69～76 页（2000 年）。

三、裁判例的介绍

1. 对直接利用者的行为进行人为支配乃至管理者的责任

下面介绍判例。首先从解说卡拉 OK 法理说起。

卡拉 OK 法理原本是为了规范对直接利用行为者的行为进行人为支配乃至管理者的责任而出现的法理。只是，正如后面所要谈到的，以 file rogue 案件为转折点，对于新出现的各种各样的商业模式，卡拉 OK 法理被转用甚至被变通使用，更有甚者，最近出现了同卡拉 OK 法理"诀别"的判例。近期的这种变化后面会介绍到，首先要确认一下最基本的主战场在哪里。典型的案例仍然是最高裁判所昭和 63.3.15 民集第 42 卷 3 号第 199 页的"猫眼石俱乐部案"。

最高裁判所的"猫眼石俱乐部案"是指，在上述情况下能否把客人的歌唱行为看做卡拉 OK 店铺的歌唱行为这一存在争议的案件，判决认为其侵犯了演奏权。判决进行了如下的阐述：虽然实际上女招待也唱歌了，但很明显客人或女招待等人的歌唱是以让公众及其他的客人直接听到为目的的。即使只有客人在唱歌，客人也不是和原告毫无关系的在唱歌，客人在服务员的劝诱下，并在准备好的卡拉 OK 磁带的范围内选择曲目，通过服务员操纵设置好的卡拉 OK 装置唱歌，据此可以认为客人是在店铺的管理下唱歌。另一方面，卡拉 OK 店铺把客人的唱歌行为作为营业政策的一个手段，以此酿造出一种卡拉 OK 店的氛围，以招揽喜欢这种氛围的客人，其目的在于扩大营业额。所以，上述客人的唱歌行为从著作权法规范的角度看就是店铺在唱歌。

根据调查官的解释，虽然最高裁判所的判决实际上是一个事例判决（参照水野武 判解《最高裁判所判例解说民事篇 昭和 63 年》（1990 年法曹会）第 165～166 页），但情况并不仅仅是这样，倒不如理解为确立了后者管理前者并从中受益这两个要件，即能够将直接歌唱著作物的歌唱者的歌唱行为视为其他人的歌唱行为的要件。

这两个要件，在之后的和卡拉 OK 相关的案件中被沿袭使用。出现了很多判决，如高松地方裁判所平成 3.1.29 判夕 753 号第 217 页的"まはらじゃ"判决、大阪地方裁判所平成 6.3.17 知裁集 29 卷 1 号第 230 页参照"魅留来"判决、大阪高等裁判所平成 9.2.27 知裁集 29 卷 1 号第 213 页的"同二审"、大阪地方裁判所平成 6.4.12 判时 1496 号第 38 页的"大阪卡拉 OK 店的刑事案件"、东京高等裁判所平成 11.11.29 平成 11（ネ）2788"晚吧 G7 案"、最高裁判所平成 13.3.2 民集 55 卷 2 号第 185 页的"同上告审"。还有，在卡拉 OK 之外的案件中，也出现过将酒店中乐团的演奏行为看做是酒店营业者在演奏的判决等（前述高等裁判所的"猫眼石俱乐部二审案"之前的判例，比如名古屋高等裁判所昭和 35.4.27 最新著作权关系判例集 I 第 443 页的"中部观光即时抗告审"判决、大阪地方裁判所昭和 42.8.21 最新著作权关系判例集 I 第 450 页的"ナニワ观光"判决、大阪高等裁判所昭和 45.4.30 无体集 2 卷 1 号第 252 页的"同二审"判决）与在卡拉 OK 法理指导之下追究音乐公演的策划者（东京地方裁判所昭和 54.8.31 无体集 11 卷 2 号第 439 页的"ビートル・フィーバー"判决）和芭蕾舞公演的主办者责任的判决。

关于卡拉 OK 法理的意义正如前面所介绍到的，表现在三个方面。第一，肯定著作权人的差止请求权。第二，在直接利用行为属于著作权限制性规定范围内的行为时，也可以认定其行为构成侵权，这一点从著作权人的角度来看是一个有利点。第三，适用范围还是有限，这是不利因素。

此外，有人指出，在卡拉 OK 法理要求的管理要件和利益要件之中，利益性要件非常成问题。此种观点认为，即使没有得到具体利益但如果由于管理着侵害行为且能够对其加以制止的话，就应该制止它。（田村善之《著作权法概说》第二版 2001 年 有斐阁第 178 页）。特别是在互联网中，即使没有营利目的也有可能诱发大规模的侵害行为，并给著作权人造成严重损害，此时仅仅具备管理要件就足够了。

　　或许是受到了上述批判的影响，相关判例中的利益要件就相对缓和了。比如，在后面马上就要讲到的转用卡拉 OK 法理的相关判例中，即使服务本身是无偿的，但如果从获得利用该服务不可欠缺的计算机软件相关网站上获得广告收入的话，利益性要件就得以满足了。这类判例有东京地方裁判所平成 15.1.29 判时 1780 号第 25 页的 "file rogue 著作权假处分" 判决、东京地方裁判所平成 15.1.29 判时 1810 号第 29 页的 "同中间判决"、东京地方裁判所平成 15.12.17 判时 1845 号第 36 页的 "同终局判决"。在与卡拉 OK 法理 "诀别" 的同时，还出现了不符合利益性要件的判例，如东京地方裁判所平成 19.5.25 平成 18（ワ）的 "MYUTA" 判决。关于复制主体是私人还是业者的问题，由于按照限制著作权的《著作权法》第 30 条第 1 款的规定，复制主体必须是私人，因而也有裁判所并没有采用卡拉 OK 法理，而是在比较衡量业者的管理、支配程度和利用者的管理、支配程度之后再认定了复制行为主体的判例（东京地决平成 16.10.7 判时 1895 号第 120 页的 "録画ネット" 判决。在要件论上采用这种框架的同时，将行为主体视为债务人时对债务人在维护管理的名目下获得利益的情况予以斟酌的判决，见东京地决平成 17.5. 31 平成 16（モ）15793 "同假处分异议"）。但是，在上诉审中，知识财产高等裁判所在肯定债务人对复制行为进行管理的同时，还认为债务人以收取维护费用的名义从使用者那里得到了利益，这在结构上又回到了卡拉 OK 法理的老路子上（知识财产高等裁判所平成 17.11.15 平成 17 年（ラ）10007 的 "同抗告审"）。

　　上述案件全部是肯定营利目的的，笔者认为虽然没有必要废除利益性要件，但在解释时，利益要件在很大程度上被相对化了。前面提到的 "猫眼石俱乐部案" 中，作为直接利用行为的客人是非营利的，如果连卡拉 OK 店也是非营利的话，按照《著作权法》第 38 条第 1 款的规定，卡拉 OK 店就可能不构成侵害，为了防止第 38 条第 1 款的适用，就要认定卡拉 OK 店是以营利为目的的，像这样对范围做些许限制性的理解也不是不可能的。

　　不管怎样，当初卡拉 OK 法理是用于确认和卡拉 OK 店、带舞厅的酒店或者公演的主办者、策划者等和直接利用行为者之间的关系及其人为指示而出现的法理，笔者的本意就是要以此为主战场。

　　2. 为直接利用行为提供物理上的利用手段的行为者的责任

　　（1）晚吧 G7 再审案

接下来是为直接利用行为提供物理上的利用手段的行为者的责任问题。这方面的代表性判例是前面提到的最高裁判所平成 13.3.2 民集 55 卷 2 号第 185 页的"晚吧 G7 案"。

在这个案件中，也出现了卡拉 OK 店私自演奏乐曲的问题，依据前面介绍的卡拉 OK 法理，显而易见这种行为本身是违法的。这个案件之所以有作为判例的意义在于，进一步地对提供卡拉 OK 装置的出租业者是否负有责任的问题进行了探讨。

依据本案的原告 JASRAC 的主张，卡拉 OK 店的使用许可合同的缔结率，在 1999 年 3 月是 60.4%，而本案中各个店铺所在的茨城县是 52%。即便如此，这也是 JASRAC 作出了相当努力之后的结果。在 1991 年案件开始的时候，原告可以预想的缔结率更低。

JASRAC 本想一个不漏地起诉这些卡拉 OK 店，但相当困难。在判例的事实认定中，那些用业内术语被称为卡拉 OK Gメン的职员，提出了他们不辞辛苦潜入卡拉 OK 店里，调查到的私自演奏次数的证据。

与卡拉 OK 店相比，卡拉 OK 装置出租业者的数量不是很多，如果控制了他们，或许能把这些为数众多的卡拉 OK 店一网打尽。另一方面，出租业者也有辩解，他们主张需要获得 JASRAC 的使用许可这点在签订租赁合同时就已经通过书面或口头形式提请卡拉 OK 店注意了，自己不应负有更多的责任。

东京高等裁判所平成 11.11.29 平成 11（ネ）2788 的"晚吧 G7 案"二审判决，认为卡拉 OK 的出租业者在得知卡拉 OK 店因为侵犯著作权而被禁止使用卡拉 OK 装置的假处分后，仍继续向卡拉 OK 店出租装置，对于这个责任予以了认定，但对于其之前的行为，由于不存在足以认为该卡拉 OK 店不签订使用许可合同的特别事项，所以否认其违反了注意义务。

但是，笔者认为这个结论应该改变，于是将该趣旨写成了判例评析。其要点是，既然难以逐一把握各个卡拉 OK 店的私自演奏行为，那么设法在那些数量较少的、容易被捕捉到的出租业者那里创造一个对价还流的机会，这种处理方式应该会更合理。而且，在当前约半数的卡拉 OK 店存在侵犯著作权行为的情况下，如果不确认其得到了使用许可的话，就意味着有一半的概率出租的相对方可能就是侵害者。事实上，出租的卡拉 OK 装置在大多数情况下，必然要和 JASRAC 所管理的乐曲的演奏相结合，虽然被要求负有这样的义务，但既然还存在着不演奏 JASRAC 管理乐曲的卡拉 OK 店，那么卡拉 OK 装置的"其他用途"也就不会萎缩。笔者认为，要求出租业者负有在租赁合同签订时确认有无使用许可这种程度的义务，这对于出租业者很难说是过重的负担。（田村善之《判批》NBL694 号（2000 年））。

而且前面提到的最高裁判所的"同案再审"判决也推翻了原判决。最高裁判所的判决认为，出租业者在交付出租装置的时候，有义务确认卡拉 OK 店铺是否和著作权人之间缔结了或者是否申请缔结了使用许可合同。

在此，最高裁判所列举了几个应当考虑到的情况。首先，出租业者在交付卡拉 OK 装置的时候，应当预计到该装置被用来使用 JASRAC 管理的著作物的可能性非常高，而且著作权侵害行为属于刑法规范的犯罪行为。也就是说，这种使用行为是一种有必要禁止的行为。其次，最高裁判所认为，出租业者通过出租侵权可能性非常高的装置获得了利益，只要不能确认卡拉 OK 店铺与权利人缔结或者申请缔结了著作权使用许可合同，就应当预见到侵权发生的可能性，在出租业者很容易确认的情况下，出租业者就应当考虑采取措施避免著作权侵害。如前所述，最高裁判所的判决结论应当说是比较稳当的判决结论。

（2）"ヒットワン案"

然而，最高裁判所的"晚吧 G7 案"虽然确认卡拉 OK 装置出租业者负有确认卡拉 OK 店是否与权利人签订许可使用合同的义务，但仍然是请求损害赔偿的案件。虽说该判决是提示具体注意义务程度的非常重要的判决，但所用的法理本身也仅仅是共同侵权行为责任，因此并没有什么新奇的东西。但是，以此为契机出现了认可差止请求的判决。例如，大阪地方裁判所平成 15.2.13 判时 1842 号第 120 页的"ヒットワン"判决。

这个案件仍然是向卡拉 OK 店出租卡拉 OK 装置的出租业者的问题。在这个案件中，裁判所以"晚吧 G7 案"所提倡的注意义务为线索，命令卡拉 OK 装置出租业者采取措施，禁止未经许可演奏原告管理乐曲的卡拉 OK 店铺使用卡拉 OK 音乐数据。这是一个通信卡拉 OK 案件，卡拉 OK 出租业者在出租卡拉 OK 装置之后，还利用有线通信向卡拉 OK 店输送乐曲数据。该案中的被告只要一按按钮就能停止乐曲数据的传送，就能够阻止使用卡拉 OK 店铺中的装置演奏卡拉 OK 乐曲的行为，因此原告没有必要夸大其词地要求被告撤回卡拉 OK 装置。

裁判所认为，在帮助者的行为与侵害著作权的行为有密切关系的情况下，帮助者负有停止帮助行为的法理上的义务，而且在停止帮助行为就可以消除侵权行为的情况下，从事帮助行为者可以认定为侵权主体。以此为依据，按照《著作权法》第 112 条第 1 款的解释，裁判所采用了允许权利人对帮助行为人行使差止请求权的法理。所谓法理上的义务，是指最高裁判所在"晚吧 G7 案"中确立的义务。笔者认为这是一个相当难得的发展态势。原因在于最高裁判所在"晚吧 G7 案"的判决中，清楚地列举了各种各样的考量因素，甚至提到了被告应当确认卡拉 OK 店铺是否与权利人签订许可使用合同的义务，那样的话，笔者认为可以建立一种要求履行义务的体系构想。而且，如上所述，在向被告提出差止请求时，还应该考虑到作为本案被告的出租业者在举手投足之间就能够轻易地制止侵权行为的情况。

（3）"選撮見録案"（地方裁判所）

大阪地方裁判所平成 17.10.24 判时 1911 号第 65 页的"選撮見録案"判决也是应用类似法理的案件。该案中的被告销售一种录制装置系统，该系统面向居住在集体住宅的用户，在管理人办公室或是其他的共用部分放置一个服务器，集中接收、录制电视节目后（可保存一周的时间），应用户的要求（一台最多可达 50 户）面向集体住宅的用户传送。关西地区的放送事业者以著作邻接权中的复制权和传播可能化权受到侵害为由，对被告提出了差止请求。

第一个问题是，用户的行为是否属于私人复制范围内的行为。本案中的录制系统具有两种模式，一种是分别选择录像节目的个别预约模式，另一种是预约一周 5 个频道的全部节目的全局预约模式。但是，任何一个用户选择了全局预约模式的情况下，带有全部录像数据的节目就会被储存在每一个服务器中，这样就可以向每一个用户发送录制好的节目。即使不是全局预约，在用户重复预约的情况下，服务器内也只会保存一个数据，并能够向每一个用户发送录制好的节目。这样一来，在这个案件中，由于多个用户共用一个录像节目，因而不得不认为这不属于私人复制行为。

也有人批判这种观点。认为特别准备多台服务器给每一个用户都分配一台服务器和准备一台服务器再给每个用户提供一个目录的做法相比，本案的事业者所做的给全部用户提供一台服务器和一个目录的做法只不过是更加有效率。这样一来就出现了这样的争论——本案的事业者提供的服务，仅仅是通过集中多数私人复制而使私人复制变得更加有效率，该种复制本质上依旧是私人复制和私人传播行为。

但是，按照著作权法的原理，私人复制是没有效率而且非整齐划一的复制（即使如此也有可能造成著作权人相当大的损失），在著作权人和著作邻接权人所能够忍受的前提下，以私人自由优先的观点进行判断，也就可以自由进行私人复制。这样一来，行为越是有效率和整齐划一就越是背离私人复制行为的宗旨，相反，行为越是无效率就越容易接近私人复制。

第二个问题是，在这个案件中，实际上被起诉的不是公寓的管理人，而是将录制装置销售给公寓的销售业者。如果被起诉的是管理者的话，则使用对系统提供型转用卡拉OK法理的一连串裁判例中的理论，管理者非常容易被认定为直接行为主体，而如果起诉的不是管理者而是复制装置的销售者的话，能否追究销售者的差止责任就是一个问题。这一点在后面会谈到。

关于这个问题，大阪地方裁判所的做法是，将这种必然产生侵权结果但又难以排除、预防直接侵害的行为，视为直接侵犯著作邻接权的行为，将《著作权法》第112条第1款的规定类推解释为对直接侵害行为以外的行为也允许权利人行使差止请求权，在此基础上，对于必然和侵权行为相联系的行为，即使是帮助行为，也允许著作权人行使差止请求权。

裁判所明确认为，被告的行为不构成侵犯著作邻接权的行为，因此不能直接适用《著作权法》第112条第1款的规定，但还是通过类推解释支持了权利人的差止请求。与前面提到的大阪地方裁判所在"ヒットワン案"中直接适用《著作权法》第112条第1款的做法不同，在这个案件中，裁判所采用类推适用方法，表面上可能退了一步，但追究被告差止责任的结论并没有改变。

以上是由"晚吧G7案"引出差止请求权的两个判例。如上所述，姑且不论是否要提及第112条第1款的规定，笔者对上述两个判决的结论都是支持的，并且在"選撮見録案"一审中提出了个人的鉴定意见书。

（4）"選撮見録案"（高等裁判所）

但是，在这之前，东京地方裁判所并没有采取这种观点（东京地方裁判所平成16.3.11判时1893号第131页的"ファンブック罪に濡れたふたり"判决）。笔者认为，裁判官接受的观点也不一定就是正确的。（解释论支持否定学说，倡导必须在立法上解决。高部真规子《关于著作权的侵害主体》，载

《ジュリスト》第 1306 号，第 128～130 页（2006 年））。

在平成 19.6.14 平成 17（ネ）3258 "選撮見録案" 再审判决中，大阪高等裁判所也没有使用帮助侵权法理，而是采用卡拉 OK 法理支持了原告的差止请求权。下面介绍这个重要的判决。

卡拉 OK 法理原本是追究直接的、人为的管理乃至支配者责任的法理，但自后面要讲的 file rogue 案件之后，已经被转用到即使没有直接的、人为的管理乃至支配关系但通过系统或是装置之类的服务系统诱发了大量使用行为的案件中。在转用卡拉 OK 法理的系统提供型裁判例中，前面提到过的大阪高等裁判所的 "選撮見録案" 再审裁判，是至今为止将和直接利用作品行为最没有关系的行为认定为直接利用行为主体的案件。

该案的案情前面已经提到，其焦点问题在于，对向集体住宅销售 "選撮見録" 系统的销售业者能否行使差止请求权？该系统被放置在集体住宅管理人办公室的共用部分，可以集中接收、录制电视台的节目，并应用户的要求进行传送。

前面已经讲过，该案一审判决虽然没有认定被告是直接利用行为的主体，但基于对帮助侵权行为可以行使差止请求的少数派观点，支持了原告的差止请求。但是，大阪高等裁判所基于以下理由认定该系统的销售者属于直接利用行为的主体：销售者销售的装置在技术上决定乃至支配了每个用户的复制过程的同时，为了让用户购买后能够稳定地使用，还把该装置链接到网络上，通过远程控制进行着维护管理，并且在销售维护业务中获得了利益。

在理解本判决的适用范围方面，基于远程控制所进行的维护管理是非常重要的考虑要素。虽然被告的销售行为不能被理解为与直接利用者之间存在继续关系，但该判决是在装置销售前就将被告作为直接利用者予以把握的，从这点来看，该判决在较广泛的领域认定了利用行为的主体性，这是因为本案的特殊性在于被告并非将装置销售出去后就不管了，而是通过连接网络在装置出现故障后立即就能够知道，这一点就正好成为解决该案的关键，反言之，即对被告不利的关键点，因为适用范围就因此及于销售者了。这是限定在具有上述特殊性的非纯粹销售者的情况，但如果没有这样的特殊性要素的话，即使持有本判决的理由，恐怕在装置销售之后也很难再将销售者认定为利用行为的主体。

尽管有这样的限制，但本判决认定录像装置的销售业者是控制着装置购买者录像行为的行为主体，在这点上没有变化。但是，为了理解本判决的真实意思，仅仅这样的理由是不够的，需要看一下判决主文。从论理上来说，由于被告被视为录像行为主体，因而判决主文中有对录像行为实施差止的内容。但是，虽然主文判定了销售装置的被告不得进行录像，但事实上被告并没有在物理上进行录像，因此即使被告什么都不做也有可能遵守判决主文。

裁判所也认为，停止所有的录像行为是不可能的，因此其判决主文的差止对象并不针对录像行为本身，而仅仅针对录像装置的销售。按照判决主文的说法，被告不得销售附页目录所列商品以让同一集体住宅的入居者使用该商品对电视节目进行录音、录像。所谓"不得让同一集体住宅的入居者……录音、录像"，只不过是为了保持同卡拉OK法理之间的整合性而附加的语句罢了。具体来说，差止请求对象的行为，始终只是"附页目录所列商品"的"销售"。

本判决不过是对系统提供型转用卡拉OK法理的一连串判决中的一个，目的仍然在于，支持包含一审在内的大阪地方裁判所的两个判决，这两个判决都支持了原告对装置提供者的差止请求。如果采取原审的法律构成的话，由于会与东京地裁的判决发生冲突，因而上诉至最高裁判所时被受理的可能性较大。但是如果采取大阪高裁那样的理由的话，在法律构成上不是什么新东西，又存在着该法律构成是否适用该案情的问题，也许会被作为上诉理由不成立来处理。笔者不得不认为，在高裁进行判断的背后是存在这样的考虑的。正因为如此，本文才没有将该案判决放入系统提供型（下文将进行介绍的类型）中，而是与一连串大阪地裁的判决一样，作为直接利用行为的手段提供者的责任类型进行的解说。

3. 诱发作品利用行为的系统提供者的责任

下面介绍一下卡拉OK法理的转用情况。

（1）"ファイルローグ案"（file rogue案）

该案件最初的判决是，东京地决平成14.4.11判时1780号第25页的"ファイルローグ著作权假处分"判决和东京地判平成15.1.29判时1810号第29页的"同中间判决"（因同一服务引起著作邻接权侵害的东京地决平成14.4.29判时1780号第25页的"ファイルローグ著作邻接权假处分"判决和东京地判平成15.1.29平成14（ワ）4249的"同中间判决"也表达了相同趣旨）。

该案中存在争议的服务"file rogue"，简而言之就是美国 Napster 的日本版。具体而言，就是以 MP3 文件以及用于好友间文件交换的 P2P 技术软件为前提的服务。我想大家都知道，P2P 技术是指，当自己联网时，对于同时处于联网状态的其他用户硬盘中储存的文件，能够像已被上载到服务器的文件一样进行操作的技术。这是一种划时代的技术，即使文件没有被储存到服务器，只要存在于联网用户硬盘中的话，就能够将其下载，由此就可以将世界上其他用户的电脑硬盘当做自己的硬盘一样对待，因此被称为 Peer to Peer（P2P）。P2P 技术也许对著作权人构成非常大的威胁，但用户使用起来确实非常方便。

这种 file rogue 和 Napster 还只是非常初期的 P2P 技术，必须以中央服务器的存在为前提。虽然不需要将文件储存到中央服务器，但双方用户必须接入到该服务器。当用户接入服务器时，该技术能够促使用户之间实现文件的共享。因此，如果在法理上认可对于中央服务器的差止请求的话，就能够彻底防止利用该服务器实施的著作权侵害行为，可以说这使得著作权人的权利行使相对容易化了。

但是正如大家所知道的那样，以 Winny 为代表的非中央型 P2P 技术并不需要中央服务器的存在，这对于著作权人来说具有更大的威胁。这是一个了不起的技术，只要该软件使用者连接上了网络，无论在哪自己都能自动构建一个类似于中央服务器的东西。由于不需要中央服务器就能在任何地方实现 P2P 文件交换，因而著作权人很难找到有效抑制侵害行为的方法。于是，出现了将这种技术的开发者作为帮助犯并追求其相应责任的刑事案件（并非民事案件），比如对该责任予以肯定的京都地判平成 18.12.13 判夕 1229 号 105 页的"Winny"判决。

下面回到 file rogue 案件的话题，该案件中，会员（免费入会）一旦接入 file rogue，就能获取其他会员提供的指定文件夹中文件的数据库列表。基本是这样的情况：比如某人现在拥有某艺术家的某歌曲的这一信息（实际中从文件名推测出来的）被登载了出来，那么当前接入 file rogue 的会员就能够借此机会进行文件交换，于是 JASRAC 和唱片公司以侵害著作权乃至著作邻接权为理由，对那些提供 file rogue 服务的公司提起了侵权诉讼。

另一个问题是，用户虽然需要接入到 file rogue 的服务器，但实际的传播行为并非是从服务器发出的。也就是说形成的是这样一个系统：虽然 file rogue 的服务器提供了数据库列表的信息，但用户选择文件、点击下载按钮后，并不经过 file rogue 的服务器，而是直接从储存有该文件的其他用户那里获得该文件的传播。

对此，笔者站在权利人的角度提出了（私）鉴定意见书。笔者认为，能够将合法行为转化为违法行为的卡拉 OK 法理，在适用到没有直接的人为支配关系的案件中时，应该慎重，因此，在不具有直接人为关系的本案中，应该否定卡拉 OK 法理的适用。但幸运的是，本案中必须以中央服务器的存在为前提，因此对于该案件的处理倒不如作为技术上的问题，将 file rogue 内的数据库列表以及接入到 file rogue 用户的硬盘等作为一个整体，认为服务提供者对该整体进行着管理。限于篇幅，关于网络服务商等的责任问题就不展开了，在此只提一下笔者的观点。笔者认为，既然储存有侵害著作权的文件的服务器管理者，其一举手一投足就能抑止侵害行为却没有去抑止，那么就应该将其作为著作权的直接侵害者。本案虽然服务器中并没有储存文件，但只要文件被特定化，从数据库列表中删除该文件将是很容易的事情，因此不删除的话也可以认定为直接侵害。

但是，裁判所却采取了运用卡拉 OK 法理来肯定侵害行为的方法。裁判所认为，服务提供者通过提供该服务，对用户侵害著作邻接权人公众传播权的行为进行着管理（＝管理性），从下载该服务软件的网页中获取了广告收入（＝利益性），以上述论理构成为基础，裁判所得出服务提供者是侵害公众传播权的主体的结论（另外，有关差止和损害赔偿的范围，也可参照东京地判平成 15.12.17 判时 1845 号第 36 页的 "file rogue 著作权终局判决" 以及与著作邻接权相关的东京地判平成 15.12.17 平成 14（ワ）4249 "同著作邻接权终局判决"）。东京高判平成 17.3.31 平成 16（ネ）405 号 "file rogue 著作权二审" 也谈到了这两个要件并维持了原判决（表达了相同趣旨的还有东京高判平成 17.3.31 平成 16（ネ）4465 号 "file rogue 著作邻接权本案二审"）。

此后，裁判实务中卡拉 OK 法理是以怎样的形式被运用的呢，以下对此进行介绍。

虽然有许多种运用类型，但就像之前说过的那样，过去作为卡拉 OK 法理主要讨论点的利益要件遭到了批判，而且在裁判实务中逐渐被抛弃。

作为另一个要件的管理支配要件，也不再只是对直接利用行为人的直接管理支配，而转变为对诱发大量利用行为的服务或系统所进行的管理（吉田克己"著作权的间接侵害与差止请求"《知的财产法政策学研究》14 号第 160 页（2007 年）中提倡的"系统提供型"的出现）。其结果是，要件在相当程度上被抽象化，反而出现了诸如侵害成立与否的分歧点究竟是什么、凭借什么来认定管理行为等问题。最近东京地裁的判决中甚至明确表示了不使用卡拉 OK 法理，接下来就说一下这一变化。

（2）"録画ネット案"

首先介绍一下东京地决平成 16.10.7 判时 1895 号第 120 页的"録画ネット案"判决和东京地决平成 17.5.31 平成 16（モ）15793"同假处分异义"以及知财高决平成 17.11.15 平成 17（ラ）10007"同抗告审"。基本事实是，为了让居住在国外的日本人也能够收看到日本国内的电视节目，于是将该电视节目进行录制并通过网络向国外的日本人传送。这是以动画传送在因特网上也能够流畅播放为技术背景的。这个服务的创意虽然很好，但是否会侵害放送事业者的著作邻接权则是个问题。

具体而言就是，首先按照用户的数量相应地为其配备装有电视调制设备的电脑。与上述"選撮見録案"中利用一台设备为多个用户提供录制服务的情况不同，本案中用户通过网络直接下达命令进行录制。因此，从有利于事业者一方来说的话，某种意义上可以认为，事业者的行为仅仅是出租供用户放置电脑的场所而已，而用户是可以随意进行录制的。如果真的能够这样认为的话，那么该录制行为就只不过是私人复制，就是安全的。本案可以算做是在关键点上打擦边球的案件之一。

本案中，电视电脑的所有权属于用户还是属于债务者是一个争论点。从契约的语句上来看，是事业者将电脑销售给了用户，因此地裁作出的最初的假处分决定以及异议审的结果都认为所有权属于用户。但是，抗告审却认为所有权的移转只不过是假象而已，并指出问题点在于用户根本就没有接触过电脑。本来就是事业者进行的购买囤积，用户也并没有帮助事业者供应该设备，供应设备是事业者实施的行为。即使暂且认为所有权属于用户，我们会发现当契约结束时电脑即无偿转让给其他用户，但用户要求返还的话，虽然得到返还，而硬盘却被初始化了。捕捉到这一情形，于是抗告审判定买卖只不过是假象而已。但是，由于认为电脑的所有权属于用户的地裁最终也是认定行为主体不是用户而是事业者，因此可见所有权的归属问题并非是最终的关键点。

本案对事业者不利的方面还有，事业者为了使服务更容易进行而将专用软件导入电脑的这一特点；并且，即使用户下达了指令，但如果不在网络上经过会员认证等手续的话，指令也无法发出。

裁判所作出了严格的判断。一审裁判所虽然认为利用者对装有调制设备的电脑享有所有权，但以该电脑设置在事业者的事务所内，以及录制方式也是按照固有软件的程序进行的等为理由，同时以用户对电脑的管理、支配程度极小为理由，认定复制主体是事业者，并对私人使用目的的复制不予认可，进而肯定了著作邻接权侵害。异议决定认为复制主体不只是事业者，而认定用户和事业者共同从事了复制行为，但即便如此仍不能认为符合《著作权法》第 30 条第 1 项所说的"该使用是复制"，并以此为理由维持了原决定。

抗告审终审裁判所认为，由于本案中事业者是在自己的事务所内供应、设置、管理装有电视调制设备的电脑、天线、大型机器设备等，以及将软件与这些设备有机结合为一个录制系统，当利用者要接入到装有电视调制设备的电脑中时，需要登录到事业者运营的网页中进行认证，而且要按照网页上指示的顺序进行录制，考虑到以上等因素，抗告审终审裁判所最终判定复制行为的主体是事业者。

（3）"ロクラク案"

接下来的东京地决平成 19.3.30 平成 18（ヨ）22046 "ロクラク"判决中也认定了侵害行为，该案与"録画ネット案"非常相似。与其谈论两个案例的相似性，倒不如认为改变了以往裁判例裁判方向的该案控诉二审判决更为重要，因此后文将对控诉二审判决进行介绍。

（4）"まねきTV 案"

此外，否定侵害行为的例子有东京地决平成 18.8.4 判时 1945 号第 95 页的"まねきTV"判决以及知财高决平成 18.12.22 平成 18（ラ）10012 "同抗告审（即终审）"（参照佐藤富"判批"《知的财产法政策学研究》15 号（2007 年））。

该案中具有争议的服务与"録画ネット案"中的服务类似，该服务多多少少在一定程度上扩大了目标顾客的范围，顾客不限于海外居住者，还包括了国内出差地或放送波无法到达地域的收看者，通过因特网的介入也使得他们能够收看到电视放送的视听音像。放送事业者仍是以著作邻接权中的信息网络传播权受到侵害为由提出了差止请求。

不同于"録画ネット案",裁判所对本案作出了否定侵害的判决。

本案不同于"録画ネット案"的最大特征在于基站的不同。虽然"録画ネット案"中的事业者也是为每个用户都配置了一台电视电脑,但"まねきTV案"中使用的是市场上销售的无地点限制电视(locationfree)。由于该产品是市场上销售的,从市场上买回来后无须向装有电视调制设备的电脑中导入专用软件,就能够直接通过网络为电视播放提供发送、接收信息的服务;而且,这个无地点限制电视是用户自己从商店购买后交给事业者的。此外,接入的用户下达指示时也无须特别的认证手续。

裁判所作出的一审、二审均认为基站的所有权属于用户,因此判定行为主体不是事业者而是用户。此外,所使用的产品为一般产品,也没有在本案服务中使用特有的专门软件,也无法预想一台基站向多个控制器和电脑发送影音资料的情形。而且,被告保管的多个基站并非是作为一个整体系统进行运作的,利用者接入基站时也并不需要特别认证手续等,因此不存在事业者对视听进行管理的情形。

实际上本案中也没有认定事业者实施了录制行为。但该案争论的焦点并非在于录制行为,而在于是否侵害了传播可能化权。根据之前介绍的案情可知,用户仅仅是用自己的电脑向自己的控制器传输信息,由于是一一对应的关系,并不构成自动公众传播,因而裁判所判定被告也不侵害原告的传播可能化权。

笔者认为本案的决定性因素还是在于,使用的是市场上销售的无地点限制电视这一点。如果连本案中的服务也构成著作权侵权的话,那么市场上销售的无地点限制电视就不知该在怎样的领域应用了。无地点限制电视也许就只能设置在自己家中或者拜托好友设置在好友家了。当然,也可以自己租借场所用来放置无地点限制电视。假如本案中的服务被判定为侵权的话,那么为了便于安装天线和设置无地点限制电视而预先将相关环境予以整顿的业者,在怎样的程度上才不构成侵权呢?对此是有疑惑的。这样一来,好不容易开发出的无地点限制电视这种新技术,尽管是通过市场销售,但仍可能无法得到推广。

这让人联想到了过去美国的 Betamax 诉讼。Betamax 诉讼是由日本公司先提起的上诉,是好莱坞对于开发的录音、录像技术提出异议的案件。具体而言争议焦点在于,SONY 公司发售的 Betamax 录像机的生产销售行为诱发了家庭内大量的复制，这是否属于对电影公司享有的著作权的帮助侵权？地裁判定不构成侵害，而控诉二审裁判所作出了与地裁不同的判断，认为构成侵害，最终最高裁以 5 对 4 的 1 票优势认可了家庭内的行为属于合理使用（Sony Corp. of Am. v. Universal City Studios, Inc., 464 U.S. 417 (1984)）。许多用户只是为了异时收看，也就是说不是以收集为目的，而是因为无法在放映时间段内收看，为了在有空时收看才进行的录制，最高裁的理解中，如果至少是以定时收看为目的的话，那就属于合理使用。这样一来，由于大部分都属于合理使用，于是该录像机实质上就是具有合法用途的机器，因而否定了帮助性侵害。

如果 Betamax 案中在录像机的生产销售行为这一点上有所不同的话，将会出现各种商业模式。当然，Betamax 诉讼与"まねきTV案"的情况是不同的，Betamax 诉讼是在生产销售录像机器这点上存在争议，而"まねきTV案"中不是生产销售无地点限制电视，而是在使用该设备的这点上存在争议。但尽管如此，如果"まねきTV案"中依赖无地点限制电视功能的这种商业模式不被允许的话，社会就可能无法享受到这种技术发展所带来的恩惠。否定侵害行为的裁判所的判决背后，也许是有着这样的考量的。

（5）"MYUTA 案"

下面介绍一下这一系列判决中的最后一个，即东京地判平成 19.5.25 判时 1979 号第 100 页的"MYUTA"判决。该案的裁判所并没有采取卡拉 OK 法理，而是引入了独立的综合考量型法理。由于是债务不存在的确认之诉，于是 JASRAC 成为了被告。

首先介绍一下本案原告所提供的具有争议的服务。

原告提供的是一种以储存服务为基础的服务。储存服务是指这样的一种服务：由于手机或便携电脑的储存容量一般都有限，出差时大容量的数据资料不方便随时携带，因而就事先将数据资料储存在服务提供事业者所管理的服务器中，只要能够通过因特网接入到该服务器，在出差地就能读取所需要的文件。

但是，原告的服务并不是单纯的储存服务。根据裁判所的认定，据说个人将市场上出售的音乐 CD 等转移到手机中，这在技术上是相当困难的。在这种状况下，原告的服务"MYUTA"将用户保有的音源数据转换为手机中也能播放的 3G2 文件，在原告的服务器的帮助下使得用户手机中储存 CD 等乐曲数据成为可能。

从某种意义上来说，这无疑对著作权人是一个打击。一方面，用户以自己难以将音乐 CD 的乐曲数据移转到手机中的现实状况为借口，获得了以不将 CD 录制到手机中为对价的较低的 CD 销售价格。另一方面，权利人通过试听等手段获取利益的商业模式也被规避了。这样一来，原告的"MYUTA"那样的服务广泛开展的话，著作权人制定 CD 软件销售价格时就会考虑到可能失去试听市场带来收益的机会，因此有必要设计一种与该价格相适应的商业模式。

该案中，裁判所最终认为原告的行为构成侵害，但原告的服务也可以视为用户通过储存服务器为用户自己进行录音。如果采纳这样的观点，那么原告的服务中就只是用户进行私的复制和私的传播而已，但裁判所并没有采纳这种观点。裁判所认为，原告的服务包括在 MYUTA 服务器中复制乐曲，而且向用户的手机上传播是本案服务中不可缺少的最终环节。该复制行为、传播行为专属于原告，该行为是在其支配下设置、管理的服务器中实施的；虽然用户可以选择复制哪首歌曲，但本案服务不可欠缺的用户软件内容、储存条件、传播功能，都是原告在系统设计中决定了的；用户自己将 CD 上的音源数据转换为手机能够播放的格式这在技术上是困难的，而原告提供的服务使其成为可能。综合考虑上述因素，裁判所判定将 3G2 文件储存在服务器中的复制行为主体不是用户而是原告。虽然其中也提到了卡拉 OK 法理的要素，但并不仅仅是根据卡拉 OK 法理的二要件进行判断的。还将卡拉 OK 法理中可能并不直接考虑的技术困难性等方面加入到判断的要素中。当然，在管理要件上考虑这样的情况也不是不可能。而本判决具有的意义在于，第一次将卡拉 OK 法理下的各种考虑要素从正面提出来了。

但是，由于这种方式将利益衡量置于首要考虑因素，那么当社会环境和技术环境发生变化时会怎样呢？笔者对此非常感兴趣。也就是说，恐怕今后迟早会出现用户能够自己将 CD 等音源数据转换为手机使用格式的简易软件。如果到那时，以该利益衡量为前提的话，由于该服务对用户来说已不存在技术上的困难，行为主体不是用户而是业者的这一命题将不再成立，判决可能也会随着社会环境的变化而发生改变。

这么说来，这只是过渡期的判决而已。像上述那样，当私人自己就能够很容易地将音乐 CD 的音源数据储存到手机中时，也许本案中原告的服务就只不过是为私人的自由储存行为提供服务器而已了，与通常的储存服务没有区别。这样一来，在本判决的论证方法下，原告提供的服务似乎就不侵害著作权。

但是，既然随着将来技术环境的变化现有的侵害可能不再是侵害，那么当前著作权人遭受到的非利益是否值得法律保护就成为一个问题。虽然将来可能成为合法的服务，但当前如果认可对其实施差止请求的话，由于究竟何时开始转变为合法行为并不明确，因而将有可能带来过度的萎缩效果、过度抑制将来的合法服务。与此同时，著作权人只要采取了复制防护措施，在现行法上就能享受法律的保护（《著作权法》第 30 条第 1 款第 22 页、第 120 条之 2 第 1 项）。不采取复制防护措施而依赖事实上的技术性制约的话，著作权人迟早会觉悟到技术环境变化带来的风险，对此没有必要寻找新途径去给予著作权人保护。

该判决的结论也并非没有疑问，也存在着裁判所是否适合作为衡量主体的问题。这个问题并不限于本判决，而是运用卡拉 OK 法理的裁判例共通的问题。因此，关于这一点，在以下对过去裁判例的发展进行总结后，将再进行讨论。

下面对此前介绍的裁判例进行一个总结。

是否为每个利用者都相应地配备了一台设备，这首先成为一个分歧点。如果采取的是一台设备为多数利用者服务的话，则已经不能说是私的复制或私的传播，于是倾向于将业者视为直接行为主体。"選撮見録案"就是以此为理由而认定侵害行为的。

一方面，在给每个用户都相应配备了一台设备的前提下，接下来的问题就是，业者是否对该设备的设置场所进行着管理。对该点予以否定的案例在最初的事实认定上也认为是业者对设置场所进行着管理，但后来还考虑到了设备是否是作为一个整体也由业者进行调试、利用时所必需的软件是否也由业者提供，以及接入服务器时是否需要认证手续等问题。如果上述问题的答案都是肯定的，行为主体才是业者。另一方面，当认为利用的设备是市场销售的商品、调试也是由用户自己进行、且该设备所有权也属于用户时，行为主体就是用户。这样一来，具有重大意义的、这类案件解决模式的母体被描绘出来了。

（6）"ロクラク案"（高裁）

当尝试着以上述解决模式对以往的裁判进行总结时，却发现出现了完全颠覆该模式的判决。该案的案情与"録画ネット案"大致相同，知财高判撤销了认定侵害的原地裁判决而作出了否定侵害的逆转判决。这就是非常引人关注的知财高判平成 21.1.27 平成 20（ネ）10055 他"ロクラク案"二审判决。

该判决的理论构成，简单而言即判示了如下内容：基于技术性、经济性的理由，即使为私人的合法行为提供了更为便利的实施环境，也不构成违法。由于是为了使合法行为更有效率地实施，因而不构成侵害。

用笔者的话来解释就是，人们促使合法行为能够更有效率、更统一的实施的行为并不构成违法。于是，该判决与过去的判决公开对立了。

下面具体看看这个案件。该案案情与"録画ネット案"的案情几乎没有区别。该案中存在母机和子机，母机按照每个用户一台的比例放置在事业者的事务所内，子机放置在用户家中。

由于本案与"録画ネット案"大致相同，因而认定了侵害的地裁判决并没有引起学者们的关注，虽然也有一部分人对该判决持有异议，但一般都还是认为地裁判决是在预期范围内的判决。但是，控诉审（二审）却逆转了前述那样的理由。由于这是非常重要的判决，下面先详细介绍下该判决主文。

"控诉人对母机及其附属设备进行整体性的设置、管理，最终只不过是为母机正常发挥功能提供一种技术性前提的环境和条件，只是主要基于技术性、经济性理由而代替利用者进行的配备而已，不能以此认为控诉人实质性管理、支配着本案的复制行为。"

进一步的，基于更大的视角进行了判断。"在过去数字技术不像今天这么发达而且网络尚未普及的环境下，通过将电视节目录制到录像带等媒介中，国外的利用者获得该媒介后就可以收看到在日本播放的电视节目了，但上述方式也无法避免获取媒介需耗费的时间成本和支付的经济费用。随着日本与国外交流的扩大，希望收看日本国内播放的电视节目的需求激增，受惠于数字技术的飞速发展和因特网环境的急速整备，过去技术上存在的上述制约得到了克服，在国外收看日本国内播放的电视节目无论是在时间方面还是在经济方面都不再是问题了。而且，伴随着技术的飞速发展，催生了新产品的开发和新的服务，如果对技术革新的历史进行回顾的话就会很清晰地看到，将有更便利性的产品作为家电产品在需要者之间进行普及这一探索过程。本案中服务的目的也是为利用者合法的私的利用提供环境条件等，因此即使该服务的利用者不断累积增加，也不存在将本来的合法行为转化成违法行为的空间，据此被控诉人的正当利益当然也并没有被侵害。"

极为重要的是，关于卡拉 OK 法理具有将合法行为转化为违法行为的转化功能（笔者之前就认为这是危险的），人们对此已经有了清楚的认识，在这样的背景下，裁判却明确判示了上述道理说不通，换言之，即合法行为不应该转化为违法行为。

这样一来，该判决的法理的适用范围就成为了问题。如果按照本案判决中的思路，与本案案情大致相同的"録画ネット案"中被告提供服务的行为就是安全的。不仅仅是"録画ネット案"，"MYUTA 案"也一样。用户实施的具有争议的复制行为本来是合法行为，但虽然是合法行为，由于技术上的困难仍无法具体实施物理上的行为，而被告只不过是将该物理上的障碍完全除去而已。这样一来，被告行为只是为了合法行为的实施而对环境进行整备，因此从"ロクラク案"控诉审判决的立场来看，"MYUTA 案"也不存在侵害。

于是，按照该判决的立场还有哪个案例会构成侵害呢？笔者认为，即使运用该法理，在"選撮見録案"中，管理人办公室内实施的行为仍将构成侵害。这是因为，"選撮見録案"中最初的行为是在管理者的场所内物理地进行许多复制，或者是在管理者的场所内物理地实施公众传播行为。笔者认为，本案中，司法领域还不至于需要加入像卡拉 OK 法理那样的规范性评价，而物理性地为多数人复制或向多数人传播等行为地实施就是重要的关注点。对于这样的行为，已经作为了立法判断在著作权法的条文中有了明确规定，即为他人进行的复制不属于私的复制，或者向不特定乃至多数人传播因符合公众传播而构成违法，因此不至于特别地去运用卡拉 OK 法理。由于从最开始的行为就是违法的，因而不存在合法行为转化为违法行为的情形。因此，至少该案中在管理人办公室内实施的行为构成侵害的这一结论不会改变。相反，"選撮見録案"中，由于著作权法作为直接侵害规定的行为中不包括销售设备的行为，因而仅仅是销售设备的业者将不构成侵害。

作为结论，我认为在"ロクラク控诉审"判决的思路下，像"ロクラク案"、"録画ネット案"、"MYUTA 案"那样，当存在用户的合法复制行为时，在系统提供型的案例类型下以合理的方式促使该合法复制行为能够更具技术性、效率性的实施，这种行为将不会转化为违法行为进而构成侵害。

4. 检讨

就像本文开篇所说的，著作权法对著作权控制的利用行为采取了详细列举的方式进行规定，什么行为受规制、什么行为不受规制立法上都已经规定好了。

前面所讲的系统提供型的一系列判决的问题在于，采用的法理已经超出了卡拉 OK 法理，扩展到了没有人的支配关系的情形当中。在系统提供型的间接侵害中，将对装置和服务的管理拟制为对人的利用行为的管理，结果规制的对象不再是人的利用行为，而变成了为该利用行为提供装置和服务的行为。也就是说，通过对这些装置和服务转用卡拉 OK 法理，裁判所通过自己的判断创造出了一种违法行为类型。在"MYUTA 案"中，虽然裁判所没有采用卡拉 OK 法理，而是直接考量了技术环境等各种因素，但依旧作出了技术和服务提供者行为违法的判决。

但是，对于当今存在的录音录像机器、媒介等诱发大量私人复制行为的装置、机械，在说起立法上如何应对的时候，我国虽然对非数字化的录音、录像机器、媒介提供行为还没有规制，但对数字化录音、录像机器、媒介的提供行为已经有了规制。这种规制的对象以政令指定的对象为准，并且采用的并非排他权的规制方法，而是所谓的私人录音录像补偿金请求权这样一种报酬请求权规制方法。

当然，通过政令指定规制对象是否妥当，规制的对象限定为数字化录音录像机器、媒介是否理想，规制的对象是否不应该限定于专用机器，还应该包括普通机器，对录音录像的保护是否给予了两次收取补偿金的机会，文献复写应该如何规制，对这些问题一直有着各种各样的讨论。这些问题应该根据技术状况和社会环境，通过立法解决大概是最理想的。

系统提供型的裁判例，不管是转用卡拉 OK 法理还是通过综合考量的方法，在裁判所的权限范围内，对装置和服务提供者创设出规制应该说都是存在问题的。即使假设裁判所关于这些案件的价值判断是正确的，但司法判断本身从程序上看是否正统、这种判断是否应该属于立法权限范围内的事情、司法判断是否使立法过程中的程序失去了意义，都是不得不追问的。进一步说，不管是卡拉 OK 法理还是综合考量法理，只要采用将装置和服务提供者的行为拟制为著作权法规定的直接利用行为，实质采用的就是扩张差止请求权当中排他权的处理方法，就很难通过没有差止请求权而仅仅有补偿金请求权的方式解决问题。

基于以上理由，笔者认为，卡拉 OK 法理适用的主要范围还是应该限定在对直接利用行为具有人的支配关系的场合当中。如果具有人的支配关系，卡拉 OK 法理就只适用于以下情况：即只有那种根据自己意志决定是否从事违法行为的主体才可拟制为直接利用行为主体。这样，合法决定的行为就不会因为他人的参与而转化为违法行为。就像本文开篇所说过的那样，有必要注意到这种情况，即著作权法已经对供直接利用著作权的装置等规定了私人录音录像补偿金请求权和刑事责任，并且对哪些行为构成违法行为进行了详细列举规定，反过来就是说，著作权法对具有人的支配关系情况下支配者的行为是否构成违法并没有规定。而且从以往的裁判实务上看，在具有人的支配关系的情况下，和卡拉 OK 法理适合不适合没有任何关系。对于公司组织未经许可的复制行为，裁判所并没有去追究到底是哪个从业员实质从事了复制行为，而是直接追究公司直接侵害著作权的责任。

另一方面，在没有人的支配关系的情况下，对于为直接利用行为者提供装置和服务的行为，就不应该采用卡拉 OK 法理，而应像大阪地方裁判所对"ヒットワン案"和"選撮見録案"作出的判决那样，以直接利用著作权行为构成违法行为为前提，只对侵权专用品允许著作权人行使差止请求权，或者稍微放宽一下，对于多机能型的装置当其唯一用来进行著作权侵害时也允许著作权人行使差止请求权。这种方法由于仅仅规制法律上规定的违法行为，因而可以对直接利用行为是否违法进行判断。

将不满足上述要件的行为扩大认定为著作权侵害行为，应当属于立法权限范围内的事情。在司法权限范围之内，通过卡拉 OK 法理将合法行为转化为违法行为，或者通过综合考量法理将装置等提供行为认定为侵害行为的以往裁判例，其合理性不得不说存在疑问。但"ロクラク"案二审改变了以往裁判例的做法。

四、结　语

最后，作为问题的背景，笔者想谈谈笔者长期所提倡的"著作权法第三个浪潮"的思考方法。

有人认为，著作权法中的复制禁止权是不灭大典、金科玉律，虽然属于历史认识问题，但著作权确实属于一种随着社会和技术环境变化而变化的权利。具体来说，最早制定的著作权法是 18 世纪初英国的安娜女王法。其制定背景是古登堡的活字印刷技术的普及。与此同时，也出现了盗版业者（这里所指的盗版，是指是否违法复制），发生了搭便车者的问题。在这种背景下，当行会管理已经不足以制止盗版业者的时候，出版者要求保护其作为自然权利的出版权的著作权法就出现了。这种随着印刷技术的普及而出现的著作权制度，反映了最初技术、社会环境的变化，因此可以称为著作权制度的第一个浪潮。

在这个浪潮中，著作权法由于是作为保护出版者权利的法律而诞生的，因而必须禁止复制行为，即出版行为，由此就出现了复制权，即复制禁止权。而且这种著作权法从诞生之日起到 20 世纪中叶，由于事实上能够从事复制行业的只有出版社和录音录像制作者，复制权实质上只不过是一种禁止以营业为目的进行复制的竞业行为的权利。

自 20 世纪中叶开始，技术和社会环境发生了巨大变化，与这种变化相适应，著作权法的第二个浪潮出现了。原因在于复制技术已经由业者扩散到了每个私人手中。在录音录像机器、复写机器等复制技术就此发展下去的情况下，如果让复制权针对每个人都发生作用，则私人的自由很可能受到过度妨碍。大量存在的非竞业性企业内部复制行为，按照一般的解释方法，都会构成违法。如果墨守条文的字面含义，接发传真、接发送电子邮件也可能构成违法。鉴于这种实际情况，参见《著作权法》第 42 条，既然不仅仅为了立法、行政等目的的复制行为和企业内部的复制行为都享有某种程度的自由，则对于文献复写机器等，倒不如干脆采取收费制度比较可取。

但是，关于著作权法面临的第二个浪潮的对策尚在研讨中的时候，从 20 世纪末开始，著作权法面临的第三次浪潮，即互联网时代就已经到来了。在互联网时代，不仅是复制甚至向公众传播，私人都很容易能够做到，著作权法更加不能与社会发展变化实际相适应了。

现在的著作权法，不仅过度损害了私人的自由，而且对权利保护的实效性也成了一个问题。由于将难以捕捉的在企业内发生的复制行为作为规制对象，著作权人的权利明显成为了一个"画饼"。所以说，构筑具有实效性的权利意味着，有必要对权利行使可能的行为规制予以改变，变为在复制机器或媒体方面采取规制措施。出租行为的规制也是一个方面。也就是说，笔者认为，只规制像"晚吧 G7 案"中的出租业者一样的行为人应该说是一个比较理想的结果。

针对上述种种问题所进行的与技术和社会坏境变化相适应的规制方式的改变，原则上应该委任给立法加以解决。但是，由于在立法政策的形成过程中，权利人的利益可能得到更多反映，因而司法有必要尽可能通过合理引用或权利滥用等方法，对著作权进行一定限制，并就此在司法权限范围内进行积极的裁判。

五、附言——Winny 刑事案件

最后，谈一下京都地判平成 18.12.13 判夕 1229 号第 105 页的"Winny"判决。这是认定非中央管理型、非集权型的 P2P 文件 Winny 技术的开发者负有刑事责任的重大案件。该技术开发者是被作为使用 Winny 侵害著作权的用户的帮助犯。

将本案与以往的裁判例进行对比的话会发现，此前裁判例关注的焦点往往在于卡拉 OK 店铺内的利用行为是否构成侵害或者卡拉 OK 设备出租者的行为是否构成侵害，而 Winny 案中追究的是相对距离较远的责任，以卡拉 OK 案作比喻的话，追究的责任对象就好比是卡拉 OK 设备的开发者，但追究的不是民事责任而是刑事责任。民事和刑事的逆转现象在这里出现了。

为何会出现这样的逆转现象呢？是因为刑法总则部分也有关于帮助犯构成侵害时的刑事方面的规定。当然，刑法方面有罪刑法定主义。于是，即使直接的构成要件确实很充分，但结合适用著作权法中有关法定利用行为的规定后，在帮助犯的认定上就存在链接被切断的问题。刑事罚是对过去的侵害行为的谴责，而从对侵害行为的抑制效果上来看还是不如差止。但当民事的差止难以适用时，可以以帮助犯的方式处理，如果判定了刑事罚，此时为何还要在民事上讨论要件论呢？

民法上也有共同侵权行为那样的一般法理。但是，民法的共同侵权行为中，像"晚吧 G7 案"那样都要经过认真的讨论，要么认定侵害行为的发生具有高度盖然性，要么对确认著作权侵害的容易性进行衡量，最终好不容易才能认定侵害。但刑法方面就只是非常简便地认定为帮助犯即可。

具体而言，地裁判决中虽然不能直接说意图扩大侵害著作权的范围，但还是根据主页上以"关于 Winny 的未来展望"为题的记述以及与姐姐的邮件通信等，判示了容许扩大侵害范围的趣旨，进而认定侵害著作权的帮助犯成立。著作权侵害者的共犯不是过失犯而是故意犯，因此有必要对故意进行认定，最终认定为放任的故意。

在刑法学领域，对于合法行为和犯罪行为都能够运用的中性物品的提供者应该怎样处理呢？对此也有争论。但通说认为，当提供者容许犯罪结果的发生时，即使提供的是中性物品也同样将其理解为共犯。比如将刀交给杀人者的情况，这时如果容许杀人行为的发生则成立故意的共犯，如果不容许杀人行为的发生则不成立共犯。Winny 案的裁判所关于这些中性物品，也是运用了根据主观要件来区别责任成立与否的这种刑法理念。

但是，笔者认为这样的理论构成是存在问题的，对此笔者向控诉审（二审）提出了包含该趣旨的鉴定意见书。正如上面所说的，京都地裁也确实是强调了主观性要件。但按照京都地裁强调的主观要件标准，丝毫没有认识到会出现一定比例侵害者的情况几乎是不存在的。像 Winny 那样通过因特网的介入向大量公众提供软件的情况，必然会有一定概率的侵害行为发生。事实上，这些复制、传播技术的开发者当然会认识到该技术可能被用于侵害著作权。考虑是否认定其为共犯时，仅仅凭借这种程度的邮件通信和"关于 Winny 的未来展望"中所记述的内容，而且其中还并未明确写有侵害著作权，在这种情况下，裁判所却对于仅仅表明著作权可能会扩张的这种认识表示了认可，这就没有发挥制约原理的应有作用。在这样的要件论下，当知晓该软件也可能会用于侵害著作权但仍予以提供的情况，几乎统统会满足主观性要件。

有人说这是传统刑法学的结果，但笔者总觉得这种同时大量提供型的中性物品并没有被传统刑法学所考虑。或许有必要确立仅仅招来抽象危险应该不受处罚的这种法理（许可危险法理）。由于主观性要件难以判断，倒不如期待像许可危险法理那样的、能够在更加客观的方面设立标准以截断犯罪成立可能性那样的法理得到展开。

幸运的是，作为控诉审（二审）的大阪高判平成 21.10.8 平成 19（う）461"Winny 案"二审对本案作出了逆转判决，判示了被告人无罪。大阪高判的判决中强调了 Winny 是具有多种合法用途的、价值中立的软件，原判决虽然意识到了这点，但采取了根据"提供时的主观状态如何"来认定有无违法性的方法，对此大阪高判认为，"Winny 作为技术及其本身都是价值中立的软件，对该软件的提供行为是网络上的行为，因此无论是在怎样的主观目的下进行的开发，都有必要将主观目的在网络上予以明示"这点并不明确，因此判定"原判决的标准不合适"。另外还认为，"在网络上提供价值中立的软件的行为使得正犯的实行行为变得容易化，为了使上述说法成立，仅仅认识到并容许不特定的多数软件提供者中会出现违法行为者的可能性、盖然性是不够的，还要求软件专用于违法行为或者实施违法行为是该软件的主要用途，为了促使该软件的使用而在网络上进行劝诱并提供该软件"，大阪高判确立了在这样的情况下成立帮助犯的规范，进而认为本案不符合该规范，宣判了被告人无罪。

控诉审（二审）判决判示了，只要没有对软件用于违法行为进行劝诱并提供软件就不成立帮助犯的趣旨。原判决的法律构成是在承认违法行为扩散的现状下而认定的有罪，结果使得也能用于合法行为的、价值中立的技术的开发和提供行为变得萎缩，与此相对，控诉审（二审）判决可以说是及时止住了这种萎缩效果的发生。但是，由于检察院对控诉审（二审）判决提出了上告，因而舞台转移到上告审（终审）了，目前正等待着最高裁作出判决。

数字化时代下著作权制度的再探讨

冉敏 译

近几年来，世界上很多国家都面临着多方面的不同利益集团提出的强化著作权保护以及促进高效率地行使权利等这样的要求，当然其中很多要求已经被采纳。随着数字化复制技术和通信技术的发展，如何通过新的法律设计来应对日益激烈的关于"著作权人法定利益保护"的争论，已经成为不得不面对的课题。针对这个课题，相比起包括日本裁判所在内的很多裁判所现在确立的立场，笔者在本文中试图通过一条更加谨慎的路径来论述。因此，笔者将在下文中试图提示几个视角，这些视角往往因为各种各样的理由被忽视，但它们对于数字化时代下的高效、可行的知识产权制度的设计确实有着必不可少的重要性。

一、支持"强力型知识产权保护"的自然权论的局限性

第一个应该考虑的视角是：支持"强力型知识产权保护"的正当性理论本身有着相当的局限性。一直以来，不少不同类型的理论都在试图论证：应当将产生于知识型劳动，经过独立创作且具有创造性成果之上的排他性权利赋予著作权人。[1] 其中的一种理论基于自然权论[2]，而另外一种是基于功利主

---

[1] 非常出色地概述了知识产权的赋予及其保护的正当化理论的文献：参见 Tom. G. Palmer, *Are Patents and Copyrights Morally Justified? The Philosophy of Property Rights and Ideal Objects*, 13 Harv. J. L. & Pub. Pol'y 817 (1990)；Peter Drahos, A Philosophy of Intellectual Property (Dartmouth, 1996)；Intellectual Property: Moral, Legal, and International Dilemmas (Adam D. Moore ed., Rowman & Littlefield Publishers, 1997)；William W. Fisher, *Theories of Intellectual Property*, *in* New Essays in the Legal and Political Theory of Property 168 (Stephan R. Munzer ed., Cambridge University Press, 2001)；Wendy J. Gordon, *Intellectual Property*, *in* The Oxford Handbook of Legal Studies 617 (Peter Cane and Mark Tushnet eds., Oxford University Press, 2003)；山根崇邦《知识产权正当化理论根据的现代意义(1)》知识产权法政策学研究 27 期（2010 年）。

[2] *See*, *e. g.*, Justin Hughes, The Philosophy of Intellectual Property, 77 Geo. L. J. 287 (1988)；Wendy J. Gordon, *A Property Right in Self-Expression: Equality and Individualism in the Natural Law of Intellectual Property*, 102 Yale L. J. 1533 (1993).

义的观点，后者强调赋予创作者排他权对于实现"以充分的功利刺激、确保创作者的持续创作"这一目标的重要性。[3] 对这些理论是否具有说服力进行考察这一点本身无疑是很重要的。同时，在数字化时代下推进适当的、高效的著作权法修改和再构建，也面临着一个非常典型的疑问，那就是"因为什么理由以及在什么样的情况下应当赋予著作权从而获得法律保护？"而上述的考察对于如何回答这一典型疑问也有着不可小觑的影响。

在日本这样的大陆法系国家，author's rights 这样的概念[4]通常被认为是由两种传统的自然权论衍生而来的。其中一种理论发源于 John Locke 提出的关于有体物所有权正当性的主张。[5] 这个体系的正当化理论所依存的前提是人对自己的创造性的知识型劳动的成果当然地享有所有权。事实上，Locke 本人并没有明确地涉及对无体物所有权的正当化，但是也有论者赞成将 Locke 的劳动所有理论一定程度地运用到包含著作权在内的知识产权领域。[6] 另一种自然权理论认为，"人对自己的创造物当然地享有所有权，因为这些创造物部分或完整地反映、再现了创作者的人格"[7]。更简明地说，前者以凝结在艺术的、文学的、科学的创作物的创造过程中的"人的创作活动"为焦点，而相对地，后者更加强调作品对创作者的人格创造和发展所起的作用。

还有论者认为，比起有体物，这样的自然权论甚至更适用于产生于人类的知识型劳动的无体物。但是，在日本国内现行的著作权法及已被提案的修改案中，面对如何能充分地将排他权的赋予正当化的难题，该理论还存在不少难以克服的缺陷。[8] 最大的问题是，取得被这样类似的理论

---

③ *See generally*, William M. Landes and Richard A. Posner, The Economic Structure of Intellectual Property Law (Belknap Press of Harvard University Press, 2003); Mark A. Lemley, *Ex Ante Versus Ex Post Justifications for Intellectual Property*, 71 U. Chi. L. Rev. 129 (2004).

④ 因为不同国家的不同语言，"author's rights"在大陆法系国家的司法制度中有着不同的称呼。比如，法语"droit d'auteur"，德语"Urheberrecht"，日语"著作权"等。

⑤ *See* John Locke, Two Treaties of Government 285-302 (Peter Laslett ed., Cambridge University Press, 1988) (1698).

⑥ *See*, e.g., Alfred C. Yen, *Restoring the Natural Law: Copyright as Labor and Possession*, 51 Ohio St. L. J. 517 (1990); Adam D. Moore, Intellectual Property and Information Control: Philosophic Foundations and Contemporary Issues (Transaction Publishers, 2004).

⑦ *See*, e.g., Drahos, *supra* note 1, at 73-94; Hughes, *supra* note 2, at 330-65; Jeanne L. Schroeder, *Unnatural Rights: Hegel and Intellectual Property*, 60 U. Miami L. Rev. 453 (2006).

⑧ *See*, e.g., Alex Gosseries, *How (Un) fair is Intellectual Property?*, in Intellectual Property and Theories of Justice 3 (Alex Gosseries, Alain Marciano and Alain Strowel eds., Palgrave Macmillan, 2008).

正当化的自然权会与他人应该享有的自然权冲突。鉴于笔者关于自然权的批判已经在其他地方被详细地介绍了[⑨]，下面仅就主要的问题进行集中讨论。

第一，所谓的 Locke 的劳动所有理论是以人的身体行动的自由为前提的。换句话说，这其实是这样的一个理论——正是因为人拥有自由地进行各种各样活动的权利，因此若是牺牲了其身体行动的自由进行了劳动，就应当对其劳动成果享有所有权。[⑩] 但是，如果仅以 Locke 的劳动理论为理论基础就承认像作者的著作权那样的知识产权的话，显然这样的自然权也会相应程度地限制他人的身体活动。[⑪] 由此可见，基于 Locke 的所有权理论产生的著作权以及关于其他的知识产权的正当化理论本身是不自恰的。

Locke 的劳动所有权理论要直面的第二个问题与该理论提到的"腐坏的制约"有关。Locke 的理论以上帝赐予全人类共同享有的自然界的存在为前提。[⑫] 然而大部分的有体物是迟早都会腐坏的，假如这些共有物没有得到恰当的利用、消费而白白地腐坏，这显然是违背上帝的意旨的。这样一来，"腐坏"迫近的情况下，主张劳动成果的所有权就应该被承认，没有必要征得群体中其他成员的同意。如果谁都不去加工、使用，这些自然资源只会腐坏，因此，主张所有权的人并没有剥夺任何共有物资。但是，不同于有体物，知识产权客体那样的无体物并不会因为被谁所有而减少，而且无体物的使用也完全无须排除其他人的利用。另外，著作权和其他知识产权所覆盖的无体物的领域并不会产生所谓的"腐坏"的问题。因此，将 Locke 的劳动所有理论当做著作权的权利根基是很勉强的，著作权的保护及其强化想要得到支持就不得不仰赖别的正当化理论了。

说到赋予创造了艺术的、文学的、科学的创作物的创作者排他权的正当化理论，习惯性被提到的另一种自然权论发祥于 Georg Wilhelm Friedrich

---

⑨　田村善之《知识产权法政策学的初探》知识产权法政策学研究第 20 期第 1 页（2008 年）*reprinted as A Theory of the Law and Policy of Intellectual Property：Building a New Framework*，Nordic J. Com. L.，No. 1（2009）（*translated by* Nari Lee），*available at* http：//www. njcl. utu. fi/1 _ 2009/article1. pdf（last visited Aug. 31, 2009）.

⑩　See Locke, supra note5, at 287-88, § 27.

⑪　*Cf. id.*，at 288, § 27（"For this *Labour* being the unquestionable Property of the Labourer, no Man but he can have a right to what that is once joyned to, at least where there is enough, and as good left in common for others."）.

⑫　*Id.*，at 286-87, § 26.

Hegel 的理论[13]，而它又以德国的精神所有权理论的诞生为源头发展而来。[14] Hegel 认为要让人格能在外界环境中得到发展，所有权对于人来说就是不可欠缺的，由此将所有权制度正当化。[15] 但是，很显然即使没有知识产权的存在人们依然可以继续生活，换句话说，知识产权对于人格发展来说并不是必不可少的。何况，知识产权的存在也与社会中其他人的人格发展、创造相冲突，因此，把 Hegel 的理论当做包括著作权在内的知识产权这样的自然权的正当化理论并不妥当。

综上，可以得出结论，自然权论并不能全面、充分地将著作权法和其他知识产权正当化，必然要在自然权论之上考量功利主义的视角。事实上，笔者很早开始就提出在一定的条件和情况下，功利主义的激励论反而更适合成为知识产权的根基。[16] 若对搭便车行为不进行一定程度的制约，新的文学的、艺术的、科学的创作物的创作欲望必定会显著地减退，从而导致知识财产的减少进而让社会大众蒙受损失，激励理论就是基于这样的命题发展而来的一种思路。[17] 因此，所谓激励理论即：只有在能够提高社会整体福利的情况下才赋予著作权。

二、与技术发展和社会环境相吻合的著作权制度

作为整合著作权法与数字化时代必须要考虑的第二个视角是，发展至今的著作权制度事实上已经定期地随着技术的发展和社会环境的改变而变迁了。不能把著作权制度当成不可变通的僵化存在。反过来理解，对于著作权制度来说，在一定的条件和状况下，为了与新的技术和社会环境的变化相吻合，定期地进行自我调整也是必需的。而这个观点已经被内含在著作权法 300 年

---

[13] See Georg Wilhelm Friedrich Hegel, Philosophie des Rechts: nach der Vorlesungsnachschrift K. G. v. Griesheims 1824/25 209-11, 230-38 and 240 (Karl-Heinz Ilting ed. , Frommann-Holzboog, 1974).

[14] 概述了精神所有权发展的文献，参见 Heinrich Hubmann, Das Recht des schöpferischen Geistes : eine philosophisch-juristische Betrachtung zur Urheberrechtsreform 70-71 (W. de Gruyter, 1954)。

[15] See Hegel, supra note 13, at 238.

[16] See, e. g. , Yoshiyuki Tamura, Theory of Intellectual Property Law, Intell. Prop. L. & Pol'y J., August 2004, at 1 (2004) (translated by Yasufumi Shiroyama)；田村善之《知识产权法》（有斐阁. 第 4 版. 2006 年）第 7～22 页。

[17] See, e. g. , William M. Landes and Richard A. Posner, The Economic Structure of Intellectual Property Law 11, 20-22, 213-214 (Belknap Press of Harvard University Press, 2003).

的漫长历史中[18]并得到了诠释。纵观至今的著作权法的发展史，不管是对于著作权人法定权益的威胁，还是与此相应的著作权法的调整和反应，都可以技术和著作物的利用形态划分出著作权法的三波浪潮。[19]

当今的著作权法的起源与印刷机的出现有着十分密切的关联，而著作权制度遭遇的第一波浪潮也以印刷技术的大量使用与普及为特征。随着印刷技术的广泛普及并被用于商业目的，盗版问题便开始滋生蔓延。伴随效仿经营者超低价的印刷版本的出现，对正规出版业者的保护就显得刻不容缓，由此在 18 世纪初的英国诞生了近代著作权制度。[20]禁止不正当的效仿者复制经过登记的作品原稿，而将该复制的独占权赋予出版社——从这一点来看，不论过去还是现在，英语世界将这样的权利称为"copyright"都是再理所当然不过的事情。

直到 20 世纪中叶，由此设计出来的著作权制度经过若干的修改[21]也确实卓有成效地完成了它的使命。那还是一个仅仅复制著作物都需要不菲的投资的时代，在这样的背景下，能够制作著作物的复制品的人也就仅限于商业目的的经营者了。当时，书的印刷或者声音、画面的高质量录音录影，都还是作品的需求者做不到的。因此，近代著作权法中被认可的排他权——英美法系中的 copyright 也好，大陆法系中的著作权以及著作物邻接权也好，其实际起到的作用是：不享有排他权的经营者都因此被市场竞争规则和限制束缚住了。这样的状态在著作权法本身的设计层面上有两方面的积极意义：第一层积极意义是：这样可以相对容易地监督著作权的遵守状况，尤其是受到限制

---

[18] *See, e. g.*, Augustine Birrell, Seven Lectures on the Law and History of Copyright in Books (Rothman Reprints, 1971) (1899); Brad Sherman and Lionel Bently, The Making of Modern Intellectual Property Law (Cambridge University Press, 1999); B. Zorina Khan, The Democratization of Invention: Patents and Copyrights in American Economic Development, 1790-1920 (Cambridge University Press, 2005); Christopher May and Susan K. Sell, Intellectual Property Rights: A Critical History (Lynne Rienner Publishers, 2006); Ronan Deazley, Rethinking Copyright: History, Theory, Language (Edward Elgar, 2006).

[19] 关于著作权法发展过程中的三波浪潮请参见田村善之《互联网时代和著作权：著作权法的第三波》America Law 1999-2 221-214 页（1999 年）。

[20] *See, e. g.*, Lyman Ray Patterson, Copyright in Historical Perspective (Vanderbuilt University Press, 1968); Mark Rose, Authors and Owners: The Invention of Copyright (Harvard University Press, 1993); Ronan Deazley, On the Origin of The right to Copy: Charting the Movement of Copyright Law in Eighteenth-Century Britain (1695-1775) (Hart Publishing, 2004).

[21] *See generally* Benjamin Kaplan, An Unhurried View of Copyright (Columbia University Press, 1967); Paul Goldstein, Copyright's Highway: From Gutenberg to the Celestial Jukebox (Stanford University Press, rev. ed. 2003).

的监督对象单纯由商业目的的著作物使用者构成，针对这样的特定群体，当时的著作权制度切实有效地起到了作用。[22] 第二个积极意义在于，即使是直接针对非商业目的的著作物使用主张权利，也不会危害个人自由。[23]

到了 20 世纪后半叶，随着复印机、磁带录音机、VCR 等各种 analogue 复制技术的普及，情况又变得完全不同了。可以说著作权发展的第二波浪潮的特征是个人的非商业目的的 analogue 复制技术的大规模使用。也正是因为复制技术普及、渗透到 user 的私人领域，著作权的性质也发生了突发性的改变。毋庸置疑，著作权若要进行大范围的限制规制就必然会妨碍私人的活动。不仅私人行动自由将成为著作权的规制对象，还需要特别强调的是，对于权利者来说要有效地对单个的 analogue 复制技术的使用者进行监督从而一一确认其是否侵害了著作权也是极端困难的。因为这样的问题，面对著作物的新型的利用者和利用方式，权利人的著作权行使效率急遽地下降。针对上述情况，多数的大陆法系国家都采取了应对措施，此后国内法的焦点就由"限定的主体"转向了"尚可特定的领域"，诸如赋予权利人出租权[24]、针对私人复制的各种收费制度的应用[25]等都是很好的例子。可以看出，这样的方针政策的立足点其实是，出租店也好，analogue 复制技术和媒介的制造、贩卖者也好，其数量还尚停留在可以确定的范围内。

遗憾的是，到了 20 世纪末，第二波浪潮带来的对著作权人法定利益的威胁还处在仍无妥善高效的解决之道的阶段，伴随数字技术和因特网的发明和迅速普及，著作权法的第三波浪潮也已经不可回避地扑面而来了。数字化技

---

[22]　在这一点上，集中管理分散的著作权人的排他权行使的集中管理团体起到了重要的作用。*see generally* Collective Management of Copyright and Related Rights (Daniel Gervais ed., Kluwer Law International, 2006); Godstein, *supra* note 21, at 63-103 (describing the history of creating ASCAP in the United States).

[23]　*See, e. g.*, Jessica Litman, Digital Copyright 18-19, 177-78 (Prometheus Books, 2001).

[24]　*See, e. g.*, Agreement on Trade-Related Aspects of Intellectual Property Rights, art. 11, Apr. 15, 1994, Marrakesh Agreement Establishing the World Trade Organization, Annex 1C, Legal Instruments—Results of the Uruguay Round, 33 I. L. M. 1125 (1994); WIPO Copyright Treaty, art. 7, Dec. 20, 1996, 828 U. N. T. S. 3, available at http://www.wipo.int/export/sites/www/treaties/en/ip/wct/pdf/trtdocs_wo033.pdf (last visited Aug. 31, 2009) [hereinafter "WCT"]; WIPO Performances and Phonograms Treaty, arts. 9 and 13, Dec. 20, 1996, 36 I. L. M. 76 (1997), available at http://www.wipo.int/export/sites/www/treaties/en/ip/wppt/pdf/trtdocs_wo034.pdf (last visited Aug. 31, 2009) [hereinafter "WPPT"].

[25]　*See, e. g.*, Gillian Davies and Michèle E. Hung, Music and Video Private Copying: An International Survey of the Problem and the Law (Sweet & Maxwell, 1993).

术将私人完整复制数字化作品变成了可能，并且通过因特网，成千上万的单个用户都可以瞬间将著作物的完整复制品轻松地传播给不特定多数人。因特网出现以前，著作权人享有对商业目的的复制进行禁止以及对一部分著作物的公开使用行为进行限制的权利，当时的著作权法虽然涉及对私人的活动自由的限制，但还尚未波及非商业目的的私人使用，然而因特网的出现完全颠覆了这样的情况。早在 analogue 技术的时代，著作权法就已经开始规制那些原本被认定为合法的私人活动领域，而在此基础上，数字化技术的出现更是使得那个时代不可企及的，极端高效、积极地监督私人是否遵守著作权法成为了可能。而这样的私人活动是如此大量地存在，因此 Lawrence Lessig 指出，著作权的保护有着过于强大和过于广泛的趋势，也正是因为这样，公平适当地找到权利人和使用者之间的利益平衡已经成为了一个十分严峻亟待解决的问题。[26]

三、有必要将目光投向著作权相关政策的形成过程：激励论的缺陷

对于当今著作权法的设计和平衡利害关系人之间的利益冲突来说，政策的形成过程有着非常重要的地位且发挥着相当关键的作用，这也是在数字化时代下再探讨著作权制度时应当考虑的第三个视角。正如集中行为论[27]、公共选择论[28]指出的那样，在政策形成的过程中越是容易被组织起来的利益要求越是容易得到反映。另外，人只会经济合理地进行活动，因此人是不会在不具备开展活动的条件下进行争取权利的游说的，于是难以被组织起来的利益要求也就很难反映在政策形成中。[29] 因此，在政策形成的过

---

[26] *See* Lawrence Lessig, The Future of Ideas: The Fate of the Commons in a Connected World (Vintage, 2002); Lawrence Lessig, Free Culture: The Nature and Future of Creativity (Penguin Books, 2004); Lawrence Lessig, Code Version 2.0 (Basic Books, 2006) [hereinafter "Code"]; Lawrence Lessig, Remix: Making Art and Commerce Thrive in the Hybrid Economy (Penguin Press, 2008) [hereinafter "Remix"].

[27] *See* Mancur Olson, The Logic of Collective Action: Public Goods and the Theory of Groups (Harvard University Press, rev. ed. 1971).

[28] *See*, e. g., George J. Stigler, *The Theory of Economic Regulation*, 2 Bell J. Econ. & Mgmt. Sci. 359 (1971); James M. Buchanan and Gordon Tullock, The Calculus of Consent: Logical Foundations of Constitutional Democracy (University of Michigan Press, 1962); Towards a Theory of the Rent-Seeking Society (James M. Buchanan, Robert Tollison and Gordon Tullock eds. , Texas A & M University Press, 1980).

[29] *See* Neil K. Komesar, Imperfect Alternatives: Choosing Institutions in Law, Economics, and Public Policy 53-97 (University of Chicago Press, 1994).

程存在着这样一个结构性的偏差，虽然从总量上来看是一个社会的多数利益要求，但是这些分散开来、未被组织的社会成员的利益事实上却难以得到反映。

若将上述的理解放在著作权法的语境中来讨论的话，可以看到利用者的利益存在着难以被反映的趋势，而事实上著作权的保护就是以牺牲利用者为代价，并且有日益强化的趋势。[30] 而且，不同于有体物的所有权，包括著作权制度在内的知识产权制度虽然追求着高度的国际间的制度协调性，但是可以看到各国的制度之间仍然存在着非常明显的差异，由此可见，这就是一个极度人为设计且可以恣意进行制度规划的法律制度。[31] 这样的状况下，被预设的权利人在政策的形成过程中常常就有着积极利益和激励追求，于是往往会出现赋予权利人的权利超出了社会正常期待水平的情况。[32]

针对分散的未组织化的社会成员的利益要求，在结构的内部应该存在应对这个偏差的若干对策，这些对策有些已经得到了实施，而有些还暂时是未来的课题。类似反对以牺牲利用者利益为代价延长现行的著作权保护期间的运动，在很多国家，各种各样意在保护在著作权的政策形成过程中处于分散状态的利益者的活动已经开始展开。关于延长日本的著作权保护期间的争论，由日本国民发起并试图进一步深化该讨论的关联活动——Think C 运动[33]的出现，就可以作为日本社会政策形成过程中调整结构构造的恰当实例。近年因为 Think C 活动的影响，关于日本是否也应和欧美现在已经采用的法律一样将著作权的保护期间延长到作者死后 70 年的审议一直处于中断状态。

另一个对策虽然传统地被纳入著作权制度的构造中，但却处于功效渐渐衰减，一定情况下甚至完全失效的不尽理想的状况。关于规则和标准的区别，

---

[30] See, e. g. , Antonina Bakardjieva Engelbrecht, *Copyright from an Institutional Perspective: Actors, Interests, Stakes and the Logic of Participation*, 4 Rev. Econ. Res. on Copyright Iss. 65 (2007) (applying the participation-centered comparative institutional approach to copyright law).

[31] 关于各国的国内著作权法的比较研究，see, e. g. , International Copyright Law and Practice (Paul Edward Geller ed. , Matthew Bender 2008)。

[32] For analyses of several such situations, see Michele Boldrin and David K. Levine, Against Intellectual Monopoly (Cambridge University Press, 2008)；田中辰雄《私人复制会造成侵害么》新宅纯二郎、柳川范之编『フリーコピーの経済学—デジタル化とコンテンツビジネスの未来』（日経出版・2008 年）第 117 页。

[33] See www. thinkcopyright. org (last visited Aug. 31, 2009).

立法和司法的分工便是这样的机制例子。伴随赞成将合理使用条款引入日本著作权法的讨论，这也成为了最近的热点问题。

从古典的法和经济学讨论㉞来看，是制定规则还是创设原则？即，是选择个别的限制规定还是借助一般条款？这样的问题被认为是比较立法成本和执行成本的问题。简单说来，在同样的纠纷经常发生的情况下，比起司法针对个案一一解决的方式，立法显然能带来法律的预见性这样的社会利益，因此这种情况下采用立法方式会更加高效。于是，这时被认为不应该选择创设原则而应当制定规则。另一方面，若是同样的纠纷很少发生，对可能出现的状况进行预测变得非常困难，那么司法针对个案运用原则的方式被认为更加高效，于是此时被认为应当选择创设原则。这种情况下，比起预测个案的裁判所判决的个别利益，依靠所谓的场景构想而进行的立法的成本或许会更高吧。按照这样的理论，比如说关于著作权的权利限制和例外，因为私人利用是日常十分频繁发生的事情，于是似乎会得出应当选择规则即制定个别限制规定的结论。

此时借鉴一下公共选择论的思路，就能发现关于规则和原则除了上述的不同之外，我们还需要认识到它们之间更加重要的区别，即，由规则组成的立法有这样的弱点：对一般人的利益以及其他的分散人群的利益保护存在不足。如若立法只是单纯制定规则，集中且组织化的利益集团就有了非常明确的游说目标，由此可以想象将要制定的规则极其容易受到来自于这样的团体的压力和游说，从而被迫作出有利于这些团体利益的修改。其结果就是以一般人以及分散群体的利益为牺牲，像著作权法中的个别限制规定那样的个别规定，就会偏向于保护组织化的权利者的利益。

而另一方面，原则性质的条款的话，由于并不是那么明确的游说目标而不会面临上述问题。原则给司法解释预留了一定的解释空间，关于某些原则也比较容易大致地和当事人的合意相结合。而一旦合意接受了某项原则，其解释就可以交给相对来说对各种各样团体的游说具备比较坚强的抵抗力的司法来进行了。另外还需要注意的一点是，"同种纠纷频繁发生的情况下往往采用个别规则的做法比较好"这种观点并不具有自明性。在对著作权法中规则

㉞ See Louis Kaplow, *Rules Versus Standards: An Economic Analysis*, 42 Duke L. J. 557 (1992); Richard A. Posner, Economic Analysis of Law 586-90 (Aspen Publishers, 7th ed. 2007); Robert Cooter and Thomas Ulen, Law & Economics 358-359 (Pearson Education, 5th ed. 2007).

和原则的恰当分工进行再设计的时候，立法需要处理政策决定所造成的偏差这一点应当是值得参考的路径。⑤

四、将所有创作者、著作权人的利益都纳入考量的必要性

至于本文想要提示的最后一个视角是正值数字化时代进行著作权制度改革之际，必须认识到著作权法是需要兼顾所有的创作者、著作权人的利益的法律制度，绝不能只满足那些为了将自身利益最大化一味推进强化著作权保护的特定的组织化团体的利益，我们应当在明确了这一点的基础上不断地推进著作权法的改革进程。"无论如何也有必要采取一定的手段对著作物的利用自由给予某种程度的保证"这样的讨论随着越来越广泛的作品利用机会的出现变得日益激烈，相反，由于私人对著作物的过度使用，权利人的利益保护也变得日益严峻，权利人方面此时却是在竭力地寻找应对这种局面的方法。这样的争论早在著作权法尚处于第二波浪潮的时候已经凸显端倪，而现如今已经蔓延到互联网领域，且更加扩大化和复杂化。

以因特网带来的冲击力为助力，上述问题里又涌现出了全新的侧面点。进入网络时代，不仅作品的利用机会增多了，可以利用的作品也达到前所未有的丰富程度。现如今，那些以前很难到手的旧杂志和照片都已经可以被上传到网上供成千上万的用户轻易地浏览和保存。一般来说可以把著作物划分成两种类型：（1）取得的收益与付出的权利处理成本相当的著作物；（2）收益尚不抵成本的著作物。另外，著作权人也大抵可以区分为两类，其中一类著作权人尽可能利用各种保护技术或者通过网络权限和管理手段，在排他权范围内积极地行使自己的权利，这样的权利行使自然会明显地限制他人对著作物的利用。⑥另外一类，也有著作权人完全不介意他人出于非商业目的利用自己的作品。尤其是所谓的孤儿作品，还存在几乎不能甚至可以说完全没

---

⑤ 关于这个讨论，更加详细的内容请参见：田村善之《知识产权法政策学的成果和课题：展望以统合多元分散性为目标的新时代法政策学》新世代法政策学研究第 1 期（2009 年）第 10～11 页。

⑥ WCT, *supra* note 24, arts. 11 and 12；WPPT, *supra* note 24, arts. 18 and 19. *See also*, *e. g.*, Peter Yu, *Anticircumvention and Anti-Anticircumvention*, 84 Denv. U. L. Rev. 13 (2006)；Pamela Samuelson and Jason Schultz, *Digital Rights Management：Should Copyright Owners Have to Give Notice of Their Use of Technical Protection Measures?*, 6 J. on Telecomm. & High Tech. L. 41 (2007).

有可能查明这些孤儿作品的作者的问题。而数字化技术和网络的发展，使得包括孤儿作品在内的后一类著作权人的作品，也陷入了极其容易且大量地能被获取和利用的困境中。这样的现象是在迄今为止的著作权发展浪潮中前所未见的。

正如前文所说，针对利用者一方，结构构造是有偏差的。而即使在一部分的著作者、创作人和著作权人当中，尤其是不介意个人的非商业目的使用这一点上，权利人中也存在类似于上述的偏差问题。想要广泛行使排他权的著作权人的利益和主张，相比起与此相反的主张更容易在政策制定过程中得到反映。于是，为数不少的权利人的意愿和著作权法之间的不吻合虽然不大，但是分歧确实在扩大化且越发严重。

针对这个问题，或许 CC 运动㊲向我们揭示了一种可能的解决对策。Creative Commons 并不仅仅保障自由的利用，在此之上，促进立法充分并且适当地整合分化状态下的著作权人的利益和意愿，Creative Commons 也有着积极意义。也就是说，CC 运动通过汲取政策形成过程中，难以得到反映的那部分人的利益——而这部分利益正是结构构造偏差产生的原因，从而修正结构构造。㊳ 当然，Creative Commons 运动虽然有着各种各样的优点，同时也有本身不尽完善以及效率低下的一面。而说到底，CC 运动只是一个自愿的活动，是其最大的局限。另外，CC 运动正局部性地受到日本国内现行的著作权法中琐碎规定的影响，这一点也被作为问题指出。因此，即使有不少著作权人认为现在的著作权保护过于强力、过于广泛，于是也萌生了采用 Creative Commons 的使用许可方式的想法，但是这当中可能有不少人并不能完全理解使用许可的意思及其条件等，也有人可能认为要了解其操作方法太过于麻烦而放弃。

五、关于数字化时代下著作权制度再探讨的思考

理解了笔者上述强调的诸个视角，于是我们可以这样来总结：一个高效

㊲　*See* http：//creativecommons. org (last visited Aug. 31, 2009).

㊳　关于 Creative Commons 体系的效果的实证研究，参见 Jessica Coates, *Creative Commons – The Next Generation：Creative Commons Licence Use Five Years On*，4 SCRIPTed 72 (2007)，*available at* http：//www. law. ed. ac. uk/ahrc/script-ed/vol4-1/coates. asp＃4 (last visited Aug. 31, 2009).

的法律制度的构建，针对那部分在政策制定过程中，确实完全无法采取任何有效手段的群体，应当先天性地采用立法或司法途径来维护其立场，保护其利益。而在这一点上，对于那部分在不同的政策制定过程中可以将自己的立场和利益充分反映的人群，则应该促使他们采取一切必要的手段和行动来维护其利益。

在立法层面上，鉴于构造结构偏差的存在，可以考虑部分地或者全面地变更著作权法中的任意条款。除非作者或者创作人经过了登记或者警告的程序，原则上所有来源于人类智慧劳动创作的所有成果都应当归属于公共领域，通过这样的模式来确定著作权的任意条款的思路也可以考虑。另外，将已通过筛选成为 Creative Commons 的使用许可条款的内容直接转换为著作权法的任意条款，这样的思路也是可取的。退一步说，如果这样的做法过于彻底而不妥当的话，可以只限定在数字化的领域运用，或者针对希望延长既存著作物上的排他权期间的著作权人，缴纳登记费用，经过一定期间之后，就可以区别地弱化对那些没有登记的著作物的保护，通过这些方法应该可以构建起更加灵活包容的法律制度。

在司法层面上，我们期待裁判所能考量构造结构偏差，重构权利人和利用者之间的平衡。关于这一点，Jessica Litman 指出，对于那些几乎没能积极参与到著作权相关的政策制定过程的公众，我们不能要求他们去遵守那些对于法学家以外的人来说过于晦涩难懂的法律，笔者认为这样的主张是值得参考的。[39] 因此，对于那些在政策形成过程中处于不利的弱势地位的人群，司法可以对著作权法做对其有利的倾斜性解释，从而修正失衡。与此同时，这样的司法运作放弃了法律科以严苛惩戒却获得了著作权规范的"内部视点"，通过促使利用者自发地遵守著作权法的方式，应该能达到推进著作权法的再

㊴　*See* Jessica Litman, *The Exclusive Right to Read*, 13 Cardozo Arts & Ent. L. J. 29, 34 (1994)（美国著作权法正在修正那些专业性的、不连贯、难以理解的地方。更重要的是，这样的修正是针对所有人，所有行为的。最近，著作权法吸收了很多在现代社会中极其常见熟悉的东西。现在的著作权法的条文已经达到了 142 页。而且，技术は法には気を留めずに、複制や送信など、著作権の条文上潜在的には侵害となりうるような行為に関する多様な活動を、日常のありふれたやりとりへと変えてしまう手段を発展させている。人们已经快要不能在和著作权不打任何交道的状态下生活了。谁看了邮件、谁确认了电话留言等这样的行为，根据政府的 Information Infrastructure Task Force，今天来看其中很多都伴随着可以视为是违法的复制，发送信息的行为。*See also* Richard A. Epstein, Simple Rules for a Complex World（Harvard University Press, 1995）；Lessig, Remix, *supra* note 26, at 266-8（advocating in favour of simplifying the copyright norms）.

构建的效果。㊿ 这样一来，裁判所不仅能在一定程度上改善政策形成过程中公众参与不足、意思表达不足的状况，还能在广义上高度地确保政策形成过程中民主的正当性。相比起各国现行的对利用著作物的方式设定各种繁杂限制的方式，显然由于规范本身获得了"法的内部视点"，从而使得著作权法能得到自发地遵守更能确保法律的高度贯彻。要构建这样一个较为理想的法律制度，Litman 提出的应该仅将导致权利人丧失经济性机会的大规模使用，或者商业目的的使用规定为著作权侵害行为的观点，也许值得参考。㊶

㊿　关于规制对象将法律内部化的重要性的论述，*see, e. g.*, Lessig, Code, *supra* note 26, at 340-45（「そして、アーキテクチャーの制約は、そのようなものが機能していると被規制者が知っていようといまいと機能するものであるが、他方、法や規範は対象者がそれについて何か知っていないと機能しない。もし被規制者が法や規範を内部化させれば、遵守するのに要するコストが違反する利益を上回るか否かに関わらず、法や規範は機能しうるだろう。法や規範は内部化されればされるほどコードの性格を有するようになれるが、それを内部化するには労を要する。」）；ブラニスラヴ・ハズハ（田村善之・丹澤一成訳）「他人の著作権侵害を助ける技術に対する規律のあり方―デュアル・ユース技術の規制における社会規範の役割―」知的財産法政策学研究 25 号（2009 年）49～71 頁も参照。

㊶　*See* Litman, *supra* note 23, at 180-82.

商标法保护的法益 *

顾昕 译**

一、本报告的宗旨

一般认为，商标法具有三个机能。具体说来分别是：出所识别机能、品质保障机能、广告宣传机能。我这次的报告不是仅仅介绍这三大机能如何发挥作用，而是想阐明日本商标法真正保护的机能究竟是什么。对此问题理解的差异而导致最后具体结论不同的日本案例究竟是什么样的？本次报告，我想与其说是我自己的观点，倒不如说是以日本裁判所对这一问题的判断为中心来进行报告。

二、商标的三个机能

现实中商标本身具有上述三个机能，这点是没有问题的。某个商标，如果达到了能正确识别注册商标权人的商品或服务的状态的话，对于需求者而言，只要看到了商标就能准确识别其出所，这就是商标出所识别机能的本质。而对于使用商标的营业者而言，既然自己的商标可被他人准确地识别，为了使自己商标的评介不落后于他人，自然会为维持或改善商品、服务的质量而

---

　* 本文是北海道大学田村善之教授的演讲录，并没有作者的注释，注释是译者所加。另外，由于是田村的演讲录，所以论述十分口语化。日文原文载于第二東京弁護士会知的财产权法研究会编写的《商標法の新論点》（商事法務 2007 年 5 月 15 日第一版，第 53～94 页）。
　** 顾昕，北海道大学大学院法学研究科知识产权法专攻硕士研究生。

努力，这就是所谓的商标的品质保障机能。营业者努力维持或改善商品、服务质量的结果，使商标本身具有一定的信用，即便脱离了具体的商品、服务，其本身也具有了独自的顾客吸引力，也具有了一定的财产价值，这就是商标的广告宣传机能。

也许下面这段话有点偏离保护的法益这一主题，我们在讨论商标法在知识产权法中处于何种地位这一问题时，一般认为是创作法和标识法的问题，但我认为二者是同根而生的。也就是说，商标法、反不正当竞争法①保护商品表示的结果，是使营业者为了维持或改善商品、服务的质量而努力。如此说来，商标法不也是处在创作法的根干之上吗？从这点出发来看，商标的品质保障机能是非常重要的机能，正是得益于这种机能，才使商标具有了财产价值，商标的广告宣传机能也才得以成为现实。

三、商标的三个机能和商标法保护法益之间的关系

尽管商标确实存在上述三种机能，但是在这些"机能"中，只有出所识别机能是日本商标法明确保护的法益，除此之外的品质保障机能和广告宣传机能，是否为现行日本商标法所直接保护？关于这点我持怀疑态度。

（一）广告宣传机能

为了叙述上的方便，我们首先从广告宣传机能开始讲起吧。

在实务上，企业最希望得到保护的就是这种机能。企业为商标投入了庞大的广告宣传费用，其结果产生了一部分超越具体商品价值的财产价值。也就是说，对于同样质量的一种商品，其商标知名与否，所导致的贩卖能力完全不同。但是，这是否是日本商标法所保护的法益呢？我看并非如此，也许在是否应该适用日本反不正当竞争法来保护上还存有种种争论，但至少在商标法上，我觉得不是日本商标法所保护的法益。日本商标法只有在损害出所识别机能的情况下才肯定商标权侵害，而并不将利用他人商标中财产价值的行为视为违法。

---

① 我国的反不正当竞争法，日本与之类似的是《不正竞争防止法》，为了阅读上的便利，本文姑且统一将日本的《不正竞争防止法》翻译成反不正当竞争法。——译者注

如果要说具体的案件，有一个非常有名的香奈儿②No.5类型案件，或者称之为"香味类型"的案件，该案是反不正当竞争法的案件（案件判决可参见：東京高判昭和56.2.25無体集13卷1号134頁「シャネルNo.5タイプ」）。原告是不用赘述也众所周知的香奈儿公司，被告是以上门推销产品为营销手段的公司，被告在商品名称为"SWEET LOVER"的香水上附有"和香奈儿No.5的香味类型相同"的说明文字，并以比香奈儿No.5更加低廉的价格销售贩卖。这个案件涉及是否适用当时反不正当竞争法第1条第1款第1项③，现在则是围绕是否适用反不正当竞争法第2条第1款第1项有所争论，但如果从商标法的角度来考量，也需要考虑相同的因素。

这个案件如果用现行商标法来考量，应如何判断？首先第一点，在本案中，被告的"和香奈儿No.5的香味类型相同"这一说明文字以不太容易让人注意的方式写在商品之上。如果本案的被告用英文很详细地描述，或者将"香奈儿No.5"比自己真正的商品"SWEET LOVER"书写的更大，用"香奈儿No.5"代替真正商品名称让消费者接受的话，此时毫无疑问，妨碍了商标的出所识别机能。从消费者的角度来看，让其产生了"这是不是香奈儿No.5的关联产品？"或者"这是不是香奈儿No.5？"这样的误解，此时应该肯定商标权侵害。譬如，在其他案例中，发生了被告将"香奈儿No.5"写得很大，而在其旁边以很小的字体书写"类型相同"，在该案中裁判所肯定了商标权侵害。（可参见：東京地判平成5.3.24判時1457号137頁［香奈儿No.5]）。

但是，如果不能认定被告有如此引人误解的行为，即被告确是以"SWEET LOVER"作为商品名称的表示，而"和香奈儿No.5的香味类型相同"这种附在商品上的说明，不过构成了一种比较广告。此时，被告并没有将"香奈儿No.5"这一词语作为自己商品的商标来使用。自己的商标名称另有他者，不过是为了比较而使用的话，不构成作为商标的使用，也不会侵害商标权。如上所述，在实际的案件中不是侵害商标权而是涉嫌违反反不正当竞争法，裁判所也以未构成对他人商标的使用为理由，否认被告侵害反不正当竞争法。当然，在此情境下由于"香奈儿No.5"是著名商标，被告的行为

---

② "香奈儿"，日文原文是"シャネル"，对应的英文是"CHANEL"。——译者注
③ 日本法条标号的顺序是条、项、号，与我国的条、款、项不同。——译者注

是明显利用了商标权人的注册商标所具有的顾客吸引力，"搭了便车"，但最关键的一点是，商标法对被告的这种行为采取了放任态度。

（二）品质保障机能

下面让我们来探讨品质保障机能。

商标权人将注册商标用在何种商品之上，现在的日本商标法是交由商标权人自由决定的。如果要问原因的话，其实也是理所应当的，如果限定商标权人只能在一成不变、完全相同品质的商品或者服务上使用注册商标，商标权人就很难采取柔软灵活的营业政策：即商标权人无法一边建立其注册商标的信用，一边随着时代和流行潮流的变化及时改变原有商品或服务的品质。

也就是说，即便需求者已经对商标权人的商标产生了"是这种商品啊"的期待，商标权人还是可以随时改变商品的品质。既然该行为没有任何可被商标法非难的地方，需求者所谓的"具有一定的品质啊"这种期待，难道还能被认为是商标法上直接保证的对象吗？我认为商标法既然放任商品、服务、品质的变更，那么需求者的期待就并不是商标法的直接保护法益。

关于这个问题，要说日本裁判所判例是如何判断的话，既有不认为其是商标法保护法益的判例，也有认为多少还是日本商标法保护法益的判例，这是一个难点。下面我们另起一节，进入对日本裁判所判例的讨论。

四、对有关商标法保护法益的最高裁判所
FRED PERRY 判决的介绍

日本最高裁判所作出的"FRED PERRY Ⅱ"判决（案件判决可参见：最高裁平成 15 年 2 月 27 日判决民集 57 卷 2 号 125 页），是谈起商标法保护法益时不可欠缺的著名判例｛案例评释可参见：立花市子［判批］知的财产法政策学研究 9 号（2005 年）｝。

这是一个什么样的案件呢？（参见图一），原告 X 拥有 FRED PERRY 这一名称的商标权，从原告处获得商标使用许可权的被许可人并非本案的诉讼当事人，这个被许可人身处英国，原告 X 持有其 100％的股份，从持股的份额上看，被许可人 100％是原告 X 的子公司。因为有这样的持股关系，既可以说它是许可人，也可以说它是被许可人，从原告 X 的角度来看，这家身处

英国的子公司是被许可人。该子公司作为英国法人，在亚洲这一区域范围，拥有分许可的权利。

另有一家新加坡的公司，从上述英国被许可人处获得在新加坡的分许可，获准使用 FRED PERRY 商标用于马球衫④的制造、贩卖。

获得分许可的这家公司（被分许可人）将马球衫在新加坡销售之后，本案被告 Y 公司在新加坡购入该马球衫，转而出口日本销售。购买在国外销售的附有 X 商标的商品，转而拿回日本贩卖，这是典型的平行进口的例子。也是日本最高裁判所首次处理以平行进口和商标权侵害的关系作为诉讼争点的案例。

这个案件有什么问题呢？考察迄今为止下级裁判所的裁判例，如果本案的被分许可人在制造商品时严格遵守分许可合同的规定，该商品经由 Y 再出口到日本销售的话，不应该构成商标权侵害，但是本案有一个问题。

是什么问题呢？在本案中，商标分许可使用合同中订有关于商品制造地的限制条款，生产制造地只限于新加坡等 5 国，其中并不包括中国。而且合同中还有禁止委托他人制造的条款，委托他人制造的行为基本上是被禁止的。但是，被分许可人向分许可人申请委托他人制造，同时承诺不做不当保留行为的话，也有提出申请后被允许的例子。

在本案中，被分许可人违反了合同的两个限制条款，委托了中国企业进行制造。也就是说，一是违反了合同中的制造地域限制条款，二是未提出申请以求获得许可，从而违反了禁止委托他人制造的条款。总之，违反了许可合同中的两个限制条款而制造出了商品。这一点，也是诉至日本最高裁判所的起因。另外，本案在东京地区的诉讼和在大阪地区的诉讼平行进行，最后出现了两个不同结论的判决，是非常有争议的重大案件。

最终，日本最高裁判所是如何判断的呢？最高裁判所认定 Y 的平行进口是违法行为。今后在作出相类似的判断时，最高裁判所在本案中所确立的要件论以及其具体的适用方法具有裁判先例的意义。

如何判断是否属于真正的商品平行进口，最高裁判所提出了否定商标权侵害的三个要件：

"（1）该商标是从外国的商标权人或其使用许可人处依法获得的；（2）该外国商标权人与我国商标权人是同一人，或者在法律上、经济上具有可以视

---

④ 英文是 "polo shift"，译者在此翻译成马球衫。——译者注

为同一人的关系，从而使该商标与在我国的注册商标表示同一商品和服务的出所；（3）从我国的商标权人可以直接或者间接从事该商品的品质管理这一立场来看，该商品与使用我国商标权人注册商标的商品，在注册商标所保证的品质方面没有实质性的差异。如果可以得到这样的判定，就是所谓真正的商品平行进口，从而丧失了作为商标权侵害的实质违法性。"

最高裁判所也在判决中阐述了确立上述标准的理由：

"商标法'其旨在于通过对商标的保护，使商标使用者业务上的信用得以维持，进而促进产业发展，兼保护需求者的利益'⑤，满足上述各要件的所谓真正的商品平行进口，没有侵害作为商标机能的出所表示机能以及品质保障机能，无损商标使用者业务上的信用以及需求者的利益，可以说不具有实质上的违法性。"

这里非常重要的是：首先第一点，开头我所阐述的商标的三个机能，即出所识别机能、品质保障机能、广告宣传机能。其中第三个广告宣传机能，在该最高裁判所的解释中，不见半点踪影。也就是说，最高裁判所是完全不考虑广告宣传机能的。关于这点，我想是没有任何争议的。取而代之的是，出所识别机能、甚至品质保障机能是如何作为保护法益对待的。不过问题是，这里所说的品质保障机能具体是指什么，关于这点容我在后面讲述。以上是关于侵害要件的论述，在本案中侵害要件的具体适用方法也是非常重要的，请允许我阅读判决中的相关部分：

"オシア公司获得了许可，在新加坡及其他3个国家可以于商品上使用和本件注册商标同一的标志。本件商品是オシア公司未经商标权人同意，委托合同约定地域之外的中华人民共和国内工厂制造的。因为脱离了许可条款规定的范围进行制造和标识，侵害了商标的出所表示机能。"

也就是说在本案中，既违反了授权许可合同在中国制造，又违反禁止委托他人制造的条款而委托他人制造。首先可以认定，在该时点出所识别机能遭受到了侵害。

我们继续来看判决：

"另外，本案授权许可条款中对制造国的限制以及对委托他人生产的限制，使商标权人得以进行商品的品质管理、对于充分实现商标的品质保障机

---

⑤ 此段关于商标法目的的叙述见日本现行商标法第1条。——译者注

能具有非常重要的作用。违反上述限制制造出来的商品，使用本案商标的话，商标权人无法进行完善的品质管理，本案中商标权人的商品，与被上告人ヒットユニオン投入市场流通的商品（使用相同的商标），虽为同一注册商标，但在所保证的品质上有可能产生实质性的差异，从而存在损害商标品质保障机能的可能性。"

裁判所特意补充添加的上述解释非常重要。不仅仅是单纯违反合同的约定，裁判所强调的是违反条款的行为对于品质管理非常重要。违反上述限制而制造、并使用本案商标的商品，虽然好像将商标权人的品质管理作为关键词使用，但实际上并未具体言及商标权人的品质管理，而是将本案争论的商品与 X 使用本案注册商标并付之流通的商品，也就是指 Y 平行进口的商品与 X 在日本贩卖的商品，二者在本案注册商标所保证的品质范围内有产生实质差异的可能性，因而有可能损害商标的品质保障机能。这么说来，因为本案争论的商品不能认定为正品，所以是违法的。

从裁判所上述的论述中可以得出最关键的一点，那就是完全没有比较两种商品的品质在实际上的区别。裁判所的论述中，完全没有看到 Y 平行进口的商品和 X 在日本投入流通的商品之间实质上的差异。不比较二者实质上的差异，而是论述许可合同中的限制条款在品质管理上非常重要的作用，在此基础上出现了产生实际差异的可能性。也就是说，违反此约定而制造出来的商品，在品质上有产生实际差异的可能性，因而构成侵害。以这样的方式认定构成侵害，这点非常重要。

接下来，我想和大家探讨一下上述解释的具体含义。裁判所判决中提示了商品平行进口时，阻却构成商标侵害违法性的上述 3 个要件，但是今天我们只将要件（2）、（3）作为问题来讨论。与此同时，也介绍一些虽然与平行进口无关，但是与本案判决效力的射程有关的案件。

五、关于出所识别机能

（一）问题所在

最高裁判所的判决中非常强调出所识别机能。以"真正的商品"作为商标权侵害的否定性要件，要求被疑侵权商品与商标权人的商品来自同一出所。

最高裁判所具体的说辞是："（2）该外国商标权人与我国商标权人是同一人，或者在法律上、经济上具有可以视为同一人的关系，从而使该商标与在我国的注册商标表示同一商品和服务的出所。"

在过去的裁判例中，商标法所保护的"出所"，究竟仅仅局限在表示形式上的注册商标权人，还是说，这确实是一个基本原则，但是作为例外，商标在现实交易中所识别的出所优先于形式上注册商标所示的出所。在前述案例中，可能因为最高裁判所认为在该案中没有必要，所以没有明确作出解释，但是有相当多的案例围绕这一问题存在争论。

以下让我们花些时间来探讨吧。

（二）判断同一 "出所" 时间上的基准点

因商标权的转让而分开的例子。

在我们正式切入正题之前，先做一些准备上的工作，来看这个同一出所的基准究竟是以何时的时点来判断的呢？我们来看一些关于此问题的裁判例吧。

关于这个问题，在前述 FRED PERRY 最高裁判所判决之前，已经有涉及这个问题的裁判例。在该案件中，原本在日本和韩国的商标权属于同一人，但是日本商标权人将商标转让的结果造成在韩国的商标权和在日本的商标权分属不同的人。不仅如此，二者之间没有资本关系，商品的品质也不同，因而总的来说很难认定二者是对商品进行管理的同一集团。在该案件中，东京地方裁判所认定不构成合法的商品平行进口，因而不能免除商标权侵害的责任。

（案件判决可参见：東京地判平成 11.1.18 判時 1687 号 136 頁 [ellesse]）

也就是说，不论之前二者的资本关系如何，在现阶段，是着眼于日本商标权人和韩国商标权人没有作为同一人或能视为同一人的法律上或者其他方面的密切关系，在这种情况下，该输入品即便在韩国可以合法贩卖，但是如果拿到日本来贩卖的话，并非合法的商品平行进口，因而构成对他人商标权的侵害。

FRED PERRY 最高裁判所判决之后，有一个略复杂的、确认了此法理的案件，这就是大阪地方裁判所的在平成 16 年 11 月 30 日作出的"ダンロップ"⑥ 判决 {案件判决可参见：平成（ワ）11200 [ダンロップ]，案例评释可

---

⑥ "ダンロップ"，对应的英文是 DUNLOP 公司。实际案例的名称是日文的片假名，为了方便读者阅读，以下都使用英文名称。——译者注

参见：石上千哉子［判批］知的财产法政策研究 9 号（2005 年）｝。DUNLOP 这个商标，在汽车轮胎领域，即便是现在，有名的英国 DUNLOP 公司和在日本 DUNLOP 商标权人之间仍然好像具有人员上的某种联系。

但是说起在包括高尔夫球具的体育用品领域，英国公司和日本方面是否具有某种资本关系的话，在日本非常著名的 DUNLOP 是由住友橡胶公司在"高尔夫球具、运动用品"等领域持有商标权。以前如何姑且不论，在现阶段，住友橡胶公司虽然在汽车轮胎领域仍有与英国 DUNLOP 公司保持有相应的关系，但是在体育用品领域，二者制造、贩卖的商品已经没有任何关系了。

说起来是很久以前的事情了，具体来说的话就是在体育用品领域，二者之间虽然好像有一些资本间的往来，但是以日本昭和 59 年⑦为界限，从此之后二者再没有任何关系了。依据裁判所的认定，在高尔夫用具等体育用品领域，DUNLOP 这一商标与英国的 DUNLOP 公司已经完全脱离了关系，住友橡胶公司从二十多年以前就已经开始在日本独立制造、贩卖商品，一直是该商标的商标权人。

在本案中，被告进口到日本的是，在汽车轮胎领域世界著名的公司、并且在汽车轮胎领域依然与原告公司保持相应资本关系的英国 DUNLOP 公司体育部门的关联公司的高尔夫用品。与此相对的是，本案中住友橡胶公司对此领域主张商标权利。裁判所判决认为，在现阶段不满足二者构成同一出所的要件，因而肯定了商标权侵害，支持了住友橡胶公司的请求。

也就是说，裁判所在判断是否构成同一出所时，是以商标权被诉侵害时这一现阶段的时点来判断是否侵害了日本商标的出所识别机能。二者之前的关系不予考虑。在现阶段，日本的商标权人及其在日本的注册商标所显示的出所，与平行进口的商品所显示的出所，二者不能认为是同一出所时，就会肯定侵害。在此情况下，无论平行进口商品的权利人如何主张过去取得商标权的过程，也是没有意义的。

例如，对于之前一直没有在日本开展过业务的注册商标，某个日本企业从外国企业处获得了商标权的独占使用许可，之后又从该外国企业处受让了该商标权。也许外国企业和日本企业的商标本来是同一出处，但是现

---

⑦ 昭和 59 年，即 1984 年。——译者注

阶段，除了转让商标权的关系之外，二者现在没有任何瓜葛了。日本企业受让了该商标权之后，无论是经营方面还是商标方面，都和该外国企业毫无关系，商品的设计、原材料等都是独立决定的情况下，日本商标权人拥有了该注册商标的独特信誉。在这种情况下，如果作为原来拥有该商标权的外国企业，偶尔将自己的商品向日本平行进口的话，是否构成合法的平行进口？大阪地方裁判所的这个 DUNLOP 判决，所明确的一点就是这样的案件构成侵害。

（三）所谓同一 "出所" 的意思

不是商标实际上为他人所识别的出所，而是指注册商标权人。因贯彻这一判断原则而产生弊害的特殊事例。

以上是关于判断基准时点的讨论，接下来的问题是：日本商标所显示的出所与外国商标所显示的出所必须是同一的，如此要求会不会产生不合理的情况？

讲到这里的时候我经常会举一个很久以前的案例，现在也许不会再出现这样的判决了，这就是在平成 2 年[⑧]大阪地方裁判所的 "ROBINSON" 案件 {案件判决可参见：无体集 22 卷 3 号 651 页 [ROBINSON] 判决，案例评释可参见：田村善之 [判批] 判时 1427 号（1992 年）}。

接下来介绍该案件的案情（参见图二）。原告 X 是自行车及其部件的制造、贩卖业者，从昭和 37 年[⑨]就开始拥有注册商标 "ROBINSON"，并将该商标使用在自行车领域。

问题是这个商标权的指定商品类别。当时在实务上是允许指定一类名称的全类指定的，本案中商标指定的商品的类名称是包括自行车的 "运输机械器具，其部件以及其他附属品（但是属于其他类别的除外）" 这一大类（如果放到现在，则不会允许以这种形式注册商标，而必须是在官方指定的与该类有关的商品清单中一一注册）。此外，自行车及其部件以外的部分虽然没有实际使用，但是因为并没有他人提起商标不使用的撤销诉讼，因而原告得以在涉及运输器械的这一大类中一直持有商标权。

---

⑧ 平成 2 年，即 1990 年。——译者注
⑨ 昭和 37 年，即 1962 年。——译者注

接下来的叙述会变得有点复杂，运输器械中是包括直升机的。而作为直升机的制造、贩卖者，美国的 ROBINSON 公司在昭和 37 年时在日本是否有名暂且不论，至少现时点，该公司是包括日本在内的世界范围内非常著名的公司。

将这家 ROBINSON 公司的直升机进口到日本的是诉讼外的一家 A 公司。这家 A 公司与原告 X 曾经签署过一次商标权使用许可协议。这是件非常蹊跷的事情。此时，作为诉讼外的 A 公司也好，ROBINSON 公司也好，只要在直升机等领域提起商标的不使用撤销诉讼就可以解决问题，或者哪怕是获得商标权的受让的话情况也会好很多，然而最后不知道为何形成了这样一个半途而废的结果，即仅获得了该商标的普通许可权。许可期间是商标权存续期间，对价是一次性支付 50 万日元。

这事情有意思之处就在于，日本商标法上规定，无须商标权人本人使用，只要其授权许可者实际使用商标，就可以免于商标不使用撤销诉讼。商标法规定提出商标申请时必须有使用的意思（日本商标法第 3 条第 1 款条文主干部分），但是只要装作有这样的意思申请成功之后，即便是授权许可他人的使用也视为"使用"（日本商标法第 50 条第 1、2 款）。也就是说，我称之为蹊跷的这个商标被许可人（普通许可）的使用，造成了商标使用的实际后果，从而消除了该商标因不使用而可能被撤销的状态。

在此之后，这个在本诉讼外的 A 公司与美国 ROBINSON 公司在日本的总代理店、也是本诉讼外的 B 公司形成了业务协作关系。因而 A 公司、B 公司与 ROBINSON 公司三者形成了相应的连接关系网。但是原告 X，即偶然获得了商标某大类的全类指定，在直升机领域也取得了商标注册的商标权人，与上述 ROBINSON 公司系统的一系列集团（包括 A 公司、B 公司与 ROBINSON 公司）的关系，可以说是十分稀薄的。仅仅是曾经签署过一次 50 万元的商标使用许可合同。我看这个合同恐怕也是非常简略、一笔书过的吧。

在这种状况下，问题是出现了被告 Y，其从美国 ROBINSON 公司处进口直升机，并在日本贩卖。也就是说，在某种意义上，这构成了一种平行进口。对此行为 X 提起了商标权侵害，因而形成了本件诉讼。也许 X 在之前尝到了获得 50 万日元许可费的甜头，这一次想再获得 50 万日元。总之，虽不知道 X 具体的动机，但是就是这样的一个例子。

这个案例裁判所是如何认定的呢？裁判所肯定了 X 的商标权受到了侵害。在这个案例中，日本注册商标所展示的出所，说到底还是作为商标权人的自行车店 X。与此相对的，被告 Y 最终是从 ROBINSON 公司的集团中，而且是作为本家本祖的 ROBINSON 公司处输入的商品。而说起 X 与 ROB-INSON 公司之间的关系，不过是从 X 处获得商标普通许可权的 A 公司，在 ROBINSON 公司的日本总代理店的股份中占到了 3 成，并且与该店形成了业务协助关系。依照裁判所的认定，仅仅凭这种程度的关系，在日本的商标权人 X 与外国的输出者⑩ROBINSON 公司之间，很难认为二者具有可视为一体的法律或者经济上的某种密切关系。在这种情况下，不能认定二者显示了商标的同一出所，从而肯定了商标权侵害。

在这个案件中，如果拥有商标权人不是 X，而是本案诉讼外的 A 公司的话，依照以往的裁判例来看（当然这种情况也许正好处于是否构成侵权的边界线上），能推测出裁判所会认定 A 公司与 ROBINSON 公司属于同一出所，构成合法的商品平行进口从而否定商标权侵害。实际上，本案的结论不认定 X 与 ROBINSON 公司属于同一出所从而肯定商标权侵害，如果以之前的裁判所判决来看的话，也可以说属于分界线（是否构成侵权）上的案件。接下来，我们详细地来分析以往的裁判所判决。

在"ROBINSON"案件之前的案例中，就有裁判所判决认为外国的输出者与日本的商标权人之间要具有法律上或者经济上的密切关系（具体案例可参见：東京地判昭和 48.8.31 無体集 5 卷 2 号 261 頁 [MERCURY]，東京地判昭和 53.5.31 無体集 10 卷 1 号 216 頁 [TECHNOS]）。具体来说，在国内的商标权人与外国的商标权人之间，要满足过去至少缔结过一次代理店合同这种程度的关系，如果不满足这个要件，则判定为商标权侵害（比如上述东京地方裁判所的 [MERCURY] 案件）。

不过在上述说辞下，裁判所也扩张了不构成商标权侵害的样态。比如有名的是东京地方裁判所在昭和 59 年⑪12 月 7 日判决的 [LACOSTE] 案件

---

⑩　这里所谓的"外国的输出者"，日文原文是"拡布者"，不是指实际上将美国 ROBINSON 公司的直升机输入日本的被告 Y，而是指作为直升机商品生产者的美国 ROBINSON 公司。以下相同，都是指与日本商标权人具有相同商标名称的外国商标权人，而不是指从事平行进口行为的企业。

⑪　昭和 59 年，即 1984 年。

（案件判决可参见無体集 16 卷 3 号 760 頁）。在 LACOSTE[12] 案件中，日本的商标权人是 LACOSTE 公司，被许可人（独占许可）也加入了原告的队伍。与此相对应的是，外国的输出者不是 LACOSTE 公司本身，而是 LACOSTE 公司通过资本关系能够对其进行支配的 LACOSTE ALLIGATOR[13] 公司在美国的被许可人。因此，这里隔了两重比较远的关系。但是，裁判所认为 LA-COSTE ALLIGATOR 公司授权的被许可人作为外国的输出者，在法律上或者经济上存在密切的关系，因而认定这样的商品是在同一出所内，没有损害出所识别机能，从而否定了商标权侵害。

迄今为止，最为宽松的一次认定不构成侵权的判断是下面要介绍的 BBS 案件（案件判决可参见：名古屋地判昭和 63.3.25 判时 1277 号 146 頁〔BBS Ⅰ〕）。要注意的是，本案不是在专利法中非常有名的 BBS 案件，而是在商标法中的 BBS 案件。这是一个什么样的案件呢？在外国的输出者是当时联邦德国的 BBS 公司。日本的商标权人是一家公司，从长远的考虑出发，为了将来经营 BBS 公司商品的方便，在日本国内取得了与 BBS 公司类似商标的商标权。与其说这家公司是想与对方联邦德国公司缔结业务协作关系，不如说是想胁迫对方缔结协作关系。依照现在日本商标法第 4 条第 1 款第 19 项的规定，该商标有可能无效，但是当时商标法并没有第 19 项的规定。总之，当初原告与联邦德国 BBS 公司几乎没有任何关系。

但是，成功取得商标权之后，二者多少加强了友好关系，原告对 BBS 公司在日本的总代理店日本 BBS 予以了商标使用许可。如果仅仅是这种程度的话，就与前述 ROBINSON 案件颇为相似，但是在本案中二者有着更为密切的关系，那就是原告成为日本 BBS 公司在西日本地区的代理店。因此本案比前述的 ROBINSON 案件更近一步，还拥有了代理店的关系。即便如此，这种程度的关系还是很难让人感觉二者具有密切的关系，但是裁判所却认定联邦德国 BBS 公司与日本 BBS 公司，在资本以及人员构成上具有属于同一系列企业的关系，而二者与原告之间，在现阶段通过产品的供给、商标管理的合同以及经济上的密切结合，构成了可以视为同一企业体的特殊关系。因此，

---

[12] "LACOSTE"，日文的判决书中是以"ラコステ"书写，为了读者阅读上的便利，在这里改用英文的标志，以下相同。——译者注

[13] "LACOSTE ALLIGATOR"，日文的判决书中是以"ラコステ・アリゲーター"书写，为了读者阅读上的便利，在这里改用英文的标志，以下相同。——译者注

裁判所认定二者是同一出所，没有损害出所识别机能，否定了商标权侵害。

综合上述这些否定商标权侵害的判例，特别是拿 BBS 案件与肯定了商标权侵害的 ROBINSON 案件作比较的话，构成商标侵权与否的分界点就在于，只有单纯的商标使用许可协议还不够，还需要另一个要素。比如，在 BBS 案件中，就需要成为西日本地区的代理店这一要素。如果具有这样的关系，就会被认定为具有同一出所，至少在这个判例中可以勉强找到这样一个分界点。

问题在于，这样的区分方法真的合适吗？我从一开始就觉得 ROBINSON 案件非常奇怪，这个感觉一直延续到了今日。什么地方奇怪呢？在直升机领域，ROBINSON 公司的商标世界著名。日本的商标权人除了一份商标使用许可协议，基本上在直升机领域没有任何商标使用行为。在此情况下，对于现在的日本需求者而言，在直升机领域提起 ROBINSON 的话，都知道是指美国的 ROBINSON 公司，在日本没有人会认为是这家自行车公司 X 的商品。

在此状况下，考虑 ROBINSON 这个标识在现实的日本市场所发挥的商标机能，ROBINSON 这个标识的出所识别机能所识别的出所，与其说是日本 X 公司的商品，不如说是美国的直升机。而在此时，对于美国公司的直升机来说，因为与日本商标权人 X 具有不同的出所，就肯定商标权侵害，这样真的合理吗？日本虽说是采取注册主义的国家，但我认为这样是不是过于注重形式了。

对于自行车店 X 来说，本案商标就像天上掉下来的馅饼，因此结果也很难理想。如果 X 最初因为意识到 ROBINSON 公司是世界上著名的公司而取得商标注册的话，当时的日本法难以规制，如果放到现在，日本商标法第 4 条第 1 款第 19 项规定，怀有不正当目的取得在外国广为人知的商标是无效的。或者也可能用到商标法第 4 条第 1 款第 7 项，即以现在对该条的解释来看，将违反公序良俗的商标这条稍作扩大解释，可以以违反经济的公序、竞争秩序为由使其无效。不过，像本案中的 X 那样，说不定没有任何恶意，只是在注册商标时一下子全类指定而无意识地获得了在直升机领域的商标。当时没有想到，之后在日本居然会因为他人的商标而变得知名，而日本又没有使这样天上掉馅饼般的商标注册无效的制度。就是这样一个问题。

（四）对于例外情况的对策一

着眼于注册商标类似范围内的使用，肯定权利滥用的裁判例和其局限。

对于上述问题，裁判所也并没有袖手旁观。不知道是不是我在种种场合提出的批判起到了作用，裁判所对此不合理之处采取了一些对应措施。

其中的一个例子就是大阪地方裁判所在平成 5 年 2 月 25 日作出的一个否定商标权侵害的判决｛判决可参见：判决知财集 25 卷 1 号 56 頁［JIMMY´Z］，案例评释可参见：田村善之［判批］ジュリスト1120 号（1997 年）｝。这是一个什么样的案例呢？（参见图三）据我观察，这还是一个天上掉馅饼的案件。原告 X 是在服装类商品中，名称为"ジミーズ"⑭ 商标的注册商标权人，在"ジミーズ"这一营业表示下，贩卖牛仔裤、T 恤等商品。在本案诉讼之外的美国法人 JIMMY´Z TRADING INC 及其关联企业在美国贩卖"JIMMY´Z"商标（美国法人是美国的注册商标权人）的 T 恤，被告将该 T 恤进口到日本贩卖之后，X 起诉主张受到了商标权侵害。就是这样的一个例子。

本案和 ROBINSON 案件有一些类似的地方，在本案诉讼之外的 A 也是一段时间内进口使用"JIMMY´Z"商标的商品销售者，对此，X 与之缔结了 1 年对价为 150 万日元的商标权"不行使合同"（经合同更新，存续了约四年）。这样一来，和上面的案例一样，也许因为 X 尝到了甜头，认为既然在这边授予他人商标许可赚到了钱，接下来不断地起诉其他没有签订许可协议的人，说不定能继续赚钱。另外经查证，X 在自己的店铺中，也贩卖印有美国法人（本案诉讼外）"JIMMY´Z"商标的 T 恤等商品，但是反而没有贩卖印有 X 自己注册商标的商品。

这个案件中，判决书的说辞非常复杂。首先判决书中所着眼的是，原告注册的商标与前述 ROBINSON 案件（该案件中日本商标权人是用英文"ROBINSON"注册商标的）不同，原告只用了"ジミーズ"这样一个日本片假名作为注册商标。

接下来判决所着眼的是，从 X 处获得商标权不行使承诺的诉讼外 A 进口贩卖的商品，以及 X 在自己店铺内贩卖的商品，都是印有美国法人注册商标

---

⑭ "ジミーズ"，其日文发音与英文 JIMMY´Z 非常类似，对于一般日本的需求者而言，往往会认为"ジミーズ"是英文"JIMMY´Z"相对应的日文发音。——译者注

"JIMMY'Z "的商品。美国法人生产的 T 恤，自然不会用日文的片假名，而是用英文"JIMMY'Z "书写的。X 的注册商标是片假名书写的"ジミーズ"，英文书写的"JIMMY'Z "不是 X 的注册商标，而是属于注册商标类似的范围。在此基础上，裁判所认定 A 以及 X 贩卖了相当数量的结果，就是使"JIMMY'Z "这个商标作为美国法人的商品表示，已被众多日本需求者所认识。

继而在判决书中认定，原告 X 的行为是自毁注册商标的出所识别等诸机能的行为。在类似的范围内对与自己无关的商品授予一次商标许可，从而给需要者带来可能造成混淆的认识。"类似的范围"是该判决的关键点。判决认为原告做了自毁其片假名商标"ジミーズ"的出所识别机能的行为。被告 Y 从美国进口印有"JIMMY'Z "标志的商品的行为，从根本上没有超过原告自己积极招来的状态，没有损害商标的诸机能。因此本案的诉讼请求是权利滥用，不予以支持。

上述是一段很难理解的说辞，但其中的道理可以最简单地归纳为（当然本案判决中没有采纳这样的论证方法）：你不是允许 A 可以卖这样的商品了吗，既然是卖同样的商品，你不能只责备 Y。但是，判决没有这么简单地予以论证，而是强调了在商标类似的范围内，X 既许可他人使用，又自己使用的事由。

判决所在意的是，依照常理，对于注册商标的使用，授权给谁使用是商标权人的自由。因此，判决认为必须区分 X 将注册商标本身许可他人使用的情形，与在注册商标类似的范围内许可他人的情形。细而言之，如果许可的是注册商标本身的话，对于来自同一出所的商品，许可 A 而不许可 Y，是完全没有问题的；但是如果许可的是注册商标类似范围内的商标则不行。这是因为在注册商标类似范围内，不存在商标的积极效力（譬如假设在本案中，X 把与自己的注册商标类似的"JIMMY'Z "商标使用在自己的商品上，即不是作为美国的商品而是作为自己制造的商品的话，就会因为违反日本商标法第 51 条 1 项而遭到被取消的命运），因而在注册商标类似的范围内不能乱来。简单地说，就是裁判所在作出如此阐述后，以滥用商标权的理由驳回了原告的请求。

重要的是，在现实中，日本需求者所认识的是"JIMMY'Z "，原告反而没有独自被需求者所认识的商标，裁判所在这样的情况下驳回了原告的请求。

出现了这样的判决，值得我们关注。但是，本判决所昭示的是着眼于在注册商标类似范围内许可他人使用时的论证方法，导致案例的射程是相当有限的。比如，像之前所讲的 ROBINSON 案件就无法使用这样的论证方法。在 ROBINSON 案例中，原告不是用日本的片假名而是用英语取得的商标注册，因而从美国进口的、使用在直升机上的商标与原告的并非类似，而是完全相同。此时，许可他人的标识和注册商标完全相同，在此情况下本案的论证方法就无法适用，所以说 JIMMYZ 判决的射程是相当狭窄的。

但是，我觉得用不着这样迂回的论证手法，就像刚才的 ROBINSON 案件，在日本提起直升机领域的 ROBINSON，大家都认为是美国 ROBINSON 公司生产的直升机，在这种状况下，"ROBINSON" 这样的一个商标所识别的出所是美国 ROBINSON 公司生产的商品，X 偶然在形式上拥有注册商标，但是 X 一旦行使该商标权，难道就不能直接认定为权利滥用吗？我觉得不必像 JIMMYZ 判决那样，局限在商标类似范围内的使用，或者找其他种种理由，认为这些特殊理由的存在导致了权利滥用，其实不用这样复杂的论证手法，直接认定构成权利滥用不就行了吗？接下来就讨论在我认为的这个论证方向上，迄今为止裁判所是如何认定的。

（五）对于例外情况的对策二

着眼于全国范围内的著名性，从而肯定权利滥用的裁判例的登场。

1. POPEYE 案件

首先，在考察权利滥用方面，最重要的基本案例是最高裁判所在平成 2 年[15]7 月 20 日作出的关于"POPEYE"案件的判决。（案件判决可参见判决民集 44 卷 5 号 876 页 "POPEYE" 案件）

这是一个什么样的案件呢？该案的问题在于，该商标的标志在申请商标注册时已经是世界上著名漫画的主人公，即有名的 POPEYE。关于 POPEYE 有各种各样的案件，最高裁判所也作出了两个重要的判决，这点我想在座的很多人都知道。今天我要讲的是其中一个有关商标权的判决。关于 POPEYE 的商标，商标权人在日本持有商标权是可以的，昭和 33 年[16]，美国还不太关

---

⑮　平成 2 年，即 1990 年。——译者注
⑯　昭和 33 年，即 1958 年。——译者注

注日本市场的时代，有人未经美国权利人许可在日本申请取得了商标权。"POPEYE"和"ポパイ"这样一个文字商标，也许有人认为是日文的片假名，再加上叼着烟斗的形态，我想知道该案件的人立刻就会明白我说的这个标志（实际上仅仅看标志的图像，要是没有配上文字的话，貌似是认不出来那是POPEYE这个人物形象的）。

在日本注册商标之后，虽然为数不多，但是一部分商家从日本商标权人处获得许可，开始贩卖印有POPEYE形象的商品。与此相对的，真正的著作权人，即在美国的一系列著作权人，以及从他们那里获得许可从事POPEYE形象商品化活动的企业，和日本的商标权人之间产生了巨大的争议，就是这样一个有名的案件。

在这个案件中，最高裁判所认定日本商标权人构成权利滥用。日本商标权人提出商标注册申请，模仿当时全世界著名漫画的主人公而获得商标注册，却反过来对获得漫画著作权人许可的商品贩卖者提出停止侵害请求。在这一案件中，最高裁判所以日本商标权人的商标无偿利用了POPEYE人物形象的著名性为理由，认为其构成了商标权的权利滥用。

但是非常关键的一点是，这个判决认定提出商标注册申请时POPEYE人物形象已经是世界著名了。也就是说，着眼于商标权取得过程中的瑕疵。这个判决昭示的是，即便取得了商标权，但是提出商标申请时有任何瑕疵的话，是可以构成为权利滥用的。

可是上述ROBINSON案件中，如前所述是属于天上掉馅饼性质的案件，无法认定原告X在提出商标申请时有任何可以责备的事由，因而就算套用POPEYE案件的论证方法也不能就认定是权利滥用。

2. 小僧寿司案件

上述案件之后，有一个同样是天上掉馅饼的案件，如果让我说的话，直接使用权利滥用法理就可以解决了，但是裁判所没有这么做，而是使用种种手段来驳回原告的请求，这就是相当有名的，最高裁判所在平成9年3月11日作出的"小僧寿し"[⑰]判决｛案件判决可参见：判决民集51卷3号1055頁。案例评释可见：田村善之［判批］法学协会雑誌116卷2号（1999年）｝。

该案的被告是著名的食品连锁店"小僧寿司"在日本四国地区的特许经

---

⑰ "小僧寿し"，对应的中文是"小僧寿司"，以下都以中文名称表述。——译者注

营店。原告于昭和 31 年[18]在食品领域注册获得了名为"小僧"商标。此后在昭和 42 年[19]第一回商标更新时，虽然一回也没有用过，但还是将"小僧"商标更新了，也可能是打算将来使用吧。被告是在昭和 47 年[20]左右开始使用"小僧寿司"这一标识。裁判所认定，"小僧寿司"这一标识作为包含被告在内的小僧寿司连锁店的简称，最迟在昭和 53 年[21]时已经成为著名的标识了。

原告也非常沉得住气，没有立刻就对被告提起诉讼。不立刻提起诉讼，而是首先要准备自己使用，原告从昭和 49 年[22]开始以"おにぎり小僧"[23] 这一标识，在以大阪市为中心的近畿地区开始象征性地贩卖一点。说是一点，也许会激怒原告，但是我推测也许原告是打算开始一点点的贩卖从而达到积累商标使用的效果，来避免自己的商标因不使用而遭到撤销，在此基础之上再对被告提起诉讼。如果这样推测成立的话，就会觉得原告的算计很厉害。

小僧寿司连锁店算是被告吗？确实，作为小僧寿司连锁店来讲也不是没有过错。毕竟没有对现有商标进行充分的检索。但是在本案中，被告也有不得已的苦衷。小僧寿司连锁店成立时日本还没有导入服务商标的注册制度（服务商标是日本在 1991 年商标法修改时导入的）。而且在对商品商标的认定上，在当时的那个时代，对于外带拿回家食用的寿司是否属于商品这点还没有明确的裁判例。现在日本的下级审裁判例中确立了外带食品亦属于商品，可以解释在商品商标范围内，但是在当时的时代是不明确的。当时作为常识的普通理解是饮食产业属于服务业，因为日本没有服务商标的注册制度，所以是在商标权的权利范围之外的。在那以后，随着案例的不断涌现，商品商标也扩展到了外带食品领域，但是本案处在之前的过渡期，因而也是很无奈的一个例子。

确实，作为被告也许多少是有些过错的，但是被告当时在外带食品行业骄傲地占据市场销售额的第一名，见到"小僧寿司"这一表示，全国几乎所有的需求者都会认为是被告的标识，即便原告的商标仍在注册商标的庇护下，此时难道不是已经失去了保护原告的理由了吗？以我的观点来看，认可原告

---

[18]　昭和 31 年，即 1956 年。——译者注
[19]　昭和 42 年，即 1967 年。——译者注
[20]　昭和 47 年，即 1972 年。——译者注
[21]　昭和 53 年，即 1978 年。——译者注
[22]　昭和 49 年，即 1974 年。——译者注
[23]　"おにぎり小僧"翻译成中文就是"饭团子小僧"。——译者注

行使商标权的话，反而会损害了商标法保护具体商标出所识别机能这一终极目标，从而招致混乱的局面，构成对商标制度的滥用，在这个意义上正是构成了权利滥用。

但如前所述，从 POPEYE 案件中最高裁判所采用的法理来看，原告在取得商标注册时没有任何过错，而且并不是怀有恶意取得的。这是一个在自己取得商标之后，偶然天上掉下了馅饼，出现了被告的例子。在这种性质的案例中，裁判所和我的观点不同，最终还是没有直接使用权利滥用法理。

那么最高裁判所是如何认定的呢？那可是运用了各种各样的手段和技巧。

首先一个就是认定原告的商标"小僧"与被告的表示"小僧寿司"不类似，我觉得这是不是有点过于勉强了，给人一种无论如何就是要认定被告不侵权的感觉。在寿司上使用"小僧寿司"，与注册商标"小僧"之间不构成类似，这点是谁也没有预测到的，而且以此判决为契机，此判决后出现了很多各种各样关于商标类似性的判决。

那么这样解释就完了吗？本案难以理解的地方还在于，被告不仅仅只是用了"小僧寿司"这样的标识，碰巧在日本高知的两家店铺内，正面入口处旁边的玻璃上以及店铺的墙壁上只张贴了"KOZO"㉔，也就是说出现了省略掉"SUSHI"㉕的特许经营店。也许是因为如果把"KOZO"张贴得很大的话，就没有张贴"SUSHI"的空间了，总之这样做的原因不是很清楚。在这种完全相同的情况下，最高裁判所也不得承认此处的"KOZO"与原告"小僧"商标是类似的。

既然认定高知的两家店铺使用的标识与原告类似，接下来关于损害赔偿额的认定恐怕让大家吃了一惊吧，在适用现行《商标法》第 38 条 3 项（当时是 2 项）商标许可费相当额度的赔偿条款时，认定本案中原告的损害额是零。这样认定之后也招致了种种的议论，但是在我来看，裁判所勉强地运用很多这样论证手段的背后，让我推测的话，不就是蕴涵了这样一个价值判断吗：对于被告连锁店的商品标识、已经全国著名的"小僧寿司"，原告不能仅仅以注册商标为由对被告行使商标权。可是，以此价值判断出发的话，直接以权利滥用为由来驳回原告的请求不就足够了吗？何必一定要拘泥于权利取得过

㉔ "KOZO"，就是"小僧"的日文发音。——译者注
㉕ "SUSHI"，就是"寿司"的日文发音。——译者注

程中一定要有瑕疵这一法理到这种程度呢？我对此表示强烈质疑。

3. ウィルスバスター㉖（Virus Buster）案件

此后，也许是听进去了我的意见，当然这其中是否有确切的因果关系也无从考证，出现了不再纠缠于在权利取得过程中是否有瑕疵，而直接认可权利滥用的判决。这就是东京地方裁判所于平成 11 年 4 月 28 日作出的"Virus Buster"案件（案件判决可参见：判時 1691 号 136 頁）。

这个案件也与小僧寿司案件类似，被告在防病毒软件上使用自己贩卖成著名商品表示的"Virus Buster"。与此相对，原告则是偶然取得了"Virus Buster"的商标权。但是本案与小僧寿司案件有若干不同，本案原告提起商标注册申请时，被告商品并不是没有开始贩卖，虽然被告商品的标识之后变得非常有名，但是在原告提起商标申请时，"Virus Buster"才刚刚开始贩卖，仅仅卖出了 1 452 个。在日本全国范围内加起来仅仅贩卖了 1 452 个的话，很难被认定为商标的先使用。日本法上承认商标的"在先使用"，需要"为需求者广为认识"这一要件（可参见日本商标法第 32 条第 1 项），因此本案这种程度的使用，很难认定是商标的"在先使用"。实际案例中，裁判所也驳回了被告提出的商标先使用抗辩，但是裁判所最终基于以下理由判定原告对被告主张商标权的行为构成权利滥用。

"本案的注册商标一般说来缺乏出所识别力，并不蕴涵有原告的商业信誉，因此被告即便将与注册商标类似的商标使用于防病毒软件光盘，也几乎完全不会妨碍注册商标的出所识别机能，相反，被告在原告提出商标申请之前就一直持续地使用该标志，一直到现在成为一般需求者只要看到被告的标志就能认识到是被告商品这种程度的著名商标，如果认可原告基于商标权对被告行使停止侵害请求权的话，反而会严重地损害被告标识在现实交易中发挥的商品出所识别机能，严重地损害一般需要者对于该标志的信赖，从而招致违反保护商标出所识别机能这一商标法宗旨的结果。"

这是非常重要的地方，所以请允许我不厌其烦地确认判决的宗旨，即本案最关键的地方在于：第一，原告没有使用注册商标，因此原告的商业信用没有蕴涵于注册商标中。第二，恰恰相反，被告在原告提出商标申请之前就

_____

㉖ "ウィルスバスター"，对应的英文是 Virus Buster，实际案例的名称是日文的片假名，为了方便读者阅读，以下都使用英文名称。——译者注

一直持续地使用该标志，其结果成了需求者能立刻识别出来这种程度的著名商标。本案判决以这两点为理由，认为如果认可原告基于商标权对被告行使停止侵害请求权的话，反而会严重地损害被告标识在现实交易中发挥的商品出所识别机能，从而招致违反商标法宗旨的结果，基于上述论述，判决原告商标权滥用而驳回其请求。

该判决是以商标权人没有在注册商标下形成自己独自的信用为前提条件，采取了我的观点：与注册商标权人所示的形式"出所"识别机能相比，应该优先考虑全国范围内的著名商标在现实交易中所发挥的实质"出所"识别机能。

不过，也不能认为该判决是完全支持我的观点的。可以说，还差一步就跟我所阐述的理论完全一致了。这相差的一步就是：本案的注册商标一般来说缺乏识别力。也就是说，裁判所认定该商标申请时多少是带有"瑕疵"的。在杀病毒软件中使用"Virus Buster"这一名称的话，在识别力上是存在一定问题的。话虽如此，但凡是有些名气的商标往往都是让消费者一下子抓住该商品特质的同时，起一个略带冲击力的名称，因而本案注册商标这种程度的组合被评价为弱识别力的话，我觉得还是有点可怜的。以我的观点来看，我总觉得地方裁判所在这方面的解释不过是为了避免被上级裁判所改判而采用的说辞，当然，这样的理解也许过于强调了上下级裁判所之间的微妙关系。

（六）关于对出所识别机能今后的展望

至此为止，我们梳理了之前的相关裁判所判决，让我们再回到最开始提到的 FRED PERRY 这一最高裁判所判决。

FRED PERRY 案件中也确立了同一出所的要件。不过，本案中同一出所要件并没有什么争议的问题。依以往的裁判例来看，没有引起争议之处。本案中，平行进口的商品说到底还是 X 的被许可人的复被许可人的商品，在合同规定之外委托他人生产是不对，但是从认定是否属于同一出所的一般模式来考察，不能否认其出所的同一性。至于为什么肯定商标权侵害，理由在于，这个案例是因为在合同规定之外委托他人生产从而产生纠纷的案例，而不是许可合同之间的链接问题。

在这个案件中，姑且不论最高裁判所的说辞，其案情本身是没有什么先例价值的。如果 FRED PERRY 案件对于同一出所要件的借鉴性意义不大的话，那么在现阶段，大阪地方裁判所肯定商标权侵害的 ROBINSON 一案的判决，其射程在多大范围内存在呢？回忆之前所述，与 ROBINSON 案情略有不同的大阪地方裁判所判决的 JIMMY'Z 案，注册商标是日文的片假名，与从外国输入的英文商标不完全同一的情况下，裁判所认定了原告的主张构成权利滥用。此外，在注册商标的识别力比较弱的时候，东京地方裁判所作出的 Virus Buster 案的判决也以权利滥用为由驳回了原告的请求。在这个意义上，虽然尚未出现完全颠覆大阪地方裁判所 ROBINSON 案的判决，但是我觉得 ROBINSON 案的效力犹如风前摇曳的灯火，随时可能会被熄灭。

出所识别机能的探讨到此告一段落，我们接下来进入品质保障机能的话题。

六、关于品质保障机能

（一）问题之所在

前述日本最高裁判所作出的［FRED PERRY Ⅱ］判决（最高裁平成 15 年 2 月 27 日判决民集 57 卷 2 号 125 頁）论证具体问题时涉及品质保障机能，因而该判决的说辞非常重要。

该判决的说辞中，认为否定商标权侵害的合法商品，需要"在品质上没有实质性的差异"这一要件。要是单看这一段说辞，虽然限定在平行进口这一特定的情况，但是已经将商品品质上的差异作为是否构成商标权侵害的决定性要素来考量。如此说来，就意味商品品质保障机能和出所识别机能有可能一起成为商标法上独立保护的机能了。

但是，这种脱离判决书前后的文脉，仅仅将这一段说辞抽出来解释的话，是不能正确理解判决宗旨的。我自身认为，品质保障机能从属于出所识别机能，不是日本商标法独立保护的法益。当然也许不能说最高裁判所的理解和我一样，但是和出所识别机能相比，品质保障机能难道不应该作为从属机能吗？

对这个问题认识的不同，会影响具体案件的结论。平行进口就是其中的一例，在平行进口的案件中，国外和国内商品品质上存有差异时是不是应该肯定商标权侵害？

如果重视品质保障机能，商标权人在国内贩卖的商品与从外国平行进口来的合法商品之间，产生品质差异怎么办？譬如气温高的国家贩卖的 T 恤质地比较薄，因为某些理由与日本贩卖的商品之间存有品质上的差异，这种情况是可以想见的。此时如果重视商标权人的品质保障机能，二者的品质是不同的，虽说最初是从国外平行进口的，属于商标权人及其集团所出的商品，但是为了保证日本注册商标的品质保障机能，是否构成商标权侵害？这就是品质保证机能的问题。

如果采取的是仅仅将出所识别机能视为商标保护法益的立场，注重商品来源是不是同一出所的话，即便二者产生品质上的差异，也不会认定为商标权侵害。

与此相对的，如果采取的是将品质保障机能也视作商标法独立保护法益的立场，在国内和国外进口商品的品质上产生差异时，即便二者是来源于同一出所的商品，也可能导致肯定商标权侵害的结论。

（二）否定品质保障机能独立性的裁判例

东京地方裁判所的 LACOSTE 案件。

此问题在裁判所裁判中成为争议点的是先前介绍过的东京地方裁判所在昭和 59 年 12 月 7 日判决的［LACOSTE］案件。商标权人一方的被许可人（独占许可）主张，自己在国内贩卖的正规品与被告贩卖的平行进口商品之间，在马球衫的材质、纽扣的数量等方面存在品质上的差异，并且二者衣服胸部的鳄鱼标志也多少有所不同。

但是裁判所认为，即便原告商品与被告商品之间在品质、形态方面存有差异，可是因为没有损害品质保障机能，所以否定了侵害。

"在原告商品与被告商品之间，即便存在被告所主张的品质、形态上的差异，但是服装的品质和形态并非一成不变的，当然要随着流行和时代的改变发生变化。再加上如之前所述，原告 LACOSTE 在日本的被许可人、同为原告的三共生兴公司；与原告 LACOSTE 有着资本联系、能对其进行支配的 LACOSTE ALLIGATOR 公司在美国的被许可人アイゾッド公司，原告 LACOSTE 公司允许这两家公司在 LACOSTE 这一可视为同一出所的商标下，制造品质、形态不同的商品。作为世界著名的原告 LACOSTE 出所源的商品，二者在品质、形态上的差异，应是允许范围内的差异，所以商标的品质保障机能并没有受到损害。"

也就是说，被许可人从 LACOSTE 处、或者从 LACOSTE 同一集团的公司处获得商标许可进而贩卖商品的话，等于 LACOSTE 说了"可以"，此时再向日本平行进口，也不会有害于出所的认定，因此不构成对品质保障机能的侵害。

判决的这种说辞实质上否定了品质保障机能的独立说。也就是说，认可商品出自 LACOSTE，从 LACOSTE 处获得了商标使用许可的承诺，这就已经足够了。本案看上去把品质保障机能拿出来讨论，实际上并没有发挥独立要件的功能。

（三）最高裁判所在 FRED PERRY 案件中的立场

那么在 FRED PERRY 案件中，最高裁判所是如何判断的呢？让我们再来看一下最高裁判所在判决中的说辞吧。

"（3）从我国的商标权人可以直接或者间接从事该商品的品质管理这一立场来看，该商品与使用我国商标权人注册商标的商品，在注册商标所保证的品质方面没有实质性的差异。如果可以得到这样的判定，就是所谓真正的商品平行进口，从而丧失了作为商标权侵害的实质违法性。"

这段说辞可以有两种解读方法。其说辞本身就是具有多种含义的。

解读方法有几种，其中一种就是站在我的立场上的解读，即重视上述（3）段中第一句话，重要的是能不能进行品质管理。只要进行了品质管理，就没有实质上的差异。因此该段之后"没有实质性的差异"的说辞可以解读为：要么无视其存在，或者理解为只要进行了品质管理，其结果就必然没有实质上的差异。反之，没有进行品质管理，就会产生实质上的差异。如果这样解读的话，该段最后部分的"可以认定为没有实质性的差异"这一说辞就不是独立的要件。这种解读认为"实质性的差异"不过是有没有进行品质管理的结果，其含义与先前介绍的 LACOSTE 案件的说辞相同。

与此相对的解读方法，是将（3）段中的说辞解读为双重要件，即进行品质管理的要件，再加上"其结果没有产生实质性的差异"，如果这样解读，品质保障机能就有了独立的含义。

我觉得在日文语境中还是应该理解为前者。"可以直接或者间接从事该商品的品质管理这一立场来看"这一说辞已经构成足够充分的理由，之后的部分理解为：正是因为能够品质管理所以自然没有实质上的差异。"没有品质差异"是由于前面的原因而导致的自然结果，而不是独立的原因。

最高裁判所的这个抽象论的说辞是如何具体适用于该案的？这点是非常重要的。如本次报告最开始讲述的那样，Y 的商品与在日本流通的 X 商品，二者在品质上的实质差异，裁判所完全没有做任何认定。裁判所只强调了商标许可合同中的限制条款对于品质管理非常重要，如果违反该限制条款，就会有产生实质差异的可能性。鉴于这点，即便从我的立场出发，即否定品质保障机能作为独立保护法益的立场出发，也可以对该判决的说辞表示赞同。

为什么这么说呢？因为本案中违反许可合同的行为，达到了有可能损害出所表示机能的程度。不仅违反了生产地区的限定条款，也违反了禁止委托他人生产的条款。也就是说，在 X 为首的集团未授权的地方生产商品，如果非常注重这个要素的话，这种违反合同的行为侵害了出所识别机能。同时，这种情况下的商品也有无法进行品质管理之处，是不是也侵害了品质保障机能，不过是用词上的问题。所以说这个"品质管理"真是一个非常神奇的词汇，如果站在能否进行品质管理的立场来判断商品的出所，那等于说就是能否视为同一出所的问题，这是我个人的理解。

不过，在 FRED PERRY 案件中，时任该案件最高裁判所调查官的高部真规子法官，和我的意见不同。依其所著的调查官解说，认为并非所有违反许可限制条款的行为都会损害商品的品质保障机能。比如一直不缴纳许可费用，一直到合同解除也不会有损品质保障机能；合同中有生产最低数量的限制规定，不遵守也不会有什么影响。但是如果有最高生产数量的限制，违反最高生产数量的规制条款会影响到商品品质，又比如说违反合同中规定限制贩卖地条款也会有影响〔可参见：高部真规子［判解］法曹時報 57 卷 5 号 259～262 頁（2005 年）〕。这位法官的意见明显和我不同，认为品质保障机能拥有一定的独立性，是商标法保护的法益。

虽然担任这个案件调查官的意见非常明确，但是仅从最高裁判所判决文书的措辞来看，两种解读都是可能的。

（四）对品质保障机能今后的展望

最高裁判所的 FRED PERRY 案件之后的裁判例是如何认定这个问题的呢？

该案之后涉及品质保障机能意义的判决是东京地方裁判所在平成 15 年 6 月 30 日作出的"BODY GLOVE"判决（可参见：判時 1831 号 149 頁 [BODY GLOVE]）。

本案仍然是 T 恤和马球衫的例子。商标权人"BGI（简称）"和与之缔结商标许可合同的被许可人"BGM"在马来西亚贩卖商品，原告（因为是确认停止侵害请求权不存在的诉讼，所以平行进口业者反而是原告）将该商品平行进口至日本。问题是，原告在平行进口的商品上印有"USA APPROVED"的激光防伪标志。也许作为平行进口者的心理，是想如果被美国承认，那就意味着这是非常棒的商品。在诉讼中，商标权人的被许可人（独占许可）也成为被告（因为是确认停止侵害请求权不存在的诉讼，所以商标被许可人是被告），被许可人主张原告印有激光防伪标志的做法违反了商标许可合同，不能认定本案商品的进口没有实质违法性。此外，对本案商品的进口行为违反了限定在马来西亚贩卖的合同条款，不能认为欠缺实质违法性。

裁判所首先在事实认定上，否认了合同中存在上述合意：禁止原告印有激光防伪标志，或者有限制贩卖地域。在此基础之上，裁判所认为，即便合同中存在禁止印刷激光防伪标识的合意，那也和出所识别无关，因而无损出所识别机能。

如果判决的论述在此结束的话，那明显采取了只保护出所识别机能的立场，但是判决肯定了出所同一性要件的同时，又确立了如下要件：

"但是，（中略）我国的商标权人充分发挥商标权的独占权能，在维护自己商品的品质以及信用上取得不少实际效果，要是因为从外国进口和商标权人有关的商品，而导致有损商品品质或信用这种特殊情况出现的话，此时例外地会产生，该商品究竟出自外国的商标权人还是出自我国商标权人这样应该识别的利益，这种利益是值得保护的。"这段抽象论的说辞具体适用在本案中的话，裁判所认为禁止在商品上印有激光防伪表示的合意对于品质管理来说没有任何意义，即便平行进口这样的商品，也不会产生有损商品品质和信用的后果，从而驳回了被告的主张。此外，关于贩卖地域的限制，裁判所认为这不过是基于贩卖策略所课的义务，和品质保障机能无关，继而在这点上也驳回了被告的主张。

这个判决，是在论及品质保障机能的最高裁判所判决 FRED PERRY 之后作出的，考虑最高裁判所先例的影响，不能仅依据出所识别机能就否定商标权侵害。所以，即便已经无损出所识别机能，还是要写上例外情况时的但书，即在有害于品质及信用维持的情况下，仍然构成商标权的侵害。

但是 BODY GLOVE 案判决中所加的这个但书还是相当限定的。可以看出欲限定最高裁判所言及的品质保障机能的意图。此外，如前所述，作为一种解读方式，将最高裁判所 FRED PERRY 判决解读为不太重视品质保障机能也是可能的。

总之，最高裁判所在 FRED PERRY 案件中提出的品质保障机能，在今后的裁判所判决中具体如何展开，这点值得关注。但可以肯定的是，违反许可合同但无关商品品质的话，否定商标权侵害这一结论是不会变的。

七、残留的课题

（一）问题之所在

虽然有最高裁判所对于 FRED PERRY 案件的判决为前提，但讨论到现在，可以用一句话概括我的基本观点：所谓品质保障机能是可以被出所识别机能吸收的。退一步说，即便把品质保障机能理解为商标法独立保护的法益，也不过是附加在出所识别机能之上不太大的一部分。出所识别机能是非常重要的，但我们要探讨的是：反过来说出所识别机能没有受到损害，不会造成混同的情况下，除了真正的商品平行进口之外，也有很多其他否定商标权侵害的案例。

因为时间的关系无法网罗所有的论点，下面就有代表性的问题予以列举。

（二）对于购买后混同的处理

其中一个问题就是购买后的混同是否影响出所识别机能。

下面我们具体举例说明。东京地方裁判所在平成 15 年 1 月 21 日（可参见：判时 1883 号 96 頁）、东京高等裁判所在平成 16 年 8 月 31 日就"リソグラフ（RISOGRAPH）"㉗ 案件作出了一、二审判决〔判决可参见：判时 1883 号 87 頁。案例评释可参见：田村善之［判批］知的産権法政策研究 4 号

㉗ "リソグラフ"，对应的英文是"RISOGRAPH"，实际案例的名称是日文的片假名，为了方便读者阅读，以下都使用英文名称。——译者注

（2004 年）}。

下面介绍案件的事实。原告是生产名为"RISOGRAPH"打印机的理想科学工业公司。被告是从事循环再利用业产业的业者，从理想科学工业打印机的用户手中回收用尽的墨盒，将墨盒重新填充后再贩卖。因为再填充的墨盒上面印有原告的注册商标，所以这里的问题就是：被告是否侵害了原告的商标权。

第一审的东京地方裁判所，否定了商标权侵害。

被告在销售墨水时，本案注册商标已经印在墨盒上了。很明显，原告的墨盒与被告填充的墨水之间没有任何关系，本案的注册商标没有发挥商品出所识别机能的任何余地，因此不构成商标的使用。也就是说，被告（循环再利用业产业的业者）的用户自愿地将墨盒寄放至被告处，填充上墨水后再拿回来，即便在墨盒上印有 RISOGRAPH 的文字标志，也完全没有作为理想科学的标志发挥识别机能。基于此理由，裁判所否认了商标权的侵害。

上面这段说辞，如果仅仅截取出所识别机能部分的话，可以认为是妥当的。既然明显没有损害出所识别机能，就没有必要肯定商标权侵害。

但是，将这段说辞具体适用到本案的案情，我对结论持反对立场，这应该是一个肯定商标权侵害的案件。我所在意的是购买后的混同问题。要说原因的话，比如我所在的大学也使用 RISOGRAPH 打印机，作为采购的负责人，如果是大学的话就是会计等部门的负责人，他们自然不会将二者搞错，知道自己委托的不是理想科学工业而是委托了重新填装墨水的再循环利用业者。因为他们清楚，自己没有答应理想科学工业提出的墨盒回收，而是委托了再循环利用业者，此时确实如地方裁判所判决所说，不会产生混同问题。

可以问题不在于会计部门，而在于实际用户那里。会计部门购入墨盒后，自身只使用其中很少一部分，大部分是大学的教员、学生等相关人员在使用。在此状况下，比如发生了墨水堵塞问题，大多数人会认为这是理想科学商品的问题，是 RISOGRAPH 的问题。这就是我说的购买后的混同问题。

当然，有人会认为即便有这样的问题，大家抱怨时会计担当者心里很清楚，他知道这不是理想科学的问题，而是再循环利用业者的问题。因此有人会认为，这还算不上什么问题啊。

但是，用户是无法正确地认识的。譬如，在大学的采购负责人那里，理想科学工业没有失去信用力，可是我自己家里想买打印机的墨盒时也许我就会这么想了，"啊，这么说的话在大学里经常发生墨水堵塞的问题，还是不要选理想科学的产品了"。正是在这个意义上，本案是有可能发生混同的，为了防止这种混同，就需要在商品上附上之后要说的否定标志。我的想法是，既然没有在商品上附有为了防止混同的否定标志，就可以基于购买后的混同来肯定商标权侵害。实际上，我也向二审裁判所提交了这样一份鉴定意见书。

二审裁判所作出了逆转一审内容的判决，但是二审判决书中没有言明是否采纳购买后的混同理论。逆转一审判决的主要原因是对于案件事实认定上的不同。依据二审裁判所的认定，再循环利用业者的销售不仅是以填充用户提供的空墨盒为前提，而且贩卖已经直接填充好的墨盒，这样做的结果就是，"不仅是实际上使用墨水的"用户，就连采购负责人也无法正确判断再循环利用业者生产的墨盒与理想科学工业是否毫无关系。因此，二者之间很明显产生了混同误认的可能性。再循环利用商品上附着的原告商标发挥了出所识别机能，构成了商标的使用。裁判所在上述论证之后，肯定了商标权侵害。

也就是说，二审裁判所的判决在事实认定的问题上，认为连直接采购的负责人也产生了混同。并没有直接采用购买后混同这一法理。但是裁判所在说辞上，说了一句"不仅仅是墨水的实际使用者"，从这句话中能看出来裁判所已经考虑到了什么，总之对该法理以后的走向，还需要留意今后的裁判所判决。

（三）为了防止商品混同所附加的否定标志

从出所识别机能的观点来看，为了防止商品混同所附加的否定标志就成了一个要探讨的问题。明确表示了某一商品的出所，在商品上附有完全打消了类似商标出所识别机能的标志，这种情况下，应该如何认定？

如果让我首先给出结论的话，我认为防止商品混同所附加的否定标志，如果在具体的案例中逐一衡量、判断是否产生混同可能性的话，恐怕无法达成抽象地设定权利范围的商标法宗旨。所以，如果否定标志以非常明显的样态表示在类似商标的旁边，导致类似商标明显没有发挥任何出所识别机能的情况下，就不视为商标的使用，否定商标权侵害。

在过去的裁判所判决中，有东京地方裁判所平成4年5月27日作出的"Nintendo"判决（判决可参见：知裁集24卷2号412页）。这个案件是：原告任天堂贩卖一款游戏机控制器，可是旨在提高其连射机能的改造是由任天堂以外的人完成的。

裁判所认为,既然改造后的游戏机控制器仍然贴附着注册商标"Nintendo",就会让人误认改造后的商品仍然是由原告贩卖,从而产生有损注册商标出所识别机能的可能性,并且因原告无法对改造后的商品品质承担责任,也有可能损害品质保障机能,因而肯定了商标权侵害。

一般来说,真正的商品在流通过程中被商标权人以外的人加以改造之后,就这样原封不动地印着注册商标继续贩卖的话,他人就会将改造后的商品误认为也是商标权人贩卖的,从而损害了出所识别机能,此时即便不将品质保障机能视为商标法独立保护的法益,也可以肯定商标权侵害。本案的案情对于确认这一法理非常重要,但是本案的判决没有采纳这一观点。

其实在游戏机控制器上除了任天堂的文字表示之外,被告也附加了"HACKER JUNIOR"这样的文字表示。被告主张既然附加上了防止商品混同的否定标志,就不应该构成商标权侵害。

但是裁判所没有接受被告的主张。理由在于:刊载被告商品广告的杂志一般在店头贩卖,被告商品的广告传单中,有一些甚至并没有刊登被告的商号。因此可以想见,不是所有购买被告商品的人都知道那其实是经过改装后的原告商品,所以不能否定存在混同的可能性。不过,这段说辞更像是针对本案中合并提起的反不正当竞争法的诉讼请求,不管怎么样吧,裁判所对于否定标志表现出了冷淡的态度。

和上述否定表示类似的问题是:假冒的商品在陈列出售之际附加标志,告知消费者这就是假货,此时应该如何处理?我觉得此时用购买后混同的理论来应对是最合适不过的,也就是说,在此情况下,该商品还是可以再赠与他人,或者以其他方式再进入市场流通。只要在商品本体上没有明确标识的话,还是应该肯定侵害的。

在裁判例中,有一个很绝的例子是:在贩卖时明确告知不是商标权人的商品,而是假货。即便作出这样的声明,裁判所还是没有考虑这种特殊情况,肯定了商标权侵害。这真是一个非常绝的例子,在瓶子的瓶盖上用锉刀刻上一个"×"的标志,甚至在瓶子上用白色的油漆写上"伪造"这两个字。但是裁判所认为,"SUNTORY"这个原告的标志还是没有消除,以此为理由肯定了商标权侵害(大阪高等裁判所昭和 63 年 9 月 20 日作出的"SUNTORY"判决。判决可参见:判时 1306 号 135 页)。我觉得裁判所基于这样的理由认定侵权实在是太乱来了。

本案中的被告究竟基于什么原因而附加上这样的否定标志？关于这点没有定论。也许被告获得了什么情报，得知即将遭到权利者的打击或者政府的力量要介入进来，情急之下涂上了油漆什么的。莫非是因为动机不纯而被认定为侵害的，虽然有这种怀疑，但其实就案情本身来说，这些否定标志还是很容易消除掉的，抹掉白色的油漆，再将瓶盖取掉后又变回普通的瓶子了。实际案例中也证实，被告销售掉的假货又一次回到了市场上。所以，如果以我的观点来看这个案例，应该采用更为细致的法技术论，即"伪造"的标志很容易剥离或者再次涂抹上去，这意味着使用类似商标的商品可以很轻易地被再次转让，此时依据《商标法》第 37 条第 1 款第 6 项来肯定商标权侵害不就可以了嘛。

那么，因为附加了否定标志而否定商标侵害的例子是什么样的呢？大阪地方裁判所平成 6 年 2 月 24 日的"マグアンプK"㉘（判决可参见：判時 1522 号 139 頁）判决就是这样的案件。

这个案件中的问题商品是肥料，是被告将整袋的肥料分成小袋后贩卖的例子。之前的裁判所判决中累积了一些虽然是真正的商品，但是在流通过程中被替换包装或者分成小部分贩卖的情况下构成商标权侵害的判决（判决可参见：大阪地判昭和 51.8.4 無体集 8 卷 2 号 324 頁［STP］，福冈高判昭和 41.3.4 下刑集 8 卷 3 号 371 頁［HERSEY'S]），在本案中，裁判所也肯定了商标权侵害，但是我觉得在本案中应该否定商标权侵害。

本案具体的案件事实是，被告贩卖的小袋肥料，采用的是将化肥装进透明塑料袋中这种很粗糙的简易包装，被告及其相关者在贩卖时明确表明，这是将原告的大袋化肥分成小袋贩卖，因此可以相对便宜的价格贩卖。如果是这样的话，我觉得既然需要者没有把小袋化肥与原本的整袋化肥弄混淆的可能性，作为例外情况应该否定商标权侵害。如果不是像本案中那样简易而粗糙的包装，而是对小袋化肥也予以很好的包装，就会产生继续在市场上流通的可能性，此时就应该适用如前所说的购买后混同的法理，但是在本案中，小袋装的化肥几乎都是直接交由最终消费者使用，因此在最终消费者处用掉化肥后，就算他人看到也没关系。

㉘ "マグアンプK"，对应的英文是"MAGAMP"。——译者注

作为被告，能做到的事情已经全做到了，因而在这个案件中应该否定商标权侵害。

看到这个案件我立刻想到的是大学里面的大学祭活动。在大学祭的时候，学生在自己经营的模拟店里面把可口可乐等清凉饮料分成小杯贩卖。经营模拟店的学生的想法是，如果买回来一大瓶1.5升的可乐，然后以50日元一杯的价格分成小杯贩卖的话，那肯定是赚的。要是依照这样的想法，既然换成小杯来贩卖那就必然有一个替换的过程。如果在这个过程中就算发现有什么虫子飞进了小杯子，谁也不会去起诉可口可乐等饮料公司，要起诉的话也是起诉开模拟店的人。在我举的这个例子中，如果适用裁判所在"マグアンプK"案件中所确立的抽象理论，那么所有的模拟店都不能再使用可口可乐这个标识了，如果让我说的话，我就不知道这时应该如何标识了。也许学生们会如此标识："虽然不能说是什么牌子的商品，但是这是非常有名的饮料哦"，要是这样一来，消费者就变得不知道商家究竟在卖什么东西，如何在市场上提供信息就成为了一个问题。因此我认为在上述情况下，应该例外地否认商标权受到了侵害。

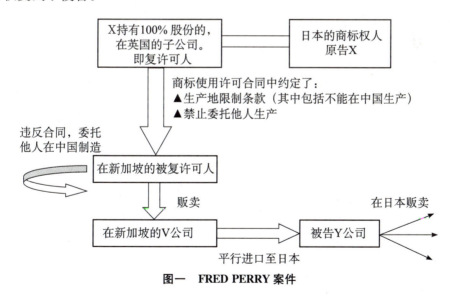

图一　FRED PERRY 案件

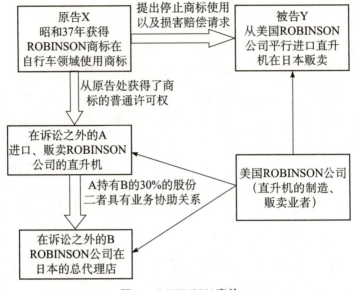

图二　ROBINSON 案件

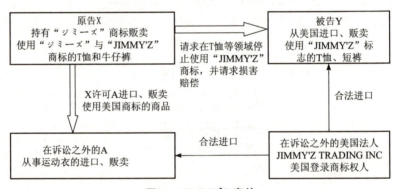

图三　JIMMY'Z 案件

商品形态酷似性模仿的规制动向 *

——从制度宗旨来看法律的修改及对判例的评价

丁文杰　李高超　译

一、问题所在

今天，笔者将就"商品形态酷似性模仿的规制动向"问题进行讨论。不正当竞争法在第 2 条第 1 款第 3 项中，使用了内涵丰富的"模仿"一词来规制一定的不正当竞争行为。本条最早出自 1993 年的法律修改。将此处的"模仿"理解为"酷似性模仿"是可以的。

即便如此，法条仅对"模仿"作出规定难免会让人产生这样的误解：相对于"酷似性模仿"，"模仿"是不是需要从更广的范围来把握？基于这个原因，2005 年修改后的法律对"模仿"的概念进行了界定："本法中所谓的'模仿'，是指依据他人的商品形态，从而制作出与他人商品具有实质同一形态的商品。"法律的规定解决了"何为模仿"的难题，但并未有效解答"如何判断模仿"或"模仿容忍在什么限度内"的问题。特别是，到底应该以谁为所谓的实质同一性的判断主体，即实质同一性的判断是按照需求者（例如交易双方或商品的终端消费者）的标准来判断，还是依据设计师等创作者的标准来判断？具体来说，就需求者来看商品间存在着巨大的差异，但创作者却认为商品很容易被模仿，这种情况该如何处理也是一个需要解决的问题。

实际上，这个难题来自东京地判平成 14.11.27 判时 1822 号 138 页《Belluna RyuRyu（ベルーナ・RyuRyu）》一案中的 4 号商品（参见后附图 1）。一

---

* 原文出处：《知识产权法政策学研究》第 25 期（2009 年）。

方面，原、被告二者的商品在装饰、形状上几乎一致；另一方面，原告商品和被告商品都是极为常见的形态。尤其让人无奈的是，像服装这样的商品原本就有限定的形态。

本案的关键在于：乍一看，袖子的有无给人截然不同的感觉，但事实上除去袖子后，原、被告商品几乎一模一样。如果这样的话，虽然需求者看来或许觉得是完全不同的商品，但对创作者来说，被告所需做的仅仅是简单地给衣服缝上袖子。因此，同一事实采取不同的判断标准就有可能得到不同的结论。

让我们来看一下本案的判决要旨。原告和被告的商品均在"衣领位置装饰了用钩针钩出的紫红色花边，而二者花边的模样、布局、衣领两侧树枝状刺绣设计、小叶片形状的刺绣都几乎如出一辙"。虽然原告商品没有袖子，而被告商品是长袖，色调也有些许差异，但不管原、被告商品均在"前述刺绣以外没有特别装饰的地方、胸前位置点缀着用钩针编织的紫红色花边、枝条状的刺绣或小叶片形状的刺绣这些有特点的设计"。原告商品和被告商品"如果在这些方面都几乎一致，上述的差异是不会对同一性的判断产生影响的"。也就是说，本案肯定了如果将被告商品的袖子取掉，残存部分和原告商品属于同一形态的事实。虽然不能清晰地判断本案采取的是需求者标准还是创作者标准，但与其他旗帜鲜明地应用需求者标准的判例相比，还是存在着微妙的差异。

讨论以谁的标准来判断实质同一性问题时，可以参见同样保护商品形态的外观设计法关于"类似性"要件判断标准的规定。为限定权利范围，《外观设计法》第24条规定了"类似性"要件，即作为外观设计而申请注册的商品形态与以往外观设计的区别要在什么限度内，才会被法律认可而获准注册时涉及的"类似性"判定问题。可以说，外观设计法就是以"类似性"为主轴而制定的法律。关于外观设计法中"类似性"的传统判断标准，有创作者说和需求者说两种相互对立的观点。前者认为，应该以设计者等创作者的眼光来判断外观设计的类似性；后者认为，应该从交易者或需求者的立场对外观设计的类似性进行衡量。虽然后者本身又可以区分为两种，但笔者赞同的不是需求者说中的混同说，而是另一种需求者说。

说到属于外观设计范畴的判例，判决要旨中使用"看者"一词的地方非常之多。其实"看者"即为观望者，也就是说，法官采取的明显是需求者说。

在司法实践中，明示外观设计法中的类似性判断是以需求者为标准的最高裁判所的判决，是最判昭和 49.3.19 民集 28 卷 2 号 308 页"（Hoos）ホース"案。让我们来看一下本案的判决要旨。《外观设计法》第 3 条第 1 款第 3 项中关于是否与登记作品类似的判断，即是否与他人已登记的外观设计具有同一性或类似性，应按照"一般需求者的眼光来看是否具有类似美感"。而"第 3 条第 2 款中关于外观设计是否具有独创性的判断，则不以同一性或类似性为标准，而是以广为人知（虽然当时的条文中加入了这样的要件，但 1998 年对相关条文进行修改时删除了'广为人知'要件）的外观设计为基础，以专业人士的立场来判断是否具有不易创作性。因此，两条文有着不同的思想基础"。也就是说，外观设计法中设有两个要件：一个是第 3 条第 1 款的新颖性；另一个是第 3 条第 2 款的相当于专利法中进步性要件的不易创作性。其中，第 3 条第 1 款第 3 项中所谓的"类似性"，是以需求者看来是否具有类似美感来判断的。与之相对，第 3 条第 2 款中的"不易创作性"，则是以专业人士的观点来判断。因此，即使不符合第 3 条第 1 款第 3 项规定的类似性，但在专业人士看来却是容易创作的外观设计，有可能因为第 3 条第 2 款的原因而登记被拒。总之，二者采用的是不同的判断标准，即一个采用的是需求者标准，一个采用的是创作者标准。

如果采用创作者说，二者的判断标准应该是相同的，但最高裁判所认为因条文不一样判断标准当然也是不同的。在判决要旨的结论部分，最高裁判所叙述如下："因此，即使在相关同一或类似外观设计之间，以外观设计效果是否类似为基础的同条第 1 款第 3 项的类似性判断，和以他人外观设计的形状、外观、色彩等为基础，专业人士是否能够轻易创作其他外观设计的同条第 2 款的创作容易性判断就未必一致。属于类似外观设计并同时符合同条第 2 款的创作容易性是一种情况，也有虽因外观设计效果不同不能称之为类似外观设计，但却可能符合第 2 款的创作容易性的情况。"

在外观设计登记阶段，只有最终被否决是因为第 3 条第 1 款第 3 项还是第 3 条第 2 款这一问题（特别是 1998 年的法律修改将关于适用第 3 条第 2 款的前述"广为人知"要件废除后）。但外观设计法规定，外观设计被登记后的保护范围仅由类似性决定，是否容易创作并不在保护范围之内。这样看来，最高裁判所的有效射程应该限定为第 3 条第 1 款第 3 项，第 3 条第 2 款并不在其考虑范围之内。但如果把外观设计法中的类似性概念适用于第 3 条中关于登记的条款和第 24 条中关于权利行使的条款，这将是非常重大的误区。如这样理解的话，因为第 3 条以需求者标准进行判断，同样权利行使的时候自然也能按照需求者标准来判断。实际上，在其后的司法实践中，基于这样的错误理解以需求者标准来确定保护范围的判例逐一登场。

总而言之，最高裁判所的立场是，《外观设计法》第 3 条第 1 款第 3 项以一般需求者的眼光来判断是否具有类似美感的问题，第 3 条第 2 款则以专业人士的眼光来判断创作容易性的问题，二者判断标准不同。

虽然很久之前就有这样的最高裁判所判决，但确实是最新外观设计法使之成为法律规定的条文。在有关权利侵害的条文即第 24 条第 2 款中，注册外观设计类似与否的判断是"基于通过需求者的视觉所产生的美感"。如今，对于这样的修改受到了持创作者说的各位学者的批判。

接下来让我们一起看看创作者说到底对需求者说进行了怎样的批判。提及需求者说的代表作，应属高田忠的《外观设计》（1969 年、有斐阁）一书，但本书实际采用了混同说。因此，将需求者说视为混同说的情况非常多。因此，创作者说批判了含有混同说意味的需求者说。批判如下：抑制混同本来是商标法的立法目的，而外观设计法的立法宗旨本该是奖励创作，如采用混同说的观点将令人不解。具体来说，假设对两个外观设计进行比较，如果是非常醒目的部分类似，需求者可能会产生混同。但若非常醒目的部分原本就是作为第三者的他人之前创作的外观设计的特征，而权利人所创作的特征完全不显眼的话，这种情况下以是否对需求者产生混同为标准来判断类似性问题是很奇怪的。结果，也有批判认为即使对于最高裁判所来说，采用混同说也是非常不合道理的。

其实，笔者主张的是非混同说的需求者说，这里将向大家说明一下。首先，从最高裁判所的判决来看，虽是以需求者的立场来判断美感是否类似，但对混同标准只字未提。条文的规定也是如此，第 24 条第 2 款规定要通过需求者的视觉来进行美感判断，并没有提及上述混同有无的问题。关于外观设计法，有诸如加藤恒久所著的《外观设计法要说》（1981 年、ぎょうせい）和《修正外观设计法的全部》（1999 年、日本法令）这样优秀的概说书籍。笔者也在《知识产权法》（第 4 版、2006 年、有斐阁）中稍微涉及外观设计法，并效仿加藤先生，对需求者说的相关理论进行了阐述。

笔者以为就外观设计法的目的来看，混同说确有错误。外观设计法的立法目的在于奖励创作而非防止混同，防止混同显然是商标法的功能。与公知外观设计具有相同需求的外观设计，即使创作出来也没有什么意义。同样基于政策判断，不能唤起新需求的外观设计既不能被允许登记，也不能被模仿而构成侵权。关于外观设计法的最终立法目的，创作者说只停留在激励外观设计的创作，但笔者主张的需求者说却深入到为何要对外观设计的创作给予奖励。究其原因，笔者认为是为了激励人们创作出能够唤起新需求的外观设计。因此，在非混同说的需求者说看来，唤起新需求是至关重要的。这里所指的新需求，必须以商品买方也就是需求者（不是交易方而是终端消费者）为标准。以上是笔者关于在外观设计法中，应当以需求者说为标准的相关叙述。

即便如此，创作者说对混同说的批判也是有道理的。作为创作者说的一种发展形态，需求者说不应该以混同说为渊源。考虑到外观设计法的立法目的，是否类似的判断标准不能以是否有产生混同的可能性为标准。如果申请外观设计的形态特征在公知外观设计上也有显现的话，在判断外观设计的类似性时，基于那部分产生的美感不应在考虑范围之内。按照非混同说的需求者说来看，只需考察有创作性的外观设计部分是否能够唤起新需求即可。以上便是外观设计法的情况。

那么《不正当竞争法》第 2 条第 1 款第 3 项的商品形态酷似性模仿规制是以谁的标准来判断的呢？因为以往的判例和外观设计法的条文采取的是需求者标准，那么同样是保护商品形态的《不正当竞争法》第 2 条第 1 款第 3 项也应该采用需求者标准的见解想必很多。不过，这样是明智的选择吗？考虑这个问题的时候，有必要先对以下问题加以思考，即酷似性模仿规制的立法目的是什么，酷似性模仿规制最终还是为了保护外观设计吗？

二、商品形态酷似性模仿规制的宗旨

话题转到《不正当竞争法》第 2 条第 1 款第 3 项的制定过程。1934 年为了加入巴黎条约，旧不正当竞争法草草制定，随后在 1993 年进行了全面修订。1993 年不正当竞争法的多处修改中，有两个最引人注目的地方：一个是关于著名标识的淡化问题，另一个是关于不正当模仿行为的规制。在本法修订之前，关于不正当模仿行为的规制，除了专利权和著作权之外是没有其他法律条文的。从昭和 30 年代后期开始，日本采取权宜之策，模仿德国法和美国法，一旦商品形态变得非常有名，即可视为周知商品等标识的时候，将其作为周知标识予以保护。

但如此规定是有局限性的，因为并非所有的商品形态都能达到符合周知商品标识的程度；同时，也存在例如技术性形态除外说等问题。理论上虽然可以适用《民法》第 709 条一般不法行为的规定，但现实中能够被裁判所认定的情形非常少见。

即便当今日本自称是知识产权先进国，也一直大力宣扬知识产权立国，但商业秘密保护法和登记的服务商标保护法却分别出台于 1990 年和 1991 年。总之，在 20 世纪 80 年代后期，日本作为发达国家中的知识产权保护落后国，尚未有一部完备的法律对不正当模仿行为进行规制。因此，法律修改之初，日本法中并无对不正当模仿行为进行规制的条文这一问题已是共识。尽管如此，当时提案最多的便是基于不正当竞争的目的或违反公正竞争秩序而模仿他人的商品或服务的行为是不能被允许的。

这些提案中，也有一些被具体化的方案。例如，"作为他人时间、劳力、投资成果的数据、字体、外观设计、版面设计中，模仿乃至提炼出其中有竞争价值的部分或贩卖这些被模仿和提炼出来的部分，以及予以其他利用"的行为应予以禁止的提案（小泉直树《不正当竞争法对非秘密信息的保护》判例时报第 739 号（1992 年））。这个提案中所提到的数据、字体、外观设计及版面设计，都是当时明显存在法律漏洞的保护对象。其中，所谓数据是指数据库的保护问题，字体是指字体形状的保护问题，而外观设计主要是指服装问题。服装等一般以 4 个月为一周期，而当时外观设计的登记需要耗时 3 年，即使获得登记也于事无补。因此，很早就有人指出服装是无法获得外观设计法保护的对象之一。最后，所谓版面设计是指排版权问题，某一时期学界曾就是否应该认可书籍的排版权问题进行过讨论。

尽管如此，这个提案也有不足之处：如果将法律的保护对象具体化为数据、字体、外观设计及版面设计等，因为不正当竞争法不能突兀地将这四种类型保护抽象为具体条文，从而不得不设计区别保护的独立制度。这样一来，关于为何单单列举出以上四个类型不需要被登记，随时就能够要求裁判所给予保护这一点无法让人理解。

在这种情况下，对日本规制不正当模仿行为的法律具体化最具有参见价值的，一是瑞士不正当竞争法中关于酷似性模仿规制的条文（参见田村善之《瑞士不正当竞争法介绍》日本工业所有权法学会年报第 16 期（1992 年）），还有一个是东京高判平成 3.12.17 判时 1418 号 120 页《木目墙纸 2 审（木目化粧纸 2 審）》案（田村善之《判批》专利研究第 14 期（1992 年））。本案的原告是木目墙纸的制造销售商。原告的木目墙纸是在椅子等家具或建材的表面附加的包装纸，据说其制作过程耗费了相当数量的资金和时间。具体来说，原告的木目墙纸并非单纯的自然写真，而是拍摄大量照片，去掉图片之间的断节处使之呈现出连续状，然后选定某个位置相同的图案连续印刷而成。而被告不仅制造出与原告商品相同图案的木目墙纸，并在与原告有竞争关系的销售区域以低于原告售价的价格进行销售。

　　关于原告的诉讼请求，一是主张木目墙纸具有作品性，由于裁判所认为木目墙纸仅为天然图像的再现，缺乏作品性所需要的思想和感情的创作性表达，因而本诉求并未获得支持。二是不法行为的成立，虽然此诉求最终获得裁判所的支持，但《民法》第 709 条的一般不法行为获得支持在当时是极其例外的（即使今天也是相当少见）。裁判所认为，由于被告在与原告存在竞争关系的销售区域，以低于原告售价的低廉价格销售同样的商品，最终导致原告被迫以低于商品价值的价格出售商品的同时经济受到损失，被告应该承担相应的损害赔偿责任。本判决着力于所有违法事实的认定而对抽象要件毫无涉及，但出于参见目的还是将本案的判决要旨给予介绍。判决要旨中的上诉人即所谓的原告"在商品中添加创作要素提升商品价值，并通过制造贩卖此商品从事营业活动。但被上诉人即所谓的被告却将原告商品外观和大小不加修改地全盘模仿，并将仿制商品在与上诉人存在竞争关系的地域廉价销售，从而导致上诉人无法按照原价从事交易。被上诉人的上述行为严重背离了公正自由的交易秩序，并对受法律保护的上诉人的利益造成损害，因此被上诉人的行为构成一般不法行为"。

　　不管怎么看，本案的判决要旨都过于强化理由要素，而未论及要件要素。但硬要将上述判决要旨要件化的话，便为以下三个部分：第一，添加创作要素提升商品价值；第二，酷似性模仿；第三，在存在竞争关系的地域廉价销售。

　　另外，笔者也就这一问题提出了相关方案，一个是上述东京高判平成 3.12.17 判时 1418 号 120 页《木目墙纸 2 审（木目化粧纸 2 審）》的判例评释（田村善之《判批》专利研究第 14 期（1992 年）），另一个是从立法论的角度进一步将其具体化的《他人商品的模仿行为和不正当竞争法》一文（田村善之《他人商品的模仿行为和不正当竞争法》Jurist 第 1018 期（1993 年））。后者是关于法律制度的具体方案，1993 年在知识产权法研究所所设立的不正当竞争法修改委员会上首次发表。这篇文章对商品形态酷似性模仿规制的制定有着深远意义，在笔者所著的《不正当竞争法概说》（田村善之《不正当竞争法概说》（第 2 版、2003 年、有斐阁）〔初版 1994 年〕）一书中也多处引用。

笔者在发表于 Jurist 的论文中提到，只要是对商品形态的酷似性模仿便是违法，先前提到的"添加创作要素提升商品价值"，或"存在竞争关系的地域廉价销售"等并非必须要件，而 1993 年法律修改的结果也是如此。那么，这样提案的理由在哪里呢？倘若在设计法律条文的时候，只单纯地假定现实生活当中存在某种公正竞争秩序，建言说大凡违反公正竞争秩序的行为都是违法行为的话，对学者和立法者来说会是件轻松的事情。这样一来，因公正竞争秩序的内容过于抽象将使裁判所在判决案件时陷入困境的同时，还会因缺乏预测可能性而使得在市场中竞争的企业无所适从。一旦使用类似公正竞争秩序这样的语言，其历史使命仅在立法层面就会终止，笔者的基本构想是需从更加具体的角度加以思考。

笔者理论的出发点来自市场和法的职能分担。在这个理论框架下，并非所有对他人商品的模仿行为都是法律所禁止的行为。详细阐述的话，首先，现实生活中存在不能成为知识产权保护对象的商品，例如字体、新型杂志等。其次，有生命周期短于审查周期，工业所有权的保护起不到任何作用的商品，例如服装等。再次，就是没有提出申请而无法获得工业所有权保护的商品。因为没有明确的法律条文，即便对上述三种类型的商品进行模仿也不能禁止其行为。那人们是出于什么目的开发这些商品呢？恐怕是新型商品先行抢占市场的利益，也就是市场先行利益的驱动。企业因先行投入市场而获得早于后行者的时间差，并在没有竞争的状况下对新开发商品进行独占销售而最终收回投资。时间差一旦完结、竞争开始，但由于新商品的销售渠道早已确保，并积蓄有一定的信用和评价，所以先行企业能够在竞争中处于有利地位。正是由于市场先行利益的存在，即使不被法律保护，人们也会进行新型商品或服务的开发。因而，市场先行所获得的利益对开发新商品发挥着激励作用。

但即使以模仿自由论为前提，如果有人对商品进行酷似性模仿的话也会将先行者置于不利境地。模仿者通过酷似性模仿能够节约商品化时间，缩短时间差，除了复制费用，在商品化过程中几乎不用有什么花费。而且，如果仅模仿热销产品的话，连商业风险都不用承担。更重要的是，酷似性模仿的商品具有极高的替代性。所以，一旦酷似性模仿行为为法律所容忍，模仿者将比先行者在市场竞争中更加有利。市场先行利益和激励尽失的直接结果便是新商品开发的萎缩。为保障在知识产权法外缘活动的激励机制，笔者认为，应该在知识产权法中设置关于规制酷似性模仿的一般规定。

以下便是笔者关于酷似性模仿规制的具体方案。首先能想到的是关于能够促进新商品和服务开发的制度设计，但在服务领域几乎不存在酷似性模仿。模仿便利店或快递服务，需要相当的资金投入，因此市场先行利益对服务领域来说仅是相对机能而已。法律只需禁止对商品进行酷似性模仿的行为，来保障市场先行利益即激励机制即可。如果不这样的话，会令开发商为商品而耗费的劳力、时间和费用难以回收。因此笔者主张，在对商品进行酷似性模仿的限度内通过不正当竞争法进行规制。当然也有仅靠这个限度的保护是无法保障市场先行利益的商品，最典型的就是药品。除了药品外还有很多例子，但大多是专利法、著作权法等其他法律制度内也能解决的问题。字体等其他法律制度内也无法得以保护的商品，笔者认为可以考虑另行立法进行规定，而通过不正当竞争法进行规制的行为，仅限定为商品的酷似性模仿行为。

说到此，可能很多读者会猜测笔者为何要花费如此多的笔墨进行说明。事实上笔者的终极目的在于说明商品形态酷似性模仿的规制并非外观设计的保护法，而是保护市场先行利益，将完全夺取市场先行利益的特定模仿行为一网打尽的法律。这样，在市场先行利益的驱动下包括外观设计在内的更多商品得以开发。如此一来，外观设计的保护只是最终结果之一。想要谈及如何禁止商品的酷似性模仿行为问题，就必须提到酷似性模仿的核心——作品的实质同一性判断。

论及构成要件时，要坚持三个原则：

第一，规制行为限定为商品的酷似性模仿行为，即：使市场先行利益丧失的行为。至于其他模仿他人特定创意的行为，虽然也会导致市场先行利益的丧失，但如果一并进行规制将过分加重裁判所的负担。对商品以外的模仿行为予以保护或许确有必要，但这涉及职能分担问题，如果企图将所有的行为都交给不正当竞争法中的一个条文来规制的话，这种观念本身就有问题。其实，某些具体操作还得交给市场或工业所有权制度解决，不正当竞争法不过是其中的一个法律而已。

第二，保护对象为所有的商品，并不需要考虑商品的创作价值。这与前面提到的东京高判平成 3.12.17 判时 1418 号 120 页《木目墙纸 2 审（木目化粧纸 2 審）》多少有些差异。之所以不考虑商品的创作价值，是因为创作价值的判断原本就很微妙，并相当耗时。笔者认为，反正过了 3 年的保护期间，商品就无法获得上述保护，所以不用过分强调商品的创作价值也可以。而且正是因为行为人认可了商品的价值才会对商品进行模仿，所以禁止酷似性模仿行为也不会对预测可能性造成损害。

第三，关于行为形态，一般认为作为主观形态的不正当竞争目的是必备要件，但因行为人如果进行了酷似性模仿则显然是出于不正当竞争目的，所以主观要件并不需要。之所以这样说，理由如前所述。即使将不正当竞争目的加入条文也并无任何意义，因为诸如保护公正的竞争秩序、市场道德或市场伦理等，也并非实质性要件。法律并不是因为主观上行为人是个坏人所以才规定其行为违法，而是因为行为人的行为导致市场先行利益的丧失所以才违法，所以笔者认为即使不存在主观要素，行为人的行为只要剥夺了市场先行利益就应该予以禁止。

至此，到底用什么法律来进行规制就一目了然了。首先是关于为何由不正当竞争法规制的积极理由。摆脱工业所有权（如今称为产业产权）登记制度的束缚，确保现实社会中存在着的新商品开发所产生的市场先行利益，正是规制酷似性模仿行为的积极理由。这样一来，为获得法律保护而需要履行工业所有权的申请、审查、登记等手续，明显有悖于本制度宗旨，因此没必要规定也不应实行登记制。其次是消极理由。即便在不正当竞争法内采用这样的制度，工业所有权保护的激励也不会消失。因为不管是不是酷似性模仿的保护对象，要获得更广范围的保护，接受工业所有权的登记是必要的。商品形态酷似性模仿的规制制度，只对先行者和模仿者的商品进行实质同一性判断即可，没有必要考虑商品的创作要素，这跟本文后面将要提到的"一般形态"有重要的联系。因此，将二者进行比较，只要二者酷似就能够肯定侵权的存在。由于不用审查原告商品与之前商品相比所具有的独创性，裁判所即使在原告没有经过申请、审查和登记手续的情况下也能进行司法判断，也不会加重法官负担。当初制定不正当竞争法的目的也在于此，因此通过不正当竞争法对商品形态酷似性模仿进行规制是理所当然的。虽然也有除了酷似性模仿对一般模仿行为不予以保护的话，便无任何意义的观点，但正因为已将行为形态限定为酷似性模仿，这样就不用管商品的创作价值，即为由不正当竞争法保护的恰当制度。

三、商品形态酷似性模仿规制要件论的理论探讨

若基于上述的制度宗旨，《不正当竞争法》第 2 条第 1 款第 3 项中"模仿"的意思便是酷似性模仿，而裁判所最初也是以此为目的进行审判活动。其后，2005 年的法律修改将这个原理实际地确定下来。让我们来看一下条文的叙述："本法中所谓的'模仿'，是指依据他人的商品形态，从而制作出与他人商品具有实质同一形态的商品。"其中，形态的实质同一性，即酷似性是非常重要的。

需要明确的是，如果模仿品并非属于酷似性模仿的话，原则上违法的理由是不能成立的。因为，如果要保护创意就必须对是否具有创作价值进行判断，同时还牵扯到专利局和裁判所的职能分担问题。如此，创意保护需要的是专利局等专门机构的介入，应为工业所有权的保护范畴。如仅仅创意类似商品形态却相差甚大不是酷似性模仿的话，由于替代性不高，对市场先行利益或许并无太大的打击。因而，例如基于反向工程提炼出的创意，制作出非酷似商品，并予以贩卖的行为是不构成侵权的。

综上所述，笔者认为，商品形态酷似性模仿规制的宗旨和外观设计法的宗旨是有区别的。外观设计法作为奖励外观设计（严格的意义上讲，这里的"外观设计"是指能够唤起区别于公知设计需求的外观设计）制定的法律，明显是以需求者为判断标准。但不正当竞争法则以保护市场先行利益（例如，促进新商品开发的市场先行利益）为最终目的，因而重要的是判断被告的模仿行为是否属于使市场先行利益丧失的行为。当然，单凭这些理论确立具体的标准会过于空洞而无法适用，但我们为需求者标准和创作者标准问题苦恼时，这些制度宗旨的解释正是解决问题的立足点。

四、在判例中展开的各种论点及 2005 年法律的修改

接下来将要探讨的问题是在其后的判例中，关于商品形态酷似性模仿规

制的讨论如何展开以及 2005 年法律修改所带来的影响。

（一）一般形态

第一个论点是"一般形态"要件。这一要件出现在 1993 年修订后和 2005 年修改前的法律条文中，并密切关系到随后的法律修改。1993 年的修订法虽然有规制模仿他人商品形态的法条，但在"他人的商品形态"处附加有括号——"他人商品及同种商品一般形态除外"。根据本条文的文义可知，法律并不保护同种商品的一般形态。

关于"一般形态"的条文，笔者当初提议对"竞争上不可避免的形态"应设定除外规定，并得到了一定的支持。因为虽说给予形态保护，但现实生活中为竞争而不可避免的形态大有存在，如果对这些竞争上不可避免的形态进行酷似性模仿规制的话，其保护范围已超出了对商品形态和商品创意的保护。例如，VHS 录音带不符合某种固定的形态就无法在市场上竞售，因此不能以酷似性模仿来规制 VHS 录音带的形态。基于此，笔者认为对"竞争上不可避免的形态"不能予以法律保护。进入立法阶段后，因有异议认为在法律条文中加入"不可避免"这样的评价性规范不妥，最终归结为"一般形态"。

因此，1993 年法律修订后的司法实践中，存在大量判例将条文中的"一般形态"理解为"随处可见的形态"或者"不具有本质性飞跃的形态"。的确，按照条文的词义，也能够这样理解。但笔者认为，这样的理解显然有悖于当初的立法宗旨。虽说"一般形态"文义上明显比"竞争上不可避免的形态"广得多，但按照以下的解释方式可以防止对条文的扩大解释。简言之，假设有两个商品，此时同种商品"一般形态"要从抽象度的问题来把握。例如，假设有两个咖啡杯，有圆形大杯口，也有杯把，这是两个咖啡杯的共同特点，也是所有咖啡杯通常所必备的特点。如同咖啡杯的这些共同特点，同种商品通常所必备的形态即是同种商品"一般形态"。也就是说，本条文可以解释为，原、被告商品虽有相似之处，但属于同种商品通常具备的特征时，不予以法律保护。

按照这样的解释方式，就不应该将"一般形态"这一条文解释为具体的形态。"一般形态"所说的形态是指类似于商品主题的抽象性概念，并不是某种具体的形态。如此理解"一般形态"的话，本条就是为了确认"所谓模仿是指酷似性模仿，但竞争上不可避免的形态除外"这一事实的条款。如此一来，即便没有这个条文，通过对"模仿"一词的解释也能解决这个问题。但如果是竞争上不可避免的形态，例如 VHS 的具体形态，因为同种商品都具有那样的具体形态，所以即便是酷似性模仿也不能予以规制。只有在这种情况下，"一般形态"这一条文才有其独特的意义。以上便是笔者忠实于立法宗旨的解释论。

如上所述，虽然将"一般形态"理解为"随处可见的形态"或者"不具有本质性飞跃的形态"的判例很多，但本文列举的一个是大阪地决平成 7.4.25 知裁集 28 卷 1 号 164 页《Houkins Sandals（ホーキンスサンダル）》案（参见后附图 2）（田村善之《不正当竞争法第 2 条第 1 款第 3 项的制度宗旨与要件论》日本工业所有权法学会年报第 21 期（1998 年））。本案先行商品是被称为"Houkins"的凉鞋。本案裁判所采取了财产保全措施，而且可供比较的涉案商品数量很多。虽然债权人和债务人的各式凉鞋相似度极高，并且包装箱和说明书的设计、商品的标识，甚至凉鞋底的刻印都酷似，但先行商品却未获得裁判所认可。事实上，本案存在这样的特殊事由，即债权人的商品同样酷似性模仿于德国的著名凉鞋"BIRKENSTOCK"。因为是酷似性模仿商品的酷似性模仿，裁判所以债权人的商品形态不存在质的飞跃，其形态属于同种商品的"一般形态"为理由，否定了法律保护。

确实，假如债权人的商品原本就是其他商品的酷似性模仿品，这种情况下适用什么法理才恰当，法律并未清晰地给出答案。但笔者认为，有两种途径可供参见：第一，基于制度宗旨的解释驳回债权人的请求（参见田村善之《不正当竞争法概说》（第 2 版、2003 年、有斐阁）第 320 页）；第二，采用一般论驳回请求，即认定债权人并无请求权。本案裁判所采用了第一种途径，即通过对条文中"一般形态"的解释驳回了债权人的请求。

另一个采取类似法理的判例是东京地决平成 9.11.14 律师协会判例集 203 页《Barcode Leader（バーコードリーダー）》案（参见后附图 3）。债权人的图①商品和债务人的图②商品非常相似。双方商品均为医疗器械中为读取数据的条形码读码器。虽然二者的商品不论外形、颜色酷似，就连螺丝位置都一样，但裁判所仍旧否定对债权人商品的保护。原判决认为，债权人的商品为长方体，为读取条形码的窗口处有软线，这些是固定式条形码读码器极为常见的一般形态。固定式条形码读码器的螺丝和应用软件读取窗口的位置或个数都有自身的限制，同时，债权人商品中软线从下面出来也无法认定为该商品所具有的显著特征，即使给读取窗口着色，单纯的红色在债务人以前的商品中也可以看到，基于这些理由，裁判所最终将债权人的商品形态归结为同种商品中极为常见的一般形态，否定了保护请求。

笔者也认为确有本案的判决结论所说的事实存在。债权人和债务人所生产的条形码读码器，属于必须安装在医疗器材特定部位的装置。如此一来，对于想从事条形码读码器买卖的债务人来说，为确保商品的互换性不管怎么样都只能制造出具有这样形状的商品，如同上述的 VHS 录音带。因此，按理说应该以这种条形码读码器的形态是竞争上不可避免的形态为由否定侵权，但裁判所采取的并不是这样的构成，而是更广泛的解释论。

即原判决只着眼于债权人的商品，便以抽象的文章描述了此商品的特征：长方体、读取条形码的窗口和编码的设置、螺丝同放置应用软件的位置和个数、软线从下面出来、着色为红色等。但仔细想想，不符合上述条件的条形码读码器并不能发挥作用。长方体的条形码是很正常的。既然是条形码读码器，就必须有读取窗口，特意将其涂得五颜六色没必要还浪费成本。软线从上面出来或许并非什么创举，但操作有障碍。裁判所着眼于债权人的商品特征所作出的上述抽象性描述，其实与商品的一般形态并无区别。如此，只要不是特别形态的商品，都会因为符合"一般形态"而无法受到第 2 条第 1 款第 3 项的保护。这个要求其实比外观设计的登记要件还要严格。外观设计法中并无这样特意将以往的作品与申请登记的作品进行比较的事。倘若这样做，恐怕有一大半的作品无法获得登记。因此，虽说有必要对商品的要部进行比较，但需要从更具体的商品形态来判定是否具有实质同一性。

即便如此，由于上述两个判例均存在特殊事由，结论上而言还是有可取之处，即大阪地决平成 7.4.25 知裁集 28 卷 1 号 164 页《Houkins Sandals（ホーキンスサンダル）》案中债权人的商品原本就是其他商品的酷似性模仿品，而东京地决平成 9.11.14 律师协会判例集 203 页《Barcode Leader（バーコードリーダー）》案中的条形码读码器有必要确保商品的互换性。

但令人遗憾的是，出现了对不存在以上事由的普通商品适用所谓"一般形态"论的判例，即东京地判平成 17.3.30 判时 1899 号 137 页《褶边针织坎肩（フリル型カットソー）》案（参见后附图 4）。

本案中原、被告商品非常相似。裁判所判决如下："不正当竞争法第 2 条第 1 款第 3 项所保护的商品形态，并不要求一定是独创性的形态。因为本法的立法宗旨是保护商品形态开发者的市场先行利益，所以即便是同种先行商品中没有的形态，仅仅简单地将市场上广为人知的几个商品形态结合，并且非常容易结合起来的商品形态可称为本法第2条第1款第3项中的'同种商品一般形态'。"也就是说，非常容易结合的诸如公知商品形态的结合形态不受法律保护。

裁判所的具体判决如下："前领敞开的圆形衣领"、"前领中央的系带可以解开"、"前领中央有多条褶皱"、"衣领、衣袖及系带上使用了纱布"、"前身有四成褶边"、"褶边带有拉链"、"衣长至肚脐"、"下摆从中央往两胁曲线下垂"、"轻薄且有光泽感的天竺布料"、"无袖坎肩"。裁判所认为，这样的形态"都是缺乏独创性的形态"。"如前所示，因为带褶边的无袖坎肩与圆领组合的商品，以及褶边无袖坎肩与V型衣领组合的商品在市场上较为常见，而'前领敞开的圆形衣领'和'无袖坎肩'也是容易组合的因素，原告只是简单地将市场上已经存在的随处可见的形态进行组合，所以原告褶边无袖型的商品为同种商品的一般形态。"

另一方面，也有反对这样的判断手法，忠实于立法宗旨的判例。

一个是东京地判平成16.9.29平成16（ワ）5830《链状针织坎肩（チェーン付きカットソー）》案（参见后附图5）。虽然同样涉及针织坎肩的纠纷，却与东京地判平成17.3.30判时1899号137页《褶边针织坎肩（フリル型カットソー）》案件结论不同。本案中原告商品和被告商品也非常相似。裁判所认为，首先，"如果着眼于原告商品各个形状的话，确实存在与他人商品具有同一性或类似性的形状，该形状并非原告商品特有的形状"。这一部分是上述东京地决平成9.11.14律师协会判例集203页《Barcode Leader（バーコードリーダー）》的判断手法。但实质上本案并没有采用同样的判断手法：即"但是，判断是否属于同种商品一般形态，应该对商品形态的整体进行观察。原告商品的形态由A至G的各个形状组合而成，且不存在与原告商品具有同样组合的同种商品；再者，形状E、F等是原告商品特有的形状，因此基于以上事实并不能判断原告商品是不具有个性的形态"。也就是说，只要通过整体观察原告商品具有某种个性即可。让我们看一下A至G的形状。A"领口前后均为微圆V字形"，B"V字形的正面中央扎有同色调的装饰带"，C"中央装饰带有一条接缝"，D"胸部以上部分的中央有多条衣褶"，E"两肩部位有三条银色拉链"，F"其中两条是珍珠拉链，可以从两肩部位卸下"，G"无袖型坎肩"。与此相对，被告商品的形状是，A'"领口前后均为微圆V字形"，B'"V字形的正面中央扎有同色调的装饰带"，C'"中央装饰带有一条接缝"，D'"胸部以上部分的中央有多条折褶"，E'"两肩部位有三条银色拉链"，F'"其中两条是珍珠拉链，可以从两肩部位卸下"，G'"无袖型坎肩"。因此，原告制品和被告制品除在形状上有些许差异，几乎如出一辙。对于这样的原告商品特征，如果采用上述东京地判平成 17.3.30 判时 1899 号 137 页《褶边针织坎肩（フリル型カットソー）》的立场很有可能得不到法律保护，而本案裁判所则认为，以上例举的各个形状虽然没有特别之处，但从整体上看的话原告商品还是有个性的，因此并没有否认法律保护。

还有一件忠实于立法宗旨的案件，即知财高判平成 17.12.5 平成 17（ネ）10083《褶边针织坎肩 2 审（フリル型カットソー 2 審）》案（一审为前面所介绍的东京地判平成 17.3.30 判时 1899 号 137 页《褶边针织坎肩（フリル型カットソー）》案）。该审裁定撤销了一审判决。裁判所判决如下："不正当竞争法第 2 条第 1 款第 3 项是以保护商品形态先行开发利益为目的的法律规定，本条所保护的商品形态是指所有商品的形态，并不要求一定是独创性的形态。"紧接着采用东京地判平成 16.9.29 平成 16（ワ）5830《链状针织坎肩（チェーン付きカットソー）》案的观点，"如此一来，判断商品形态是否属于本条所规定的'同种商品一般形态'时，应该对商品进行整体观察来判断，而不应该如被控诉人所主张的那样，首先从商品中抽出构成商品整体的各个形态，然后单独判断各个形态是否属于随处可见的形态，最后考虑各个形态的组合是否容易，这样的判断手法是不可取的"。"原告商品的形态，并不是每个无袖针织坎肩所必有的形态，也不是为了某种特定效果而必不可少的技术型形态"。也就是说，本案强调"一般形态"要从整体来把握。还有，虽然出于诸多考虑本案采用了"随处可见的形态"一词，但这里的"随处可见的形态"基本上理解为"竞争上不可避免的形态"是可以的。

受以上判例的影响，2005 年的法律修改最终决定采用后者的观点，即东京地判平成 16.9.29 平成 16（ワ）5830《链状针织坎肩（チェーン付きカットソー）》案和知财高判平成 17.12.5 平成 17（ネ）10083《褶边针织坎肩 2 审（フリル型カットソー 2 審）》案的观点。修改前的"一般形态"这一条文，修改后成为"确保该商品功能所不可缺少的形态"。

（二）部分模仿

由判例中展开的论点二是部分模仿问题，即商品形态中只有一部分酷似时，是否肯定模仿。

首先，原则上来讲，这是不能被肯定的。为了防止将规制行为限定为商品酷似性模仿的制度变得毫无意义，只有商品在整体上酷似的时候才能肯定侵权。如果从商品特征部分是否类似来判断是否构成模仿，就不得不对其特征部分是否具备创作性等问题进行衡量，如此一来，裁判所的负担会过大。

但坚持只有商品在整体上酷似时才能肯定模仿的原则，又会出现如下问题。例如，对摩托车的后视镜部分进行模仿，并将后视镜单独销售的时候，如果原告也单独销售后视镜，则肯定会构成侵权。那么，原告不单独销售后视镜的时候会如何呢？模仿者的这种行为明显有损市场先行利益，因此有必要想出解决的办法。笔者所提倡的解释论如下：即便是商品整体中的一部分，但对那些可供单独销售的部分形态，可以将其解释为第 2 条第 1 款第 3 项中的"商品"形态，即对商品可供单独销售的部分进行模仿，可视为对商品整体的模仿来进行规制。（请参见田村善之《不正当竞争法概说》（第 2 版、2003 年、有斐阁）第 302～303 页，其中有详细论述。）

让我们看一下东京地判平成 17.5.24 判时 1933 号 107 页《管道用挂脚夹具（组立マンホール用足掛具）》案（参见后附图 6）。本案中原、被告商品因只有挂脚部分非常相似，所以本案焦点集中在商品的部分模仿问题上。由于挂脚部分不能单独销售，笔者认为不能予以法律保护。但裁判所认为："关于商品形态的一部分，如果其部分可供独立让渡或借贷，那其部分形态可视为'商品形态'。反之商品形态的一部分，如果不是独立让渡或借贷的对象，只构成销售商品的一部分，则原则上，其部分形态并不能视为'商品形态'（该部分具有商品形态的整体特征，模仿该部分等同于模仿商品形态整体的特殊情况除外）。"判决的前半部分与笔者的见解一致，即部分形态如果可供单独销售，应予以法律保护，如摩托车的后视镜。

当然，判决中也有与笔者见解相左的地方：出现"该部分具有商品形态的整体特征，模仿该部分等同于模仿商品形态整体的特殊情况"时，裁判所应如何认定。其实，本案中裁判所只要解释对那样的部分商品进行模仿可视为对商品整体的模仿即可。东京地判平成 17.5.24 判时 1933 号 107 页《管道用挂脚夹具（组立マンホール用足掛具）》案中，裁判所多余地将"特殊情况"也考虑在内。

另有独立组装式住宅的积水屋一案（大阪地判平成 15.10.30 平成 14

（ワ）1989 他《积水屋（積水ハウス）》，大阪高判平成 16.9.29 平成 15（ネ）3575《同 2 审（同 2 審）》（参见后附图 7）。本案中原告和被告的独立组装式住宅的正面设计很相似，而内部设计和后面设计完全不同。因为对房屋设计来说正面设计至关重要，笔者认为这种情况可视为整体模仿。但本案的裁判所以后面设计有差异，且正面设计也不是很相似为由否定了法律保护。

关于部分模仿的最新案例——知财高判平成 20.12.24 平成 20（ネ）10051《四国八十八沙尊（四国八十八ヶ所お砂踏本尊）》案。本案的原告将被告所有的佛画拍成相片后将其复制刊登在书刊上，被告则将原告刊登在书刊上的相片拍摄下来，制作成印有佛画的钞票进行贩卖。原告基于《不正当竞争法》第 2 条第 1 款第 3 项对被告请求损害赔偿。如果本案原告拍摄的对象不是佛画而是佛像，因对立体物进行拍摄需要下工夫或许能满足作品性。但对平面物进行摄影，到目前为止，裁判所均未承认其作品性（如东京地判平成 10.11.30 昭和 63（ワ）1372《版画百科全书（版画事典）》）。因此，原告不能以著作权提起诉讼，而只能依赖第 2 条第 1 款第 3 项。裁判所最终驳回了原告的请求，其理由如下："本条中所指的所谓'商品'，是指作为竞争的标的物可独立用来交易的客体，如果只是构成某商品的一部分，其本身又不能独立作为交易的客体，则不能称之为'商品'。"也就是说，本判决的着重点在于，第 2 条第 1 款第 3 项中的所谓"商品"必须是可以独立作为交易对象的客体。

（三）内部模仿

由判例展开的论点三是内部模仿问题，问题的关键在于商品的内部结构是否能够享受法条第 3 项的保护。这个问题不仅被条文化，也因关系到诸如《不正当竞争法》第 2 条第 1 款第 3 项和外观设计法是否要等同对待等问题，所以在理论上也是一个重要的论点。

让我们看一下大阪地判平成 8.11.28 平成 6（ワ）12186《排水管（ドレンホース）》案。可能是为了确保水流顺畅，软管的内部结构并不是单纯的空管，而是在内壁上刻有螺旋形的槽。从外观上看的话，或许只是普通的软管并没有特别之处；关键是原、被告商品的内部形态非常相似。本案裁判所以商品的内部形态不属于第 2 条第 1 款第 3 项所指的"商品形态"为理由，驳回了原告的请求。

还有一个是东京高判平成 13.9.26 判时 1770 号 136 页《小型单肩挎包 I

2审（小型ショルダーバックⅠ2審）》案（参见后附图8）。本案的原、被告商品也是内部结构非常相似。原告商品和被告商品的内部结构如小型单肩挎包Ⅰ的内观图所示。裁判所倾向于将内部结构相似这一点作为酷似性模仿来考虑，其理由如下：这种实用型的单肩挎包，需求者肯定会在考虑东西是否易于取放等涉及内部结构的基础上，再决定要不要购买。其实，本案中裁判所的立场是，对于那些在交易过程中不被需求者视认的内部结构，不应该给以法律保护，这一点与前文介绍的大阪地判平成8.11.28平成6（ワ）12186《排水管（ドレンホース）》案是一致的。

以上是外观设计法上通常所采用的解释方法，可以从需求者说的立场加以说明。也就是说，因缺乏美感等原因在交易过程中不被需求者视认的商品是不能唤起新需求的。即使在软管的内壁刻上螺旋形的槽来使水流变得顺畅，甚至有效地防止了垃圾堵塞等，但这些只是商品所具有的一种功能，并不是外观设计所唤起的需求。对商品功能的保护，不过是专利法或实用新型法上应该解决的问题。如果是外观设计法，这样的解释或许正确。

但笔者认为，对商品形态酷似性模仿的规制是以确保市场先行利益为目的的，因此即便是不被需求者视认的内部结构，如果通过模仿可以节约费用的话，第2条第1款第3项应该规制这种模仿行为。大阪地判平成8.11.28平成6（ワ）12186《排水管（ドレンホース）》案中的排水管就是内部结构不被需求者视认的典型例子。这里我们假设有一种有助消化的药品，药品形状是细小颗粒。当然对药品申请专利是最有效的方法，但这里考虑的是专利申请不成功的情况。事实上，购买者对该药品的形状并没有兴趣，购买者关注的更可能是该药品的性能，即是否有助于消化。一般情况下，药品的购买者或推荐购买该药品的医生是不会特意拿出显微镜之类的仪器来观察药品颗粒结构的。因这种不被视认的内部结构并不能唤起新的需求，所以该药品的形状不是外观设计法的保护对象。当然如果用显微镜观察是交易过程的一般形态的话则另当别论（知财高判平成18.3.31判时1929号84页《Connector接续端头（コネクタ接続端子）》）。笔者认为，如果按照《不正当竞争法》第2条第1款第3项的宗旨来考虑的话，像有助于消化的药品颗粒，即便各个企业是在易于服用或有助于消化的药品性能上互相竞争的，但如果只是搭先行投资者的便车，就应该以酷似性模仿给予3年的法律保护。

然而，2005年法律修改时，将前述大阪地判平成8.11.28平成6（ワ）

12186《排水管（ドレンホース）》和东京高判平成 13.9.26 判时 1770 号 136 页《小型单肩挎包Ⅰ2 审（小型ショルダーバックⅠ2 審）》这样的判例进行了法制化，添加了第 2 条第 4 款这一条文，即"本法所称的'商品形态'，是指需求者在通常使用过程中，能够通过知觉认识到的商品外部、内部形态及结合该形态的外形、色彩、光泽及质感"。结果，通常不被视认的形态不能享有酷似性模仿规制的保护。笔者会在后面对第 2 条第 4 款的后半部分做一些补充说明，问题是该条文的前半部分。该条文规定，商品形态必须在通常的使用过程中，能够通过知觉认识到才可以。如果将《不正当竞争法》第 2 条第 1 款第 3 项理解为外观设计保护法的话，这样的规定倒也情有可原，然而作为保护市场先行利益的法律，这样的修改令笔者感到极其遗憾。

（四）色彩、光泽、质感

为将以往的判例条文化，在修改本法第 2 条第 4 款时，新条文中添加了"色彩、光泽及质感"等词。笔者认为有必要正确理解条文中这些词的涵义，所以在此做一些补充说明。

现在将介绍推动本条修改的 NuBra 一案（大阪地判平成 17.9.8 判时 1927 号 134 页《NuBraⅡ（ヌーブラⅡ）》，大阪高判平成 18.4.19 平成 17（ネ）2866《同 2 审（同 2 審）》）（参见后附图 9）。虽然本案的原告商品和被告商品几乎一致，但这是竞争上不可避免的形态，四角的 NuBra 不切实际。像 NuBra 这样原本就有限定形态的商品，虽然大小是否合适、是否有脱落的危险也很重要，但更重要的是接触皮肤时的触感，即商品的质感。裁判所以原告商品和被告商品的质感不同为理由，否定了法律保护。第 2 条第 4 款中"色彩、光泽及质感"的采用，受本案的影响最大。

2005 年法律修改后，以光泽、色彩不同为理由否定实质同一性的判决还有大阪地判平成 21.6.9 平成 19（ワ）8262《Art Produce 化妆品容器（アトプロデュース化粧品容器）》案（参见后附图 10）。乍一看，原告商品和被告商品非常相似，但既然是化妆品的容器，那样的形态是不可避免的。还有，原告所有商品的陈容明显超出了"商品形态"的范围，因此不享有第 2 条第 1 款第 3 项的保护。由于原、被告各商品在光泽、色彩和质感上有微妙的差异，本案中裁判所否定了法律保护。

以上介绍的两个案件，都是因原、被告商品在"色彩、光泽及质感"上存在差异，而被裁判所否定实质同一性的典型案例。但就因为这样的一两个判决就立即导入远超出该判决射程范围的抽象性条文，在司法过程中难免会出现立法者预想外的问题。第一，只有"色彩、光泽及质感"相似的情况下，如果以此为理由给予法律保护的话，第 2 条第 1 款第 3 款将是一条保护范围比任何知识产权还要广的法律条文，这样的解释明显有悖于立法宗旨。第二，这里所指的"色彩、光泽及质感"要素应该限定解释为在某种特定的情况下，可作为否定法律保护的附带性考虑要素。因为对商品的色彩、光泽及质感稍加改变是非常容易的作业，所以为了防止第 2 条第 1 款第 3 款成为缺乏实效性的规制，不应该积极考虑这个要素。笔者认为，本条文仅适用于色彩、光泽及质感对商品非常重要的情况。其实，前面所述的大阪高判平成 18.4.19平成 17（ネ）2866《NuBra Ⅱ 2 审（ヌーブラ Ⅱ 2 審）》案中，裁判所之所以以质感等不同为理由否定实质同一性，是因为罩杯的质感及颜色是女性消费者购买胸罩的时候着重考虑的要素。

总而言之，为了防止禁止权过大出现，不能仅以色彩、光泽及质感是否相似来判断实质同一性，本条文中所谓的"色彩、光泽及质感"，不过是否定实质同一性的时候考虑的附带性要素。相反，为了防止本条文成为缺乏实效性的规制，由于商品自身的特殊性，色彩、光泽及质感成为需求者购买动机的时候也应该考虑这个要素。

五、判例中实质同一性的判断标准

以上介绍的各种论点固然重要，但更重要的是如何判断第 2 条第 5 款中实质同一性的具体范围。

简而言之，如果原、被告商品酷似的话，法律规制那样的模仿行为是很明确的。但问题是非酷似的情况。这种情况到底应该以谁为实质同一性的判断标准？关于采用需求者标准或创作者标准的问题，鉴于上述的制度宗旨，笔者认为应该以创作者的标准来判断实质同一性。然而，由于第 2 条第 5 款中引入了所谓视认的条款，如今采用需求者标准的学说可能占据了主流地位。

即便像笔者这样采用创作者标准，因为第 2 条第 1 款第 3 项包含着诸如拒绝保护创意或专利局与裁判所的职能分担等问题，所以在慎重适用范围的扩大解释问题上与大多数观点是一致的。也就是说，只有在裁判所看来改变非常容易的情况下，才能适用酷似性模仿规制。

笔者认为，这里所指的所谓"改变非常容易"标准，并不以需求者的眼光来判断，而是以创作者的眼光来看其改变是否容易来判断。再者，由于存在法官负担过大的问题，应该仅限于改变非常容易的情况，例如给衣服缝上袖子非常容易或对色调加以改变非常容易的情况下，才能适用酷似性模仿规制，这就是笔者所提倡的判断标准（请参见兰兰《构筑商品形态实质同一性判断中的评价标准——以近期判例为素材》知识产权法政策学研究第 25 期（2009 年），其中有详细的论述）。

接下来，让我们来看一下具体的判例。

首先，如果原、被告的商品形态酷似的话，裁判所积极规制那样的模仿行为。例如，大阪地判平成 10.9.17 平成 7（ワ）2090《烤网（網焼きプレート）》案中（参见后附图 11），原告商品和被告商品几乎如出一辙，裁判所毫不犹豫地适用了酷似性模仿规制。东京地判平成 9.6.27 平成 8（ワ）10648《结露水刮削工具（結露水掻き取り具）》（参见后附图 12），东京地判平成 10.2.25 平成 9（ワ）8416《New Tamago Watch（ニュータマゴウォッチ）》（参见后附图 13）和东京地判平成 11.6.29 平成 9（ワ）27096《时装手表（ファッション時計）》（参见后附图 14）也采用了类似的判断手法。

另外，纠纷最多的应该是对商品形态稍加改变的案件。如果按照前文所述的标准判断对商品形态加以改变不需要花费太多的案件，基本上适用酷似性模仿规制。最典型的是东京高判平成 13.9.26 判时 1770 号 136 页《小型单肩挎包Ⅰ2 审（小型ショルダーバックⅠ2 審）》案（参见后附图 8）。仔细观察会发现，相对于原告商品的外侧形状，被告商品多了另一种功能，即多了一个口袋。但事实上对原告商品添加口袋非常容易。这个口袋在需求者看来或许不是特征性的，仅有大同小异的感觉。即便因口袋自身非常醒目、上面绘有动漫人物造型、色彩完全不同或质感有差异等原因，在需求者看来有所不同，如果是设计的核心部分被模仿，因添加口袋的改变较核心部分的改变容易得多，则理应适用酷似性模仿规制。

再看东京地判平成 13.12.27 平成 12（ワ）20801《小型单肩挎包Ⅱ（小型ショルダーバックⅡ）》案（参见后附图 15）。仔细观察的话，原告商品和被告商品的纽扣位置有所不同，即纽扣的金属片原告商品是纵向的，而被告商品是横向的。此外还有几处不同的地方，但整体来看那样的改变其实非常容易。笔者认为忽视这种程度的差异也无妨。

此外，前面所介绍的东京地判平成 14.11.27 判时 1822 号 138 页《Belluna RyuRyu（ベルーナ・RyuRyu）》案中的被告商品也不过是给衣服缝上了袖子，因此其改变也很容易。这样一来，裁判所判断被告行为构成侵权的结论是正确的。

关于裁判所对其他案件所作出的判断，也似乎合理。但对立法早期所作出的判决，特别是对以下两个判决有所疑问。其中之一是一系列关于蟠龙钥匙链的判例（东京地判平成 8.12.25 平成 7（ワ）11102《蟠龙钥匙链（ドラゴン・ソード・キーホルダー）》，东京高判平成 10.2.26 平成 8（ネ）6162《同 2 审（同 2 審）》）（参见后附图 16）。本案其实是 1993 年修订后适用第 2 条第 1 款第 3 项的第一个判例，也是最伤脑筋的一个判例。原告商品和被告商品看似非常相似，但实际上大小有所不同。被告商品为原告商品长度的 1.5 倍，面积为原告商品的 2 倍，质感也相当不同。由于提交给裁判所的商品样本照片都是适度缩小或扩大的版本，因而光看照片判断的话，难免会有二者非常相似的印象，但其实大小和质感是很不同的。仔细观察会发现，二者形状也相当不同。虽然原、被告商品都是巨龙盘旋于十字剑的形状，但被告商品是双头龙，这一点上与原告商品有差异。地方裁判所（东京地判平成 8.12.25 平成 7（ワ）11102《蟠龙钥匙链（ドラゴン・ソード・キーホルダー）》）肯定了原、被告商品具有酷似性，而中级裁判所（东京高判平成 10.2.26 平成 8（ネ）6162《同 2 审（同 2 審）》）则以二者质感和形状均不同为理由否定了酷似性。但笔者认为，在这种情况下积极保护为好。问题是这样是否会加重裁判所的负担，本案的商品是作品型商品，关于此类案件中的类似性判断，其实可以参见著作权法领域中的经验，因此本案肯定法律保护将是更好的结论。

另一个案例是有适用范围过于扩大解释之嫌的大阪地判平成 10.9.10 判时 1659 号 105 页《小熊毛巾套装（小熊タオルセット）》案（参见后附图 17）。本案的商品是毛绒熊、毛巾和其他小件物品装在一起的成套物品。重要的是，像毛绒熊那样之前就已经存在的商品，其本身与类似性无关。本案的原、被告商品都是 6 种成套物品，而被告商品要么与原告商品左右对称正好相反，要么因原本就不存在左右关系二者看似一致。因为从原、被告 6 种商品有着逐一对应的关系可看出，被告是有计划地模仿了原告商品，以此为由

肯定被告行为的违法性或许更有说服力。然而,本案中裁判所所适用的第 2
条第 1 款第 3 项却基本上以商品形态为保护对象。因此,考虑到商品形态,
裁判所似乎是以第 2 条第 1 款第 3 项来对原告商品加以保护的。但对这种布
置加以保护,等同于对以毛绒熊和毛巾为组合的布置允许了独占使用其创意
的权利。这个结论明显超出了本法所容忍的限度。或许,这种布置不能以外
观设计来登记,而且被告对原告所有商品进行模仿明显存在恶意等事实也是
本案裁判所所顾及的问题之一。笔者认为,之所以这样,更应该以第 2 条第 1
款第 1 项中的周知标志问题来处理。如果原告商品的布置满足周知性之要件,
则为了防止混同给予法律保护也合情合理,但尚未达到周知的程度,则被告
的模仿行为是被允许的。尽管原告对其商品的布置投入了精力和时间,但比
之商品形态开发投入的资金想必不多。这样一来,如果不存在关乎消费者利
益的混同,不予以法律保护也是可以的。

六、其他论点

最后,简要介绍一下其他论点。

(一) 依据性

所谓模仿,除了实质同一性要件外还有一个依据性要件,即依据他人的
商品形态制作出与他人商品具有实质同一形态的商品。但目前为止,在依据
性要件上引发争议的案例并不多。因为相同的商业领域中商品形态具有同一
性,大致就能判断是仿造的,所以在司法实践中将依据性作为独立要件的判
例也非常之少。

话虽如此,能够否定依据性要件的事实莫过于独立开发的抗辩。所谓独
立开发的抗辩,是指被告通过举出其商品的创作过程等有力的证据来打消依
据性的过程,如被告根本没有接触过原告商品,或原、被告商品是偶然相似
等事实。有学者认为这不是抗辩而是否认,但笔者认为所谓依据性是规范的
构成要件,而构成依据的具体事实是主要事实,所以独立开发的抗辩不是否
认而是抗辩,或者也可以理解为间接反证。因为是民事诉讼的理论,笔者在
此不再冗述。

其实,判例中也有具体反映,如东京地判平成 19.7.17 平成 18(ワ)3772

《Arpege 花边服装（アルページュ・レース付き衣服）》案（参见后附图18）。本案引起争议的4件服装中，3件服装的实质同一性得以肯定，其中2件服装的依据性也获得认可。唯有剩下的1件服装（被告商品B）仅实质同一性获得肯定而依据性被否定。被告商品设计开发过程的证明结果表明，远在原告商品上市前，被告已经开始了设计图的制作，因此原、被告商品不过是偶然的相似，从而依据性被否定。本案表明，在这种情形下依据性被否定也是可能的。

（二）酷似性模仿商品的酷似性模仿

还有一种论点，即原、被告商品虽然非常相似，但事实上原告也是酷似性模仿了第三者商品的情况。这种情况下，将原告商品形态视为"一般形态"而采取不保护或弱保护策略的判例，前文已经介绍过大阪地决平成7.4.25知裁集28卷1号164页《Hawkins Sandals（ホーキンスサンダル）》案。但如今"一般形态"这一条文已被取消，就不能采取这种手法。在其后的判例中，因原、被告商品的共通之处并非原告商品的特征，从而采用判决解释论的手法否定酷似性模仿的判例也有一二（例如，东京地判平成14.11.27判时1822号138页《Belluna RyuRyu（ベルーナ・RyuRyu）》案所涉及商品中的7号女士用黑色钱包（参见后附图19））。但为了防止酷似性模仿概念的相对化，笔者认为，在这种情况下，如上述案例那样，从制度宗旨的解释出发，最终认定原告自身并无请求权即可（例如，东京地判平成13.8.31判时1760号138页《Hermes Birkin（エルメス・バーキン）》（参见后附图20））。

【附记】本文是笔者在2009年8月5日至9日北海道大学情报法政策学研究中心举行的夏季研讨会《最新知识产权诉讼中的实务课题——著作权·不正当竞争·商标篇》上提交的以《不正当竞争法（商品形态保护）》（8月7日上午部分）为题的演讲稿。演讲受到北海道大学法学研究科研究生兰兰所写《构筑商品形态实质同一性判断中的评价标准——以近期判例为素材》（《知识产权法政策学研究》第25期（2009年））一文的启发，同时在将演讲文字化的过程中还得到了北海道大学法学研究科专职研究员时井真的热心帮助，这里一并向二人表示感谢。

【参见图】

图 1　东京地判平成 14.11.27 判时 1822 号 138 页《Belluna RyuRyu》

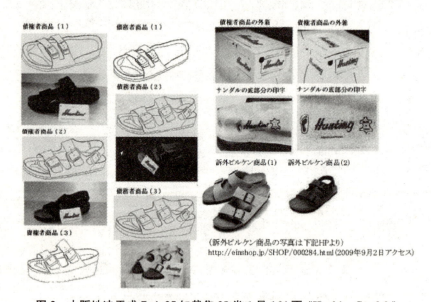

图 2　大阪地决平成 7.4.25 知裁集 28 卷 1 号 164 页《Houkins Sandals》

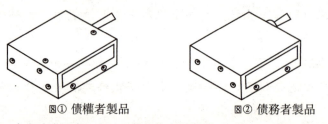

图 3　东京地决平成 9.11.14 律师协会判例集 203 页《Barcode Leader》

原告商品　　　被告商品

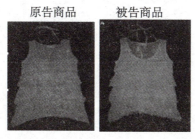

图 4　东京地判平成 17.3.30 判时 1899 号 137 页《褶边针织坎肩》

原告商品　　　被告商品

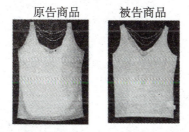

图 5　东京地判平成 16.9.29 平成 16（ワ）5830《链状针织坎肩》

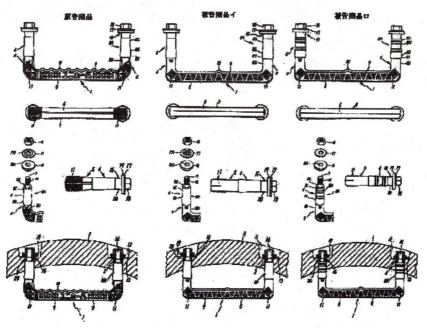

图 6　东京地判平成 17.5.24 判时 1933 号 107 页《管道用挂脚夹具》

图 7　大阪地判平成 15.10.30 平成 14（ワ）1989 他《积水屋》

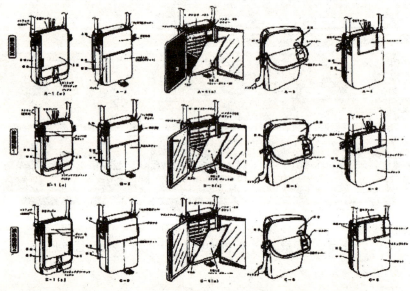

图 8　东京高判平成 13.9.26 判时 1770 号 136 页《小型单肩挎包Ⅰ2 审》

原告商品　　　被告商品

写真1　写真2　写真3

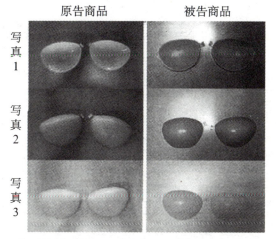

图9　大阪地判平成 17.9.8 判时 1927 号 134 页《NuBra Ⅱ》

图10　大阪地判平成 21.6.9 平成 19（ワ）8262《Art Produce 化妆品容器》

原告商品　　被告商品イ　　被告商品ロ

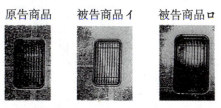

图11　大阪地判平成 10.9.17 平成 7（ワ）2090《烤网》

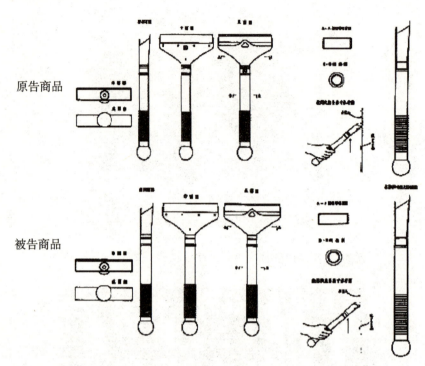

原告商品

被告商品

图 12 东京地判平成 9.6.27 平成 8（ワ）10648《结露水刮削工具》

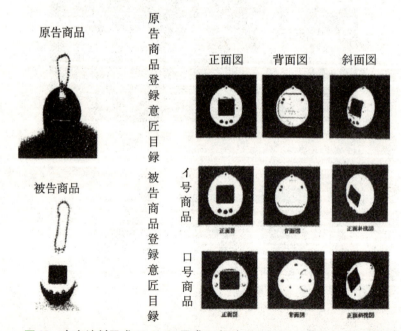

图 13 东京地判平成 10.2.25 平成 9（ワ）8416《New Tamago Watch》

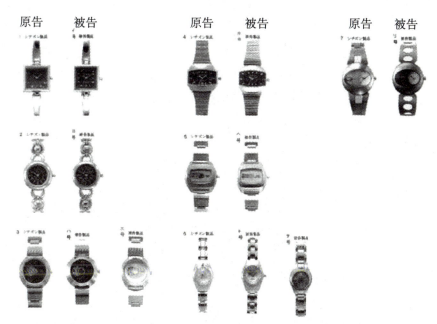

图 14　东京地判平成 11.6.29 平成 9（ワ）27096《时装手表》

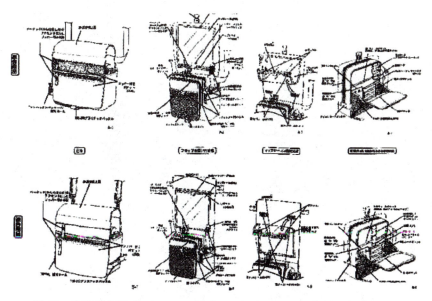

图 15　东京地判平成 13.12.27 平成 12（ワ）20801《小型单肩挎包Ⅱ》

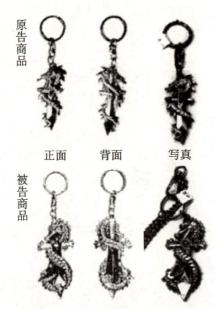

图 16 东京地判平成 8.12.25 平成 7（ワ）11102《蟠龙钥匙链》

图 17 大阪地判平成 10.9.10 判时 1659 号 105 页《小熊毛巾套装》

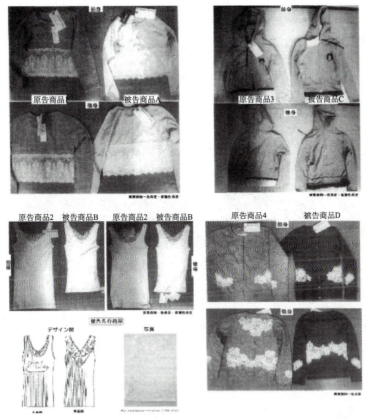

图 18　东京地判平成 19.7.17 平成 18（ワ）3772《Arpege 花边服装》

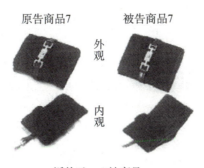

图 19　东京地判平成 14.11.27 判时 1822 号 138 页《Belluna RyuRyu》

原告商品　被告商品　诉外第三人商品

图 20 东京地判平成 13. 8. 31 判时 1760 号 138 页《Hermes Birkin》